COLLECTION MICHEL LÉVY

OEUVRES COMPLÈTES

DE

ALEXANDRE DUMAS

ŒUVRES COMPLÈTES
D'ALEXANDRE DUMAS
PARUES DANS LA COLLECTION MICHEL LÉVY

Amaury	1	Impressions de voyage :	
Ange Pitou	2	— Le Capitaine Arena	1
Ascanio	2	Ingénue	2
Aventures de John Davys	2	Isabel de Bavière	2
Les Baleiniers	2	Italiens et Flamands	2
Le Bâtard de Mauléon	3	Ivanhoe de Walter Scott (traduction)	2
Black	1		
La Bouillie de la comtesse Berthe	1	Jane	1
La Boule de Neige	1	Jehanne la Pucelle	1
Bric-à-Brac	2	Les Louves de Machecoul	3
Un Cadet de famille	3	Madame de Chamblay	2
Le Capitaine Pamphile	1	La Maison de glace	2
Le Capitaine Paul	1	Le Maître d'armes	1
Le Capitaine Richard	1	Les Mariages du père Olifus	1
Catherine Blum	1	Les Médicis	1
Causeries	2	Mes Mémoires	5
Cécile	1	Mémoires de Garibaldi	2
Charles le Téméraire	2	Mémoires d'une aveugle	2
Le Chasseur de sauvagine	1	Mémoires d'un Médecin. — Joseph Balsamo	5
Le Château d'Eppstein	2		
Le Chevalier d'Harmental	2	Le Meneur de loups	1
Le Chevalier de Maison-Rouge	2	Les Mille et un fantômes	1
Le Collier de la Reine	3	Les Mohicans de Paris	4
Le Comte de Monte-Cristo	6	Les Morts vont vite	2
La Comtesse de Charny	6	Napoléon	1
La Comtesse de Salisbury	2	Une Nuit à Florence	1
Les Confessions de la marquise	2	Olympe de Clèves	3
Conscience l'innocent	2	Le Page du duc de Savoie	2
La Dame de Monsoreau	3	Le Pasteur d'Ashbourn	2
Les Deux Diane	3	Pauline et Pascal Bruno	1
Dieu dispose	2	Le Père Gigogne	2
Le Drames de la mer	1	Le Père la Ruine	1
La Femme au collier de velours	1	La Princesse Flora	1
Fernande	2	Les Quarante-Cinq	3
Une Fille du régent	1	La Reine Margot	2
Les Frères corses	1	La Route de Varennes	1
Gabriel Lambert	1	Le Salteador	1
Gaule et France	1	Salvator (suite et fin des Mohicans de Paris)	5
Georges	1		
Un Gil Blas en Californie	1	Souvenirs d'Antony	1
La Guerre des Femmes	2	Sultanetta	1
Histoire d'un casse-noisette	1	Sylvandire	1
L'Horoscope	1	Le Testament de M. Chauvelin	1
Impressions de voyage : Suisse	3	Trois Maîtres	1
— L'Arabie Heureuse	3	Les Trois Mousquetaires	2
— Les Bords du Rhin	2	Le Trou de l'Enfer	1
— Quinze jours au Sinaï	1	La Tulipe noire	1
— Le Véloce	2	Le Vicomte de Bragelonne	6
— De Paris à Cadix	2	La Vie au désert	2
— Le Speronare	2	Une Vie d'artiste	1
— Une année à Florence	1	Vingt ans après	3

POISSY. — TYP. DE A. BOURET.

MES
MÉMOIRES

PAR

ALEXANDRE DUMAS

PREMIÈRE SÉRIE

PARIS

MICHEL LÉVY FRÈRES, LIBRAIRES ÉDITEURS

RUE VIVIENNE, 2 BIS, ET BOULEVARD DES ITALIENS, 15

A LA LIBRAIRIE NOUVELLE

—

1863

Tous droits réservés

CES MÉMOIRES SONT DÉDIÉS

A L'HONORABLE

COMTE D'ORSAY

MON FRÈRE D'ART, MON AMI DE CŒUR

ALEXANDRE DUMAS

MÉMOIRES

DE

ALEXANDRE DUMAS

I

Ma naissance. — On me conteste mon nom. — Extrait des registres de l'état civil de Villers-Cotterets. — Le club de Corbeil. — Acte de mariage de mon père. — Ma mère. — Mon grand-père maternel. — Louis-Philippe d'Orléans, père de Philippe-Égalité. — Madame de Montesson. — M. de Noailles et l'Académie. — Un mariage morganatique.

Je suis né à Villers-Cotterets, petite ville du département de l'Aisne, située sur la route de Paris à Laon, à deux cents pas de la rue de la Noue, où mourut Demoustiers, à deux lieues de la Ferté-Milon, où naquit Racine, et à sept lieues de Château-Thierry, où naquit la Fontaine.

J'y suis né le 24 juillet 1802, rue de Lormet, dans la maison appartenant aujourd'hui à mon ami Cartier, qui voudra bien me la vendre un jour, pour que j'aille mourir dans la chambre où je suis né, et que je rentre dans la nuit de l'avenir, au même endroit d'où je suis sorti de la nuit du passé ; j'y suis né le 24 juillet 1802, à cinq heures et demie du matin ; ce qui me constitue, à l'heure où je commence ces Mémoires, c'est-à-dire le lundi 18 octobre 1847, quarante-cinq ans et trois mois.

Je suis un des hommes de notre époque auxquels on a contesté le plus de choses. On m'a contesté jusqu'à mon nom de

Davy de la Pailleterie, auquel je ne tenais pas beaucoup, puisque je ne l'ai jamais porté, et qu'on ne le trouvera à la suite de mon nom de *Dumas* que dans les actes officiels que j'ai passés devant notaire, ou dans les actes civils auxquels j'ai figuré, comme personnage principal, ou comme témoin.

Je demande donc la permission, pour que toute contestation cesse à ce sujet, de transcrire ici mon acte de naissance.

Extrait des registres des actes de l'état civil de la ville de Villers-Cotterets.

« Du cinquième jour du mois de thermidor an x de la république française.

» Acte de naissance de Alexandre Dumas-Davy de la Pailleterie, né cejourd'hui à cinq heures et demie du matin, fils de Thomas-Alexandre Dumas-Davy de la Pailleterie, général de division, né à Jérémie, île et côte de Saint-Domingue, demeurant à Villers-Cotterets, et de Marie-Louise-Élisabeth Labouret, née audit Villers-Cotterets, *son épouse*.

» Le sexe de l'enfant a été reconnu être masculin.

» Premier témoin : Claude Labouret, aïeul maternel de l'enfant ; second témoin : Jean-Michel Deviolaine, inspecteur forestier du quatrième arrondissement communal du département de l'Aisne, vingt-sixième conservation, demeurant audit Villers-Cotterets.

» Sur la réquisition à nous faite par le père de l'enfant, et ont signé :

» Al. Dumas, Labouret et Deviolaine.

» Constaté suivant la loi par moi, Nicolas Brice-Mussard, maire de la ville de Villers-Cotterets, faisant les fonctions d'officier de l'état civil.

» *Signé* : Mussart. »

J'ai souligné les mots *son épouse*, parce que, tout en me contestant mon nom de *Davy de la Pailleterie*, ceux qui me le contestaient se sont appuyés sur ce fait, que j'étais bâtard.

Si j'avais été bâtard, j'aurais tout simplement accepté la

barre, comme ont fait de plus célèbres bâtards que je ne l'eusse été, et, comme eux, j'eusse si bien travaillé de corps ou d'esprit, que je fusse arrivé à donner à mon nom une valeur personnelle. Mais, que voulez-vous, messieurs! je ne le suis pas, et il faudra bien que le public fasse comme moi, c'est-à-dire qu'il se résigne à ma légitimité.

On s'est rabattu alors sur mon père. Dans un club à Corbeil, — c'était en 1848 — un monsieur fort bien vêtu, ma foi, et qu'on m'a assuré appartenir à la magistrature, ce que je n'eusse jamais cru si cette assurance ne m'eût été donnée par des gens dignes de foi; un monsieur qui avait lu, dans je ne sais quelle biographie, que c'était non pas moi, mais mon père, qui était bâtard, ce monsieur me dit que, si je ne signais pas mon nom de Davy de la Pailleterie, c'est que mon père ne s'était jamais appelé de ce nom, attendu qu'il n'était pas le fils du marquis de la Pailleterie.

Je commençai par appeler ce monsieur du nom dont on appelle les gens qui vous disent de ces choses-là; mais, le nom que je lui donnai ayant paru lui être aussi indifférent que si c'était son nom de famille, j'écrivis à Villers-Cotterets afin que l'on m'envoyât un second extrait des registres de l'état civil ayant rapport à mon père, comme on m'en avait déjà envoyé un premier ayant rapport à moi.

Je demande donc au lecteur la permission de lui mettre ce second extrait sous les yeux; s'il avait le mauvais goût de préférer notre prose à celle du secrétaire de la mairie de Villers-Cotterets, qu'il s'en prenne à ce monsieur de Corbeil (1).

Extrait des registres des actes de l'état civil de la ville de Villers-Cotterets.

« L'an mil sept cent quatre-vingt-douze, premier de la république française, le 28 du mois de novembre, à huit heures du soir, après la publication d'un ban fait à la principale porte

(1) Il est besoin de dire que ce fait raconté par nous, et qui s'est passé en 1848, est une intercalation à ce chapitre, écrit en 1847.

de la maison commune, le dimanche 18 du courant, et affiché depuis ce temps à l'endroit à ce destiné, du futur mariage entre le citoyen *Thomas-Alexandre Davy de la Pailleterie*, âgé de trente ans et huit mois, colonel des hussards du Midi, né à la Guinodée, au Trou-Jérémie, en Amérique, *fils de feu Alexandre-Antoine Davy de la Pailleterie*, ancien commissaire d'artillerie, mort à Saint-Germain en Laye en juin 1786, et de feu Marie-Cessette Dumas, décédée à la Guinodée, près du Trou-Jérémie, en Amérique, en 1772, ses père et mère, d'une part; et la citoyenne Marie-Louise-Élisabeth Labouret, fille majeure du citoyen Claude Labouret, commandant la garde nationale de Villers-Cotterets et propriétaire de l'hôtel de *l'Écu*, et de Marie-Joseph Prévot, ses père et mère, d'autre part;

» Lesdits domiciliés, quant au futur en garnison à Amiens, et quant à la future en cette ville. Vu aussi *leurs extraits de naissance*, ne s'étant trouvé aucune opposition, je, Alexandre-Auguste-Nicolas Longpré, officier municipal et public de cette commune, soussigné, ai reçu la déclaration de mariage des susdites parties et ai prononcé au nom de la loi qu'elles étaient unies en mariage. Le tout fait en présence des citoyens et des citoyennes :

» Louis-Brigitte-Auguste Espagne, lieutenant-colonel du 7ᵉ régiment de hussards en garnison à Cambrai, natif d'Auch, département du Gers;

» Jean-Jacques-Étienne de Bèze, lieutenant du même régiment de hussards, natif de Clamecy, département de la Nièvre;

» Jean-Michel Deviolaine, greffier-commis de la maîtrise et notable de cette ville, tous trois amis de l'époux;

» Françoise-Élisabeth Retou, *belle-mère de l'époux*, veuve de défunt Antoine-Alexandre Davy de la Pailleterie, demeurant à Saint-Germain en Laye.

» Présents, le père et la mère de l'épouse, tous majeurs, lesquels ont signé avec nous et les parties le présent acte.

» Marie-Louise-Élisabeth Labouret; Thomas-Alexandre Dumas-Davy de la Pailleterie; veuve de la Pailleterie; Labouret; Marie-Joseph Prévot; L.-A. Espagne; Jean-Jacques-Étienne de Bèze; J.-M. Deviolaine, et Longpré, officier public. »

Cela posé, que ni moi ni mon père n'étions bâtards, et en nous réservant de prouver, à la fin de ce chapitre, que mon grand-père ne l'était pas plus que nous, je continue.

Quant à ma mère, Marie-Louise-Élisabeth Labouret, elle était fille, comme on l'a vu, de Claude Labouret, commandant de la garde nationale et propriétaire de l'hôtel de *l'Écu* au moment où il signait le contrat de mariage de sa fille, mais anciennement premier maître d'hôtel de Louis-Philippe d'Orléans, fils de Louis d'Orléans, qui avait fait si peu de bruit, et père de Philippe-Joseph, qui venait de prendre le surnom de Philippe-Égalité, et qui en faisait tant.

Louis-Philippe était mort d'une attaque de goutte, au château de Sainte-Assise, le 18 novembre 1785. L'abbé Maury, qui disputait fort, en 1791, contre le fils, avait fait, en 1786, l'éloge funèbre du père à Notre-Dame.

Je me rappelle avoir très-souvent entendu parler à mon grand-père de ce prince comme d'un homme excellent et assez charitable, quoique avare. Mais c'était surtout madame de Montesson que mon grand-père tenait en véritable idolâtrie.

On sait que Louis-Philippe d'Orléans, — veuf en premières noces de cette fameuse Louise-Henriette de Bourbon-Conti, dont les déréglements amoureux avaient fait scandale même à la cour de Louis XV, — avait, le 24 avril 1775, épousé en secondes noces Charlotte-Jeanne Béraud de la Haie de Riou, marquise de Montesson, demeurée veuve en 1769 du marquis de Montesson, lieutenant des armées du roi.

Ce mariage, quoique resté secret, s'était fait de l'agrément de Louis XV; Soulavie donne, sur sa célébration et son accomplissement, quelques détails assez curieux pour que nous les consignions ici.

Ces détails ne manqueront pas d'intérêt, nous l'espérons, dans une époque où les mœurs sont devenues si différentes de ce qu'elles étaient alors.

Posons d'abord ceci en principe : c'est que madame de Montesson passait à la cour et à la ville pour avoir cette singulière idée de ne vouloir être la femme de M. le duc d'Orléans qu'après l'avoir épousé.

M. de Noailles a fait depuis, sur la résistance de madame de Maintenon aux désirs de Louis XIV en pareille circonstance, un livre qui lui a ouvert les portes de l'Académie.

Voyez à quoi tient l'homogénéité des corps constitués. Si madame veuve Scarron n'avait pas été vierge à l'époque de son second mariage, ce qui était possible, M. de Noailles ne faisait pas son livre, et l'Académie, où le besoin de la présence de M. de Noailles se faisait sentir, restait incomplète et, par conséquent, dépareillée !

Cela ne faisait rien à M. de Noailles, qui restait toujours M. de Noailles.

Mais que devenait l'Académie ?

Revenons à M. le duc d'Orléans, à son mariage avec madame de Montesson et au récit de Soulavie que nous reproduisons textuellement.

« La cour et la capitale étaient instruites des tourments du duc d'Orléans et des rigueurs de madame de Montesson.

» Ce prince, conduit par l'amour, ne voyait jamais ni le roi ni le duc de Choiseul, qu'il ne renouvelât la demande d'épouser madame de Montesson.

» Mais le roi s'était fait une règle de politique qui fut suivie pendant tout son règne, et qui ne permettait pas de légitimer ses enfants naturels, ni ceux des princes.

» Par les mêmes principes, il refusait à la noblesse du royaume la permission de contracter des mariages avec les princes du sang.

» Les débats interminables, entre les princes légitimes et les princes légitimés par Louis XIV, les intrigues dangereuses de M. du Maine et de madame de Maintenon, étaient les derniers exemples qu'on citât, pour motiver les refus dont le roi et ses ministres accablaient M. le duc d'Orléans. Le sang royal de la maison de Bourbon étant encore réputé divin, son mélange paraissait un crime politique.

» Du côté de Henri IV, prince béarnais, la maison de Bourbon se trouvait alliée, dans le Midi, à plusieurs maisons d'une noblesse subalterne. La maison de Bourbon méconnaissait ces alliances, et il suffisait qu'un gentilhomme peu connu eût tenté de les faire valoir pour être exclu des grâces de la cour.

» Le ministre était, d'ailleurs, si satisfait de tenir les d'Orléans sous sa dépendance, que Louis XV refusa avec constance de faire madame de Montesson la première princesse du sang par un mariage solennel, obligeant le duc d'Orléans à se contenter d'un mariage secret. Ce mariage, quoique légitime, comme union conjugale, n'aurait aucun des caractères de ceux des princes du sang et ne serait pas publié.

» Madame de Montesson ne voulait ni jouer le rôle forcé de première princesse du sang, ni soutenir avec les princesses des hostilités d'étiquette qui n'étaient pas dans son caractère.

» Déjà habituée à l'observation des règles de la décence avec M. le duc d'Orléans, elle parut contente de l'épouser comme madame de Maintenon avait épousé Louis XIV.

» L'archevêque de Paris, instruit de l'agrément du roi, accorda aux deux époux la dispense des trois publications de bans.

» Le chevalier de Durfort, premier gentilhomme de la chambre du prince, en survivance du comte de Pons, et Périgny, l'ami du prince, furent les témoins du mariage, bénit par l'abbé Poupart, curé de Saint-Eustache, en présence de M. de Beaumont, archevêque de Paris.

» Le jour du mariage, le duc d'Orléans avait, à Villers-Cotterets, une cour très-nombreuse.

» La veille et le matin de la cérémonie, il avait dit à M. de Valençay et à ses plus intimes qu'il touchait enfin à une époque et au moment d'une sorte de bonheur qui n'avait que le seul désagrément de n'être pas connu.

» Le matin du jour qu'il reçut à Paris la bénédiction nuptiale, il dit :

» — Je laisse la compagnie, je reviendrai plus tard; je ne reviendrai pas seul, mais bien accompagné d'une personne avec laquelle vous partagerez l'attachement que vous portez à mes intérêts et à moi-même.

» Le château fut, pendant toute la journée, dans la plus

grande attente. M. d'Orléans, parti sans proférer le mot *mariage*, avait emporté la clef des secrets de la journée.

» Le soir, on le vit rentrer au salon de compagnie, qui était très-nombreux, tenant par la main madame de Montesson, sur laquelle se réunirent tous les regards.

» La modestie était le plus beau de ses ornements. Toute la compagnie fut touchée du premier instant d'embarras.

» Le marquis de Valençay alla vers elle, et, la traitant avec les manières et les égards dus à une princesse du sang, il fit les honneurs de la maison en homme initié dans les mystères de la matinée.

» L'heure du coucher arriva.

» Il était d'usage, chez le roi et dans la maison des princes, que le seigneur le plus qualifié, recevant du valet de chambre la chemise, la présentât au prince, quand il se couchait : à la cour, le premier prince du sang avait les prérogatives de la donner au roi; chez lui, il la recevait du premier chambellan.

» Il est dit, dans une lettre de madame de Sévigné du 17 janvier 1680, que, « dans les mariages de la famille royale, les
» nouveaux époux étaient couchés et les chemises données
» par le roi et par la reine. Quand Louis XIV l'eut donnée à
» M. le prince de Conti et la reine à la princesse, le roi l'em-
» brassa tendrement quand elle fut au lit et la pria de ne rien
» contester à M. le prince de Conti, mais d'être obéissante et
» douce. »

» Au mariage de M. le duc d'Orléans, la cérémonie de la chemise eut lieu de cette sorte. D'abord un moment d'embarras la précéda; le duc d'Orléans et le marquis de Valençay temporisèrent quelque temps, d'un côté avant de la demander, de l'autre avant de la recevoir.

» Il y avait dans M. d'Orléans l'aimable retenue d'un homme modéré dans les jouissances les plus pures.

» Valençay enfin la présenta au prince, qui, en se dépouillant de celle de la journée, jusqu'à la ceinture, offrit à toute la compagnie le spectacle d'une épilation complète suivant les règles de la plus brillante galanterie du temps.

» Les princes ou les grands ne consommaient de mariages ou ne recevaient les premières faveurs d'une maîtresse qu'après avoir subi cette opération préalable.

» La nouvelle du fait passa dans le moment de la chambre dans le reste du palais, et l'on ne douta plus du mariage du duc d'Orléans avec madame de Montesson, contrarié par tant d'intérêts et d'incidents.

» Le duc d'Orléans vécut depuis son mariage dans la plus grande intimité avec son épouse. Elle lui rendit entièrement les honneurs qui étaient dus au premier prince du sang.

» Elle l'appelait *monseigneur* en public et parlait avec respect aux princesses du sang, leur accordant le pas et les préséances d'usage, en entrant, ou en sortant, et pendant leurs visites dans les grands appartements du Palais-Royal.

» Elle conservait le nom de veuve de M. de Montesson ; mais elle était appelée de son mari *madame de Montesson*, ou simplement *madame*, ou quelquefois *ma femme*, suivant les circonstances. Il l'appelait de cette manière, lorsqu'il était avec ses amis. Le soir, en quittant la compagnie, on lui entendait dire souvent :

» — Ma femme, irons-nous bientôt nous coucher?

» Le caractère excellent de madame de Montesson fit longtemps le bonheur de ce prince et son propre bonheur.

» Elle s'occupait de musique et des chasses dont elle partageait les plaisirs avec le prince. Elle avait un théâtre dans l'hôtel qu'elle habitait à la Chaussée-d'Antin, théâtre sur lequel elle jouait avec lui.

» Le duc d'Orléans, né bonhomme et naïf, réussissait dans les rôles de paysan, et madame de Montesson dans ceux de bergère et d'amante.

» Feu madame la duchesse d'Orléans avait prostitué cette maison au point que les dames n'y venaient qu'avec des réserves étudiées et suivies. Madame de Montesson y rétablit le bon ton, la dignité, rouvrit la porte aux plaisirs délicats et ranima le goût des arts, du bel esprit, et y ramena souvent la gaieté et la bonhomie. »

Ce château de Villers-Cotterets, dans lequel Soulavie raconte que s'accomplit ce mariage si désiré, était, avec Sainte-Assise, la résidence de M. le duc d'Orléans.

Ce château faisait partie des apanages de la famille depuis le mariage de Monsieur, frère du roi Louis XIV, avec madame Henriette d'Angleterre.

Le bâtiment, presque grand à lui seul comme toute la ville, et qui, devenu un dépôt de mendicité, une maison d'asile, loge aujourd'hui sept à huit cents pauvres, ce bâtiment n'offre rien de bien remarquable comme architecture, à part un coin de l'ancienne chapelle, qui appartenait, autant qu'on en peut juger par ce qui en reste, à l'époque de la plus belle renaissance. Commencé par François Ier, le château a été achevé par Henri II.

Le père et le fils y ont apposé chacun son cachet.

François Ier y a sculpté ses salamandres ; Henri II, son chiffre et celui de sa femme Katherine de Médicis.

Les deux chiffres, qui se composent de la lettre K et de la lettre H, sont renfermés dans les trois croissants de Diane de Poitiers.

Étrange réunion des chiffres des époux et des armes de la maîtresse, et qui est encore visible aujourd'hui à l'angle de la prison donnant sur la petite rue qui conduit à l'abreuvoir.

Consignons ici que madame de Montesson était la tante de madame de Genlis, et que c'est par elle que l'auteur d'*Adèle et Théodore* entra comme dame d'honneur dans la maison de madame la duchesse d'Orléans, femme de Philippe-Joseph, poste qui la conduisit à devenir la maîtresse de Philippe-Égalité, et le *gouverneur* des trois jeunes princes, le duc de Valois, le duc de Montpensier et le comte de Beaujolais.

Le duc de Valois fut depuis duc de Chartres à la mort de son grand-père, et devint, le 9 août 1830, Louis-Philippe Ier, roi des Français.

II

Mon père. — Sa naissance. — Les armoiries de la famille. — Les serpents de la Jamaïque. — Les caïmans de Saint-Domingue. — Mon grand-père. — Une aventure de jeune homme. — Un premier duel. — M. le duc de Richelieu sert de témoin à mon père. — Mon père s'engage comme simple soldat. — Il change de nom. — Mort de mon grand-père. — Son extrait mortuaire.

Mon père, qui apparaît déjà deux fois dans le récit commencé, — d'abord à propos de mon acte de naissance, ensuite à propos de son contrat de mariage, — était le général républicain Thomas-Alexandre Dumas-Davy de la Pailleterie.

Il était fils lui-même, comme il est constaté dans les actes cités par nous, du marquis Antoine-Alexandre Davy de la Pailleterie, colonel, et commissaire général d'artillerie, auquel appartenait par héritage la terre de la Pailleterie, érigée en marquisat par Louis XIV en 1707.

Les armes de la famille étaient d'azur à trois aigles d'or aux vols éployés, posés deux et un, avec un anneau d'argent placé en cœur; embrassés par les griffes dextres et senestres des aigles du chef et reposant sur la tête de l'aigle de pointe.

A ses armes, mon père, en s'engageant comme simple soldat, ajouta une devise, ou plutôt, mon père, en renonçant à son titre, et, par conséquent, à ses armes, prit en leur lieu et place cette devise : *Deus dedit, Deus dabit* (1); devise qui eût été ambitieuse si Dieu ne l'avait pas contre-signée.

Je ne sais quelle brouille de cour ou quel projet de spéculation détermina mon grand-père à quitter la France, vers 1760, à vendre sa propriété et à s'en aller fonder une habitation à Saint-Domingue.

En conséquence de cette détermination, il avait acheté une immense étendue de terrain, située vers la pointe occidentale

---

(1) Dieu a donné, Dieu donnera.

de l'île, près du cap Rose, et connue sous le nom de la Guinodée, au Trou-Jérémie.

C'est là que mon père naquit de Louise-Cessette Dumas, et du marquis de la Pailleterie, le 25 mars 1762.

Le marquis de la Pailleterie avait alors cinquante-deux ans, étant né en 1710.

Les yeux de mon père s'ouvrirent dans la plus belle partie de cette île magnifique, reine du golfe où elle est située, et dont l'air est si pur, qu'aucun reptile venimeux n'y saurait vivre.

Un général, chargé de reconquérir Saint-Domingue, qui nous avait échappé, eut l'ingénieuse idée, comme moyen de guerre, de faire transporter de la Jamaïque à Saint-Domingue toute une cargaison de reptiles les plus dangereux que l'on put trouver. Des nègres charmeurs de serpents furent chargés de les prendre sur un point et de les déposer sur l'autre.

La tradition veut qu'un mois après, tous ces serpents eussent péri, depuis le premier jusqu'au dernier.

Saint-Domingue n'a donc ni serpent noir comme Java, ni serpent à sonnettes comme l'Amérique du Nord, ni cobra-cappel comme le Cap; mais Saint-Domingue a des caïmans.

Je me rappelle avoir entendu raconter à mon père, — j'étais bien enfant, puisque mon père est mort en 1806 et que je suis né en 1802, — je me rappelle, dis-je, avoir entendu raconter à mon père qu'un jour, revenant à l'âge de dix ans de la ville à l'habitation, il avait vu, à son grand étonnement, étendu au bord de la mer, une espèce de tronc d'arbre qu'il n'avait pas remarqué en passant au même endroit deux heures auparavant; il s'était alors amusé à ramasser des cailloux et à les jeter au soliveau; mais tout à coup, au contact de ces cailloux, le soliveau s'était réveillé : ce n'était rien autre chose qu'un caïman qui dormait au soleil.

Les caïmans ont le réveil maussade, à ce qu'il paraît; celui dont il est question avisa mon père et se prit à courir après lui. Mon père, véritable enfant des colonies, fils des plages et des savanes, courait bien; mais il paraît que le caïman courait ou plutôt sautait encore mieux que lui, et cette aventure eût bien pu me laisser à tout jamais dans les limbes, si un nègre qui mangeait des patates, posé à califourchon sur un mur, n'eût vu ce dont il s'agissait, et crié à mon père, déjà fort essoufflé :

— Petit monsié, couri droit! petit monsié, couri gauche!

Ce qui, traduit du créole en français, voulait dire : « Mon petit monsieur, courez en zigzag; » genre de locomotion tout à fait antipathique à l'organisation du caïman, qui ne peut que courir droit devant lui, ou sauter à la manière des lézards.

Grâce à ce conseil, mon père arriva sain et sauf à l'habitation; mais, en arrivant, comme le Grec de Marathon, il tomba hors d'haleine, et peu s'en fallut que ce ne fût, comme lui, pour ne plus se relever.

Cette course dans laquelle l'animal était le chasseur et l'homme le chassé, avait laissé une profonde impression dans l'esprit de mon père.

Mon grand-père, habitué à la vie aristocratique de Versailles, avait peu de goût pour l'existence qu'il menait aux colonies. D'ailleurs, sa femme, qu'il aimait beaucoup, était morte en 1772; et, comme elle était chargée de tous les détails de l'habitation, l'habitation, depuis sa mort, allait perdant tous les jours de sa valeur. Le marquis fit un bail de cette habitation moyennant une redevance qui devait être exactement payée, et revint en France.

Ce retour eut lieu vers 1780; mon père avait donc alors dix-huit ans.

Au milieu de l'élégante jeunesse de cette époque; parmi les la Fayette, les Lameth, les Dillon, les Lauzun, qui furent tous ses camarades, mon père vivait en vrai fils de famille. Beau de visage, quoique son teint de mulâtre donnât un caractère étrange à sa physionomie; élégant comme un créole, admirablement fait à l'époque où c'était un avantage d'être bien fait, avec des pieds et des mains de femme; prodigieusement adroit à tous les exercices du corps, un des meilleurs élèves de Laboissière, le premier maître d'escrime du temps; luttant de force, d'adresse et d'agilité avec Saint-Georges, qui, âgé de quarante-huit ans, avait toutes les prétentions d'un jeune homme et justifiait toutes ces prétentions, mon père devait avoir et eut une foule d'aventures, dont nous rapporterons une seule qui, par son caractère d'originalité, mérite cette exception.

En outre, un nom illustre s'y rattache, et, soit au théâtre, soit dans mes romans, ce nom s'est présenté si souvent sous ma plume, que c'est presque un devoir pour moi d'expliquer au public d'où vient ma sympathie pour ce nom.

Le marquis de la Pailleterie avait été compagnon du duc de Richelieu, plus vieux que lui de quatorze ans, à l'époque où celui-ci, sous les ordres du marquis d'Asfeld, commandait une brigade au siége de Philipsbourg : ce devait être en 1738.

Mon grand-père était alors premier gentilhomme de M. le prince de Conti.

M. le duc de Richelieu était, comme on sait, du côté de son grand-père, qui se nommait *Vignerot*, d'assez médiocre naissance.

Il avait inutilement changé en *d* le *t* qui termine ce nom et invoqué une origine anglaise pour dérouter les chercheurs de filiation. Les limiers héraldiques prétendaient que le susdit Vignerot avec un *t*, et non avec un *d*, était tout bonnement un joueur de luth, lequel avait séduit la nièce du grand cardinal, comme Abeilard la nièce du chanoine Fulbert, et qui, plus heureux qu'Abeilard, étant resté au complet, l'avait épousée après l'avoir séduite.

Le maréchal, qui, au reste, à cette époque, n'était pas encore maréchal, Vignerot par son père, n'était Richelieu que par sa grand'mère ; ce qui ne l'avait pas empêché d'épouser, en premières noces, mademoiselle de Noailles et, en secondes, mademoiselle de Guise, alliance, nous parlons de la dernière, alliance qui l'apparentait avec la maison impériale d'Autriche et le faisait cousin du prince de Pont et du prince de Lixén.

Or, il arriva qu'un jour que le duc de Richelieu avait été de tranchée, et que, selon son habitude, il ne s'était pas ménagé, il arriva, dis-je, qu'il revenait au camp avec mon grand-père, et suivait la chaussée, tout couvert de sueur et de boue.

MM. les princes de Pont et de Lixen se promenaient sur cette même chaussée ; le duc, pressé de rentrer chez lui pour changer de tout, passa près d'eux au galop et en les saluant.

— Oh! oh! dit le prince de Lixen, c'est vous, mon cousin? Vous voilà bien crotté; vous l'êtes un peu moins cependant, depuis que vous avez épousé ma cousine.

M. de Richelieu arrêta court son cheval, mit pied à terre, invita mon grand-père à en faire autant, et, s'avançant vers le prince de Lixen :

— Monsieur, lui dit-il, vous m'avez fait l'honneur de m'adresser la parole.

— Oui, monsieur le duc, répondit le prince.

— Je puis, je crois même, avoir mal entendu ce que vous m'avez fait l'honneur de me dire. Vous plairait-il de me répéter les mêmes paroles sans y changer une syllabe?

Le prince de Lixen s'inclina en signe d'acquiescement et répéta mot pour mot la même phrase qu'il avait déjà prononcée.

Elle avait un tel caractère d'insolence, qu'il n'y avait pas d'arrangement possible. M. de Richelieu salua M. de Lixen et mit l'épée à la main.

Le prince en fit autant.

Le prince de Pont se trouva naturellement le témoin de son frère le prince de Lixen, et mon grand-père celui du duc de Richelieu.

Au bout d'une minute, M. de Richelieu passait son épée au travers du corps du prince de Lixen, lequel tomba roide mort entre les bras du prince de Pont (1).

Quarante-cinq ans s'étaient passés depuis cet événement. M. de Richelieu, doyen des maréchaux de France, avait été nommé président du tribunal du point d'honneur en 1781, à l'âge de quatre-vingt-cinq ans.

Il en avait donc quatre-vingt-sept quand arriva l'anecdote que nous allons raconter.

---

(1) L'anecdote a été écrite autrement; mais je la trouve consignée — comme je viens de la raconter — dans les papiers de mon père — avec cette note d'une autre main que la sienne : *Le général tenait l'anecdote du duc de Richelieu lui-même.* J'ai donc dû adopter ou plutôt conserver cette version.

Mon père avait vingt-deux ans.

Il se trouvait, un soir, en grand négligé, au théâtre de la Montansier, dans la loge d'une créole fort belle et fort en réputation à cette époque. Soit à cause de la grande popularité de la dame, soit à cause de son négligé, il se tenait sur le derrière de la loge.

Un mousquetaire qui, de l'orchestre, avait reconnu la dame, se fit ouvrir la loge, et, sans demander autrement la permission, vint s'asseoir auprès d'elle et commença d'entamer la conversation.

— Pardon, monsieur, dit la dame l'interrompant aux premiers mots qu'il prononça, mais il me semble que vous ne remarquez pas assez que je ne suis pas seule.

— Et avec qui donc êtes-vous? demanda le mousquetaire.

— Mais avec monsieur, je pense, répliqua la dame en indiquant mon père.

— Oh! pardon! dit le jeune homme, je prenais monsieur pour votre laquais.

Cette insolence n'était pas plus tôt lâchée, que l'impertinent mousquetaire, lancé comme par une catapulte, allait tomber au milieu du parterre.

Cette chute, à laquelle personne ne s'attendait, produisit un grand tumulte.

Elle intéressait non-seulement celui qui tombait, mais encore ceux sur qui il tombait.

Le parterre était debout à cette époque, et n'eut, par conséquent, pas besoin de se lever; il se retourna, en poussant de grands cris, vers la loge d'où avait été lancé le mousquetaire.

Mon père, qui s'attendait aux suites qu'une pareille affaire devait naturellement avoir, sortit à l'instant même de la loge pour attendre son adversaire dans le corridor. Mais il n'y trouva qu'un officier de la connétablie qui le toucha de sa baguette d'ébène à pomme d'ivoire, en lui annonçant qu'au nom de messeigneurs les maréchaux de France, il s'attachait à sa personne.

C'était la première fois que mon père avait affaire à la con nétablie. Élevé à Saint-Domingue, où il n'y avait aucun tribunal de maréchaux, il n'était pas au courant des pratiques de l'institution.

— Pardon, monsieur, dit-il au garde: vous venez de m'annoncer, je crois, que vous vous attachiez à ma personne?

— J'ai eu cet honneur, monsieur, répondit le garde.

— Voudriez-vous avoir la bonté de m'expliquer ce que cela veut dire?

— Cela veut dire, monsieur, que, de ce moment à celui où le tribunal du point d'honneur aura décidé de votre affaire, je ne vous quitterai plus.

— Vous ne me quitterez plus?

— Non, monsieur.

— Comment, vous allez me suivre?

— Oui, monsieur.

— Partout où j'irai?

— Partout.

— Même chez madame?

Le garde s'inclina avec une politesse exquise.

— Même chez madame, répondit-il.

— Même chez moi? continua mon père.

— Même chez vous.

— Dans ma chambre?

— Dans votre chambre.

— Oh! c'est trop fort, cela!

— C'est ainsi, monsieur.

Et le garde s'inclina avec la même politesse que la première fois.

Mon père avait bien envie de se débarrasser du garde de la connétablie comme il s'était débarrassé du mousquetaire; mais toutes les réponses et même les injonctions que nous venons de rapporter lui avaient été faites avec une telle courtoisie, qu'il n'y avait pas moyen de se fâcher.

Mon père reconduisit la dame jusqu'à sa porte, la salua aussi respectueusement que le garde de la connétablie l'avait salué lui-même, et ramena chez lui le délégué de MM. les maréchaux de France.

Celui-ci s'installa dans son appartement, sortant avec lui, ne le quittant pas plus que son ombre.

Trois jours après, mon père fut assigné à comparaître devant M. le duc de Richelieu, qui alors habitait le fameux pavillon de Hanovre.

On sait que les Parisiens avaient baptisé ainsi l'hôtel que M. de Richelieu avait fait bâtir au coin du boulevard et de la rue Louis-le-Grand, parce qu'ils prétendaient, et peut-être n'était-ce pas sans raison, que la guerre de Hanovre en avait fait les frais.

Mon père s'appelait alors le comte de la Pailleterie ; — nous dirons bientôt à quelle occasion il renonça à ce nom et à ce titre. — Ce fut donc sous ce nom et sous ce titre que mon père fut annoncé chez le maréchal.

Ce nom éveilla un double souvenir dans l'esprit et dans le cœur du vainqueur de Mahon.

— Oh ! oh ! dit-il, en se renversant dans son fauteuil, seriez-vous par hasard le fils du marquis de la Pailleterie, un ancien ami à moi, qui fut, pendant le siége de Philipsbourg, mon témoin dans le duel où j'eus le malheur de tuer le prince de Lixen ?

— Oui, monseigneur.

— Alors, m'sieu, — c'était la manière du duc de Richelieu de prononcer le mot *monsieur* — vous êtes le fils d'un brave gentilhomme, vous devez avoir raison ; contez-moi votre affaire.

Mon père raconta l'événement tel que nous venons de le raconter nous-même.

Il y avait, entre cette affaire et celle de M. de Richelieu avec son cousin une trop grande analogie pour que le maréchal n'en fût point frappé.

— Oh ! oh ! fit-il, et vous affirmez que cela s'est passé ainsi, m'sieu ?

— Sur ma foi de gentilhomme, monseigneur.

— Il vous faut une réparation alors, et, si vous voulez aujourd'hui m'accepter pour témoin, je serai enchanté de vous rendre à mon tour le service que m'sieu votre père m'a rendu, il y a tantôt quarante-six ou quarante-sept ans.

Comme on le comprend bien, mon père accepta cette offre, qui sentait son Richelieu des pieds à la tête.

La rencontre eut lieu dans le jardin même du pavillon de Hanovre; l'adversaire de mon père reçut un coup d'épée à travers l'épaule.

Cette aventure devait réunir les deux vieux amis; le duc de Richelieu demanda au fils des nouvelles du père et apprit que le marquis de la Pailleterie, après avoir habité Saint-Domingue pendant près de vingt ans, était revenu en France et habitait maintenant Saint-Germain en Laye.

Une invitation fut envoyée au marquis de la Pailleterie de venir voir le duc au pavillon de Hanovre.

Comme on pense bien, mon grand-père n'y manqua point. Ces deux héros de la Régence parlèrent longuement de leurs campagnes et de leurs amours; puis, au dessert, la conversation tomba sur mon père, et il fut convenu que le maréchal saisirait la première occasion qui se présenterait de placer dans l'armée le fils de son vieil ami.

Il était écrit que la carrière militaire de mon père s'ouvrirait sous de moins illustres auspices.

Vers cette époque, mon grand-père épousa en secondes noces Marie-Françoise Retou, sa femme de charge; il avait alors soixante et quatorze ans.

Ce mariage amena un refroidissement entre le fils et le père.

Il résulta de ce refroidissement que le père serra plus que jamais les cordons de sa bourse et que le fils s'aperçut, un matin, que la vie de Paris sans argent était une sotte vie.

Il alla donc trouver le marquis et lui annonça qu'il venait de prendre une résolution.

— Laquelle? demanda le marquis.
— Celle de m'engager.
— Comme quoi?
— Comme soldat.
— Où cela?

— Dans le premier régiment venu.

— A merveille ! répondit mon grand-père ; mais, comme je m'appelle le marquis de la Pailleterie, que je suis colonel, commissaire général d'artillerie, je n'entends pas que vous traîniez mon nom dans les derniers rangs de l'armée.

— Alors, vous vous opposez à mon engagement?

— Non ; mais vous vous engagerez sous un nom de guerre.

— C'est trop juste, répondit mon père ; je m'engagerai sous le nom de Dumas.

— Soit.

Et le marquis, qui n'avait jamais, d'ailleurs, été un père très-tendre, tourna le dos à son fils, le laissant libre de faire ce qu'il voudrait.

Mon père s'engagea donc, ainsi que la chose avait été convenue, sous le nom d'Alexandre Dumas.

Il s'engagea, le 2 juin 1786, au régiment des dragons de la Reine, sixième de l'arme, sous le n° 429.

Ce fut M. le duc de Grammont, grand-père de mon ami le duc de Guiche actuel, qui reçut son engagement sous le nom d'Alexandre Dumas ; seulement, à l'appui de cet engagement fut annexé un certificat que le duc de Guiche, voici deux ans à peu près, est venu m'apporter comme un bon souvenir de M. le duc de Grammont, son père.

Il était signé de quatre notables de Saint-Germain en Laye et constatait que, quoique s'engageant sous le nom d'Alexandre Dumas, le nouvel enrôlé était bien le fils du marquis de la Pailleterie.

Quant au marquis, il mourut treize jours après l'engagement de son fils aux dragons de la Reine, comme il convenait à un vieux gentilhomme qui ne voulait pas voir la prise de la Bastille.

Voici son extrait mortuaire tel qu'il est consigné sur les registres de l'état civil de Saint-Germain en Laye.

« Le vendredi 16 juin 1786, le corps de très-haut et très-puissant seigneur messire Alexandre-Antoine Davy de la Pailleterie, écuyer, seigneur et patron de Bielleville, époux de

Marie-Françoise Retou, mort le jour précédent, âgé d'environ soixante et seize ans, a été inhumé au cimetière, messe chantée en présence du clergé et du sieur Denis Nivarrat, bourgeois, du sieur Louis Regnault, aussi bourgeois, amis du défunt, qui ont signé. »

Par cette mort, le dernier lien qui retenait mon père à l'aristocratie se trouvait rompu.

III

Mon père rejoint le régiment. — Son portrait. — Sa force. — Son adresse. — Le serpent du Nil. — Le régiment du Roi et le régiment de la Reine. — Le camp de Maulde. — Les treize chasseurs tyroliens. — Le nom de mon père est mis à l'ordre de l'armée. — La France providentielle. — Mon père lieutenant-colonel. — Le camp de la Madeleine. — Mon père général de brigade à l'armée du Nord. — Il est nommé général en chef de l'armée des Pyrénées occidentales. — Lettre de Bouchotte. — Les représentants du peuple en mission à Bayonne. — Leur arrêté contre mon père. — Malgré cet arrêté mon père reste à Bayonne. — *Monsieur de l'Humanité.*

Le nouvel enrôlé rejoignit son régiment, en garnison à Laon, vers la fin du mois de juin 1786.

Mon père, nous l'avons déjà dit, à l'âge de vingt-quatre ans qu'il avait alors, était un des plus beaux jeunes hommes qu'on pût voir. Il avait ce teint bruni, ces yeux marrons et veloutés, ce nez droit qui n'appartiennent qu'au mélange des races indiennes et caucasiques. Il avait les dents blanches, les lèvres sympathiques, le cou bien attaché sur de puissantes épaules, et, malgré sa taille de cinq pieds neuf pouces, une main et un pied de femme. Ce pied surtout faisait damner ses maîtresses, dont il était bien rare qu'il ne pût pas mettre les pantoufles.

Au moment où il se maria, son mollet était juste de la grosseur de la taille de ma mère.

La liberté dans laquelle il avait vécu aux colonies avait développé son adresse et sa force d'une manière remarquable;

c'était un véritable cavalier américain, un gaucho. Le fusil ou le pistolet à la main, il accomplissait des merveilles dont Saint-Georges et Junot étaient jaloux. Quant à sa force musculaire, elle était devenue proverbiale dans l'armée. Plus d'une fois, il s'amusa, au manége, en passant sous quelque poutre, à prendre cette poutre entre ses bras, et à enlever son cheval entre ses jambes. Je l'ai vu, et je me rappelle cela avec tous les étonnements de l'enfance, porter deux hommes sur sa jambe pliée, et, avec ces deux hommes en croupe, traverser la chambre à cloche-pied. Je l'ai vu, dans un mouvement de douleur, prendre un jonc de grosseur moyenne entre ses deux mains, et entre ses deux mains le briser en tournant une main à droite et une main à gauche. Je me rappelle enfin que, sortant un jour du petit château des Fossés, où nous demeurions, il avait oublié la clef d'une barrière; je me rappelle l'avoir vu descendre de cabriolet, prendre la barre transversale, et, à la deuxième ou troisième secousse, faire éclater la pierre dans laquelle elle était scellée.

Le docteur Ferus, qui a servi sous mon père, m'a raconté souvent que, âgé de dix-huit ans à peu près, lui, Ferus, fut expédié à l'armée des Alpes comme aide-chirurgien. Le soir de son arrivée, il regardait au feu d'un bivac un soldat, qui, entre plusieurs tours de force, s'amusait à introduire son doigt dans le canon d'un fusil de munition, et le soulevait, non pas à bras mais à doigt tendu.

Un homme, enveloppé d'un manteau, se mêla aux assistants et regarda comme les autres; puis, souriant et jetant son manteau en arrière :

— C'est bien cela, dit-il. Maintenant, apportez quatre fusils.

On obéit; car on avait reconnu le général en chef.

Alors il passa ses quatre doigts dans les quatre canons, et leva les quatre fusils avec la même facilité que le soldat en avait levé un seul.

— Tiens, dit-il en les reposant lentement à terre, quand on se mêle de faire des tours de force, voilà comment on les fait.

Ferus, en me racontant cette anecdote, en était encore à

comprendre comment les muscles d'un homme pouvaient soulever un pareil poids.

Le père Moulin, propriétaire de l'hôtel du *Palais-Royal*, où fut tué le maréchal Brune à Avignon; le père Moulin, qui lui-même était d'une force telle, que, le jour de l'assassinat du maréchal, et en le défendant, il prit un des assassins, *en lui passant la main sous les côtes*, ce sont ses propres expressions, et le jeta par une fenêtre; le père Moulin me racontait, à l'un de mes passages à Avignon, que, servant sous mon père en Italie, un ordre du jour était intervenu défendant aux soldats de sortir sans leur sabre, sous peine de quarante-heures de salle de police.

Cet ordre du jour était motivé par les fréquents assassinats qui avaient lieu.

Mon père passait à cheval et rencontra le père Moulin, qui à cette époque était un beau et grand garçon de vingt-cinq ans.

Malheureusement, ce beau et grand garçon de vingt-cinq ans n'avait pas de sabre au côté.

En apercevant mon père, il se mit à courir pour gagner une rue transversale; mais mon père, qui avait avisé le fuyard et reconnu la cause de sa fuite, mit son cheval au galop, le rejoignit, et, tout en lui criant : « Mais, gredin! tu veux donc te faire assassiner, » il l'empoigna par le collet de son habit, et, le soulevant de terre, sans presser ni ralentir la marche de son cheval, il l'emporta ainsi dans sa serre comme un épervier fait d'une alouette, jusqu'à ce que, trouvant un corps de garde sur sa route, il le jetât dans ce corps de garde en criant :

— Quarante-huit heures de salle de police à ce bougre-là!

Le père Moulin avait fait les quarante-huit heures de salle de police; mais ce qui lui était resté dans l'esprit, ce qui lui avait paru durer le plus longtemps, ce n'étaient pas ces quarante-huit heures de prison, c'étaient ces dix minutes de course.

L'adresse de mon père comme chasseur était égale à sa force physique; j'ai retrouvé dans les Alpes, où, comme on vient de le voir, il a commandé en chef, des traditions conservées chez des vieillards qui avaient chassé avec lui, et qui citaient des exemples presque incroyables de sa rapidité à ce qu'on appelle, en terme de chasse, *jeter le coup*.

Au reste, un seul fait en donnera une idée.

Parmi ses aides de camp, mon père avait distingué, comme un excellent et infatigable chasseur, le capitaine d'Horbourg de Marsanges, commandant la compagnie d'élite du 15ᵉ régiment de dragons.

Il en avait fait son compagnon ordinaire dans ses expéditions de chasse.

Un matin, mon père et son aide de camp sortirent du Caire, par la porte du Nil, pour aller chasser dans l'île de Rhodah; à peine avaient-ils fait cinq cents pas hors des murs, qu'ils rencontrèrent un capitaine de dromadaires, qui, contrairement à toutes les habitudes de la vénerie, leur souhaita une bonne chasse.

— Au diable l'animal! s'écria le capitaine d'Horbourg, qui avait toutes les superstitions des vrais chasseurs; voilà notre journée flambée; si vous m'en croyez, nous rentrerons.

— Allons donc, fit mon père, es-tu fou?

— Mais, mon général, vous savez le proverbe?

— Sans doute, je le sais; mais c'est un proverbe français et non arabe. Oh! si nous chassions dans la plaine Saint-Denis, je ne dis pas... Allons, en route!

On s'embarqua et l'on atteignit l'île.

L'île, ordinairement si giboyeuse, semblait déserte.

Le capitaine d'Horbourg, de cinq minutes en cinq minutes, envoyait à tous les diables le capitaine de dromadaires.

Tout à coup, il s'arrêta, l'œil fixe, le fusil en arrêt.

— Général! dit-il à mon père, qui était à vingt-cinq pas de lui.

— Eh bien, quoi?

— Un serpent!

— Comment, un serpent?

— Oui, et même de taille! il est plus gros que mon bras.

— Où cela?

— Devant moi!

Mon père fit quelques pas; mais, malgré toute son attention, il ne put rien voir.

Il fit un mouvement d'épaules qui indiquait son impuissance.

— Comment! là, là, vous ne voyez pas? dit le capitaine. Il est enroulé autour de lui-même et balance sa tête en sifflant.

— Alors, tire sur lui, le plus promptement possible, car il va s'élancer.

Le capitaine d'Horbourg porta rapidement la crosse de son fusil à l'épaule et lâcha le coup.

L'amorce seule brûla.

Au même instant, le serpent s'élança; mais, avant qu'il eût parcouru la distance qui le séparait du capitaine, le coup était parti et la charge, faisant balle, lui avait emporté la tête.

Le serpent alla tomber aux pieds du capitaine, autour des jambes duquel il se tordit dans les dernières convulsions de l'agonie.

Le capitaine jeta un cri, car ce ne fut qu'au bout d'un instant qu'il put s'apercevoir dans quel état était le serpent.

Revenu à lui et un peu rassuré, le capitaine d'Horbourg rapporta le serpent au Caire, le fit dépouiller, et, en souvenir du danger qu'il avait couru, se fit faire un ceinturon de sabre avec sa peau.

Mais, tout le long du chemin, il n'en répétait pas moins à mon père :

— Hein ! mon général, quand je vous disais que ce diable de capitaine nous porterait malheur !

En effet, de toute la journée, les deux chasseurs ne tirèrent que le serpent; ce qui était une assez pauvre chasse.

Au mois de juillet 1843, comme, à mon retour de Florence, je logeais rue de Richelieu, hôtel de *Paris*, je reçus une lettre signée « Ludovic d'Horbourg, » dans laquelle le signataire me demandait une entrevue pour acquitter près de moi une dernière recommandation à lui faite par son père mourant.

Le lendemain était le jour de la première représentation des *Demoiselles de Saint-Cyr :* je remis l'entrevue au surlendemain.

L'ancien aide de camp du général Dumas, en Égypte, avait, en mourant, recommandé à son fils, Ludovic d'Horbourg, de me remettre, après sa mort, comme un souvenir de reconnaissance, la peau du serpent tué si vivement et si adroitement par mon père dans l'île de Rhodah.

Souvent, au reste, il avait raconté l'histoire à son fils; car, de tous les dangers qu'avait affrontés le comte d'Horbourg dans sa longue carrière militaire, c'était celui que lui avait fait courir le serpent du Nil qui était resté le plus profondément empreint dans sa mémoire.

Grâce à cette tradition orale, j'ai donc pu consigner ici le fait dans tous ses détails.

A peine mon père avait-il rejoint son régiment, que l'occasion se présenta de déployer son adresse, comme élève de Laboissière.

Le régiment du Roi et le régiment de la Reine, qui avaient toujours été en rivalité, se trouvèrent en garnison dans la même ville. C'était une belle occasion pour faire de la petite guerre; de si dignes rivaux ne la laissèrent pas échapper, on le comprend bien.

Un jour, un soldat du régiment du Roi passa près d'un soldat du régiment de la Reine.

Le premier arrêta le second.

— Camarade, lui dit-il, tu ne sais pas une chose?

— Non, répondit celui-ci; mais, si tu me la dis, je la saurai.

— Eh bien, c'est que le Roi f... la Reine.

— Ce n'est pas vrai, répondit l'autre; c'est au contraire la Reine qui f... le Roi.

L'insulte était grave de part et d'autre; il fallut recourir aux armes.

Une centaine de duels eurent lieu dans les vingt-quatre heures. Mon père en prit trois pour son compte.

Dans un de ces duels, il reçut un coup de pointe au front. Heureusement, comme Duguesclin, il avait la tête dure.

Cette blessure, à laquelle il ne fit aucune attention dans le moment, eut plus tard de graves conséquences et faillit le rendre fou.

Les premiers événements de la Révolution se passèrent sans que mon père y prît aucune part. L'assemblée nationale fut constituée, la Bastille tomba, Mirabeau grandit, tonna et mourut, tandis que, simple soldat ou brigadier, mon père faisait ses garnisons en province.

Vers 1790, il vint en détachement à Villers-Cotterets, et y connut ma mère, qu'il épousa comme nous l'avons dit, le 28 novembre 1792.

Cependant, la Révolution grandissait en France et la coalition s'organisait à l'étranger. Le 27 août 1791, quatre jours après la première insurrection des nègres à Saint-Domingue, Léopold Ier, empereur d'Allemagne, et Frédéric-Guillaume II, roi de Prusse, se réunirent à Pilnitz, et, en présence de M. de Bouillé, à qui l'affaire des Suisses de Nancy avait donné une si terrible célébrité, ils rédigèrent la déclaration suivante :

« Leurs Majestés, ayant entendu les désirs et les représentations de Leurs Altesses Monsieur et le comte d'Artois, frères du roi, regardent conjointement la situation où se trouve actuellement le roi de France, comme un objet d'un intérêt commun à toute l'Europe. Ils espèrent que cet intérêt ne peut manquer d'être reconnu par les puissances dont les secours sont réclamés, et qu'en conséquence, elles ne refuseront pas d'employer, conjointement avec Leurs susdites Majestés, les moyens les plus efficaces, relativement à leurs forces, pour mettre le roi de France en état d'affermir, dans les limites de la plus parfaite liberté, les bases d'un gouvernement monarchique également convenables aux droits des souverains et au bien-être de la nation française. Alors, et dans ce cas, Leursdites Majestés, l'empereur et le roi de Prusse, sont résolus d'agir promptement d'un mutuel accord avec les forces nécessaires pour obtenir le but proposé en commun. En attendant, elles donneront à leurs troupes les ordres convenables pour qu'elles soient à portée de se mettre en activité. »

Ce furent ces quelques lignes qui allumèrent à Quiévrain un incendie qui ne s'éteignit qu'à Waterloo.

Le 14 janvier 1792, un décret de l'assemblée nationale invita le roi Louis XVI à demander, au nom de la nation, des explications à l'empereur. Le 10 février était fixé comme terme à sa réponse. « Et, à défaut de réponse, disait le décret, le silence de l'empereur, après la déclaration de Pilnitz, sera considéré comme une rupture des traités de 1756 et comme une hostilité. »

Le 1er mars suivant, l'empereur Léopold mourait, épuisé de débauches, à l'âge de quarante-cinq ans, et son fils François lui succédait dans les États héréditaires.

Comme aucune réponse satisfaisante n'avait été faite, les troupes se portèrent à la frontière, et le régiment des dragons de la Reine, où mon père servait toujours, mais, depuis le 16 février 1792, en qualité de brigadier, fut placé sous les ordres du général Beurnonville.

Ce fut au camp de Maulde que mon père trouva la première occasion de se distinguer. Commandant comme brigadier une découverte composée de quatre dragons, il se rencontra à l'improviste avec une patrouille ennemie composée de treize chasseurs tyroliens. Les apercevoir et, malgré l'infériorité du nombre, donner l'ordre de charger, fut pour lui l'affaire d'un instant. Les Tyroliens, qui ne s'attendaient pas à cette brusque attaque, se retirèrent dans une petite prairie entourée d'un fossé assez large pour arrêter la cavalerie. Mais, je l'ai dit, mon père était excellent cavalier; il montait un bon cheval qu'il appelait *Joseph*. Il rassembla les rênes, lança Joseph, franchit le fossé comme M. de Montmorency, et se trouva en un instant seul au milieu des treize chasseurs, qui, étourdis d'une pareille audace, tendirent leurs armes et se rendirent. Le vainqueur réunit en un seul faisceau les treize carabines, les posa sur l'arçon de sa selle, fit marcher les treize hommes à la rencontre de ses quatre dragons, qui se tenaient de l'autre côté du fossé qu'ils n'avaient pu franchir, et, ayant le dernier repassé le fossé, il ramena ses prisonniers au camp.

Les prisonniers étaient rares à cette époque. L'apparition de quatre hommes en ramenant treize produisit donc une vive sensation dans le camp. Cette preuve de courage que venait de donner le jeune brigadier fit du bruit ; le général Beurnonville voulut le voir, le fit maréchal des logis, l'invita à dîner et mit son nom à l'ordre du jour.

Ce fut la première illustration qui s'attacha à ce nouveau nom d'Alexandre Dumas, adopté par le fils du marquis de la Pailleterie.

A partir de ce moment, le général Beurnonville voua à mon père une bienveillance qu'il lui a toujours conservée, et il avait coutume de dire, quand mon père était de service au quartier général :

— Oh! cette nuit, je dormirai tranquille, c'est Dumas qui veille sur nous.

C'était le moment des enrôlements volontaires, et la France présentait au monde un spectacle qui pouvait passer pour un exemple.

Jamais nation n'avait été si près de sa perte que l'était la France de 1792, si ce n'est la France de 1428.

Deux miracles la sauvèrent, cette bien-aimée fille de Dieu : en 1428, le Seigneur suscita une vierge qui sauva la France, comme Jésus avait sauvé le monde, en mourant; en 1792, il souleva tout un peuple, il mit son souffle dans toute une nation.

Xercès, sur le rocher de Salamine, se crut moins sûr d'Athènes, se jetant à la nage et se réfugiant sur la flotte de Thémistocle; Louis XIV, aux portes d'Amsterdam, se crut moins sûr de la Hollande, se noyant pour lui échapper, que le roi Frédéric-Guillaume ne se crut sûr de la France à Longwy et à Verdun.

La France sentit la main de la Mort qui s'étendait sur elle, et, par une puissante et terrible contraction, déjà les pieds dans son linceul, elle s'élança hors de son tombeau.

Tout la trahissait.

Son roi, qui essayait de fuir à Varennes et de rejoindre Bouillé à Montmédy; sa noblesse, qui combattait dans les rangs ennemis et qui poussait les Prussiens sur la France; les prêtres, plus terribles, qui infiltraient la guerre civile, non pas même entre citoyens d'une même patrie, d'une même province, d'une même ville, mais entre les membres de la même famille, entre le mari et la femme, entre le fils et le père, entre le frère et la sœur !

A cette époque où la Rome française luttait, nous ne dirons pas contre Albe, mais contre l'Europe, il n'y eut peut-être pas une maison qui n'eût sa Camille maudissant son frère et pleurant son amant.

Oh ! c'est dans ces moments-là que la France est grande et qu'on s'aperçoit qu'elle a bien réellement une mission providentielle, puisque là où tout autre peuple succomberait, elle se lève, combat et triomphe.

Tous les historiens ont parlé de Paris à cette époque ; il semble que ce soit Paris qui ait tout fait, que la Révolution armée soit sortie de Paris pour marcher à la frontière.

Oui, certes, Paris avec ses bureaux d'enrôlements dressés sur les places publiques, Paris avec ses recruteurs allant de maison en maison, Paris avec ses canons tonnants, ses tambours battants, ses cloches sonnantes, Paris avec ses proclamations de la patrie en danger, Paris avec son drapeau de détresse, aux plis immenses, flottant aux fenêtres de l'hôtel de ville, Paris avec la grande voix de Danton criant aux armes, a beaucoup fait ; mais la province a fait autant que Paris, et elle n'a pas eu ses terribles journées des 2 et 3 septembre.

Deux départements, le Gard et la Haute-Saône, levèrent à eux seuls deux armées.

Deux hommes à eux seuls armèrent et équipèrent chacun un escadron de cavalerie.

Un village se donna tout entier, depuis le premier jusqu'au dernier homme, et, en se donnant, offrit une somme de trois cent mille francs.

Les mères firent plus que de donner leur argent, plus que de se donner elles-mêmes : elles donnèrent leurs fils, second accouchement plus terrible, plus douloureux et plus déchirant que le premier.

Huit cent mille hommes s'enrôlèrent ; la France, qui avait eu grand'peine à rassembler une armée pour défendre ses Thermopyles de l'Argonne et pour gagner la bataille de Valmy, avait douze armées et commençait de marcher à la conquête de l'Europe un an après.

Ce fut une grande faute à Frédéric-Guillaume et à Léopold que de déclarer la guerre à la Révolution ; s'ils se fussent contentés de tendre une espèce de cordon sanitaire autour de la France, de l'envelopper d'une ceinture armée, la France se fût probablement dévorée elle-même. Le volcan qui faisait éruption eût tout renfermé, flammes et laves, dans ce sombre et profond cratère que l'on appelait Paris, et où bouillonnaient des journées comme les 5 et 6 octobre, comme le 20 juin, comme le 10 août, comme les 2 et 3 septembre, comme le 21 janvier. Mais ils crevèrent la montagne de deux coups d'épée, et la Révolution, à qui on ouvrait une voie, se répandit sur le monde.

A tout moment, on voyait arriver à l'armée quelque nouveau régiment, dont on ne soupçonnait pas l'existence, qui n'était porté sur aucun cadre.

Créé de la veille, tout incomplet encore, il marchait à l'ennemi.

Saint-Georges avait été nommé colonel de la légion franche de cavalerie des Américains du Midi.

Boyer, de son côté, venait de lever le régiment des hussards de la Liberté et de l'Égalité.

Tous deux connaissaient mon père, tous deux le voulurent avoir sous leurs ordres.

Saint-Georges le prit d'abord comme sous-lieutenant, le 1er septembre 1792.

Boyer le prit comme lieutenant le lendemain.

Enfin, Saint-Georges, qui à tout prix voulait le garder, le fit nommer lieutenant-colonel le 10 janvier 1793.

Placé en réalité à la tête du régiment, — car Saint-Georges, peu friand du feu, était resté à Lille sous prétexte de veiller à l'organisation de sa troupe ; — placé à la tête du régiment, disons-nous, mon père vit rouvrir devant son courage et devant son intelligence un plus vaste champ. Les escadrons de guerre disciplinés par lui furent cités pour leur patriotisme et leur belle tenue. Toujours au feu, il se passa peu d'affaires au camp de la Madeleine où ses escadrons ne donnassent, et, partout où ils donnèrent, ils laissèrent un souvenir honorable, souvent une trace glorieuse.

Un jour, entre autres, le régiment se trouva d'avant-garde et heurta tout à coup un régiment hollandais caché dans des seigles qui, en cette saison et en ce pays, s'élèvent à hauteur d'homme. La présence de ce régiment fut révélée par le mouvement d'un sergent qui, placé à quinze pas à peine de mon père, apprêta son fusil pour faire feu. Mon père vit ce mouvement, comprit qu'à cette distance le sergent ne pouvait le manquer, tira un pistolet de ses fontes et lâcha le coup avec tant de rapidité et de bonheur, qu'avant que l'arme se fût abaissée, le canon était percé à jour par la balle du pistolet.

Ce coup de pistolet fut le signal d'une charge magnifique dans laquelle le régiment hollandais fut taillé en pièces.

Mon père ramassa sur le champ de bataille ce fusil au canon percé d'une balle et qui ne tenait plus à droite et à gauche que par deux parcelles de fer. Je l'ai eu longtemps en ma possession, mais il a fini par m'être volé dans un déménagement.

Les pistolets qui avaient opéré ce miracle de justesse avaient été donnés par ma mère et sortaient des magasins de Lepage. Ils acquirent plus tard une certaine célébrité dans l'armée d'Italie. Quand nous en serons là, nous dirons à quelle occasion.

Le 30 juillet 1793, mon père reçut le brevet de général de brigade à l'armée du Nord.

Le 3 septembre de la même année, il fut nommé général de division à la même armée.

Enfin, cinq jours après, il fut nommé général en chef de l'armée des Pyrénées occidentales.

Ainsi, le 28 novembre 1792, ma mère avait épousé mon père lieutenant-colonel de hussards; et, moins d'une année après, il était nommé général en chef.

Il lui avait fallu vingt mois en partant des derniers rangs, puisqu'il n'était que simple soldat, pour atteindre une des plus hautes positions de l'armée.

Voici dans quels termes mon père reçut, du ministre de la

guerre Bouchotte, avis de sa nomination au commandement en chef de l'armée des Pyrénées occidentales :

> « Paris, le 11 septembre 1793, l'an II de la
> République une et indivisible.

» *Le ministre de la guerre, au citoyen Dumas, général de division à l'armée du Nord.*

» Je vous préviens, général, que le conseil exécutif provisoire, comptant sur votre patriotisme, votre courage et votre expérience, vous a nommé à la place de général en chef de l'armée des Pyrénées occidentales, vacante par la mort de Delbecq. La Convention nationale a approuvé cette nomination, et je m'empresse de vous envoyer votre lettre de service, en vous invitant à ne pas perdre de temps pour vous rendre au poste qui vous est désigné.

» Cette nomination va vous fournir une nouvelle occasion de montrer votre dévouement à la chose publique, et de terrasser ses ennemis : le républicanisme que vous avez montré jusqu'à présent, est un sûr garant que vous n'en épargnerez aucun.

» BOUCHOTTE. »

Mais, à Bayonne, de graves dissentiments éclatèrent entre mon père et les représentants du peuple en mission dans cette ville.

Ces représentants du peuple étaient les citoyens Monestier, Pinet aîné, Garreau, Dartigoyte et Cavaignac.

Cette mission s'était fait dans le Midi une triste célébrité ; aussi, lorsque les représentants que je viens de nommer virent arriver mon père, dont ils connaissaient les opinions modérées, voulurent-ils parer le coup.

Le 3 brumaire, avant même que mon père fût arrivé, ils avaient pris l'arrêté suivant :

« Au nom de la République française une et indivisible.

» Les représentants du peuple près l'armée des Pyrénées occidentales et les départements voisins,

» Instruits que le ministre de la guerre vient d'élever au grade de généraux de division, dans l'armée des Pyrénées occidentales, des citoyens qui n'ont pas la confiance des républicains; que ces nominations ont excité la sollicitude de la société populaire de Bayonne, laquelle, craignant d'abord de voir enlever à leur poste les officiers sans-culottes placés par les représentants montagnards, en second lieu, de voir des intrigants et des militaires suspects travailler à égarer les soldats, a fait part de ses craintes à leur collègue Garreau, qui a déjà pris, à cet égard, des mesures provisoires;

» Instruits en même temps que le citoyen Dumas, nommé, par le conseil exécutif, général de l'armée des Pyrénées occidentales, est près d'arriver à Bayonne et qu'il a été annoncé par son aide de camp, nommé Dariète, déjà arrivé dans ladite ville;

» Considérant qu'au moment où le ministre de la guerre a fait les nominations dont il est question ci-dessus, il ne pouvait encore être instruit des *opérations importantes* que les représentants du peuple ont faites dans l'armée des Pyrénées occidentales : opérations commandées par la voix impérieuse du salut de la chose publique et auxquelles le ministre et le conseil exécutif s'empresseront d'applaudir, lorsqu'ils en auront connaissance;

» Considérant que l'intérêt de l'armée exige que la nomination faite, par les représentants du peuple, des généraux et officiers qui ont mérité, par leur courage, leurs talents et leurs sentiments républicains, la confiance du soldat, soit maintenue;

» Arrêtent :

» Art. Ier. Les nominations faites jusqu'à ce jour par les représentants du peuple dans l'armée des Pyrénées occidentales, soit du général en chef, soit de tout autre officier, sont maintenues.

» Art. II. Il est défendu au citoyen Muller, général en chef des Pyrénées occidentales, de délivrer des lettres de service aux officiers qui viennent d'être ou qui seraient promus, à quelque grade que ce soit, par le conseil exécutif dans ladite armée, et de les faire reconnaître dans le grade que le ministre vient de leur conférer, ou pourrait leur conférer.

» Art. III. Il est ordonné, tant au citoyen Dumas, nommé général de l'armée des Pyrénées occidentales, par le conseil exécutif, qu'à tous autres officiers qui pourraient être ou avoir été promus à quelque grade, par ledit conseil exécutif dans ladite armée, de sortir des murs de Bayonne et du Saint-Esprit, dès qu'ils y seront arrivés, jusqu'à l'arrivée des représentants du peuple dans cette ville.

» Le général La Roche, commandant de la ville de Bayonne et de la citadelle du Saint-Esprit, tiendra la main à l'exécution rigoureuse de cette disposition. Sont exceptés pourtant de ladite disposition les officiers qui étaient déjà dans l'armée, lorsqu'ils ont été nommés par le ministre. Ceux-là resteront à leur poste dans le grade qu'ils avaient précédemment.

» Art. IV. Les représentants du peuple se rendront incessamment à Bayonne. Ils conféreront ensemble sur le parti à prendre relativement aux nominations du conseil exécutif.

» En attendant, ils invitent le citoyen Garreau, leur collègue, actuellement à Bayonne, à vouloir bien adhérer au présent arrêté et à tenir la main à son exécution.

« Fait à Mont-de-Marsan, le 1ᵉʳ du deuxième mois de l'an II de la République française une et indivisible.

» J.-B.-B. Monestier (du Puy-de-Dôme),
» J. Pinet aîné et Dartigoyte. »

« Le représentant du peuple soussigné, adhérant à l'arrêté ci-dessus, déclare qu'il n'a et ne peut avoir aucune application au citoyen Fregeville, général de division, attaché depuis longtemps à cette armée, et que les représentants du peuple ont appelé auprès d'eux, tant à Toulouse qu'à Bordeaux. Il estime, en conséquence, que le général Fregeville doit exercer ses fonctions de général divisionnaire, soit à Bayonne, soit à l'armée, dès le moment de son arrivée.

» A Bayonne, le 3 du second mois de l'an ii de la République française une et indivisible.

» Pour copie conforme à l'original :

» Garreau. »

MM. les représentants du peuple avaient donc décidé que le général Dumas sortirait des murs de Bayonne aussitôt qu'il y serait arrivé.

Malheureusement, mon père n'était pas un homme que l'on pût faire sortir avec cette facilité d'une ville où il croyait avoir le droit de rester.

Il resta donc à Bayonne.

Ce refus d'obéir à MM. les représentants du peuple amena, le surlendemain de son arrivée, c'est-à-dire le 9 brumaire, ce nouvel arrêté :

« Au nom de la République française une et indivisible :

» Les représentants du peuple près l'armée des Pyrénées occidentales et les départements voisins,

» Considérant que le comité de salut public et la Convention nationale ne connaissent pas les réformes devenues si nécessaires opérées dans cette armée, non plus que les remplacements qui y ont eu lieu à l'époque où la promotion du général Dumas, par le ministre de la guerre ou par le conseil exécutif, a été approuvée par la Convention nationale ;

» Considérant que le général Müller a reçu de ces représentants le soin de commander provisoirement en chef cette armée en raison des preuves qu'il avait déjà données de son talent, de son activité, de son courage et de son républicanisme prononcé; en raison de l'expérience qu'il avait acquise, depuis quatre mois d'un travail assidu, de la manière de faire la guerre en ces contrées, où les localités ne permettent pas d'exercer cet art et cette profession comme dans les armées de la République, et où il faut un temps très-considérable et un coup d'œil très-observateur pour réduire toutes les portions de forces employées sur une multitude de points en un ensemble et en un corps d'armée; enfin, encore en raison de ce que ses services près de cette armée et sa manière morale d'exister lui avaient concilié l'amitié, l'estime et la confiance des chefs et des soldats;

» Considérant que le général Muller est encore aujourd'hui en pleine jouissance de cette estime, de cette amitié et de cette confiance; que seul il peut conduire et terminer une campagne dont seul il a la clef et les dispositions; enfin que cette campagne et la guerre ne peuvent durer encore environ que trois semaines, ou même moins;

» Considérant que le général Dumas, contre lequel, d'ailleurs, les représentants du peuple n'ont aucun reproche à former, ne pourrait obtenir ces connaissances des localités, des plans et des positions que dans six semaines au moins, ainsi qu'il s'en est expliqué lui-même dans la conférence *amicale* que les représentants du peuple ont eue avec lui;

» Considérant que, depuis la réforme opérée dans l'armée, et l'élection provisoire du général Muller, l'ordre et la discipline, la concorde et la bonne union, règnent plus vigoureusement et promettent des succès plus marqués;

» Arrêtent, pour le meilleur service de la République, que provisoirement, et jusqu'à un décret définitif de la Convention nationale, le général Muller retiendra le commandement en chef de l'armée des Pyrénées occidentales;

» Mais arrêtent aussi qu'il demeurera libre au général Dumas d'être employé dans cette même armée en qualité de chef divisionnaire, jusqu'à ce décret définitif.

» A Bayonne, le deuxième jour du second mois de l'an II de la République une et indivisible.

» Signé, J.-B.-B. Monestier (du Puy-de-Dôme), Dartigoyte, Garreau, Cavaignac et Pinet aîné. »

Mon père avait obtenu la satisfaction qu'il désirait. Les représentants du peuple avaient déclaré qu'ils n'avaient aucun reproche à former contre lui et rapporté l'article de l'arrêté qui lui enjoignait de quitter Bayonne.

Quant à l'autorisation qui lui était accordée de servir dans l'armée comme chef divisionnaire, on comprend qu'il n'en usa point.

Il s'installa donc, avec sa maison militaire, sur la place où on lui avait d'avance retenu son logement. Malheureusement, cette place était celle où avaient lieu les exécutions.

Lorsque l'heure terrible arrivait et lorsque toutes les autres fenêtres se garnissaient du curieux, mon père fermait les siennes; baissait ses jalousies, et tirait ses rideaux.

Alors, sous ces fenêtres fermées, il se faisait une émeute terrible; tous les sans-culottes du pays se rassemblaient et hurlaient:

— Eh! *monsieur de l'Humanité!* à la fenêtre! à la fenêtre!

Malgré ces cris, qui souvent prenaient le caractère de la menace, et auxquels mon père et ses aides de camp, le sabre au côté et les pistolets au poing, s'apprêtèrent plus d'une fois à répondre à main armée, pas une de ces fenêtres ne s'ouvrit, pas un des officiers appartenant à l'état-major de mon père ne parut au balcon.

Il en résulta que le nouveau général envoyé par le pouvoir exécutif cessa de s'appeler le citoyen Alexandre Dumas, et ne fut plus connu que sous le nom, fort compromettant à cette époque, surtout au milieu de ceux qui le lui avaient donné, de *monsieur de l'Humanité!*

Contestez-moi mon nom de Davy de la Pailleterie, messieurs; ce que vous ne contesterez pas, c'est que je suis le fils d'un homme que l'on appelait l'*Horatius Coclès* devant l'ennemi, et *monsieur de l'Humanité* devant l'échafaud.

IV

Mon père est nommé général en chef de l'armée de l'Ouest. — Son rapport sur l'état de la Vendée. — Mon père est envoyé à l'armée des Alpes comme général en chef. — État de cette armée. — Prise du mont Valaisan et du petit Saint-Bernard. — Prise du mont Cenis. — Mon père est rappelé pour rendre compte de sa conduite. — Ce qu'il avait fait. — Il est acquitté.

Comme on le comprend bien, cet état de choses ne pouvait durer ; mon père, d'ailleurs, par cette résistance jouait sa vie, à un jeu bien autrement dangereux que celui du champ de bataille.

La réponse du comité de salut public, en date du dixième jour de frimaire, fut celle-ci :

« Le comité de salut public arrête :

» Que le conseil exécutif provisoire fera passer sur-le-champ dix mille hommes de l'armée des Pyrénées occidentales dans la Vendée, pour se réunir à la portion de l'armée de l'Ouest dirigée contre les rebelles de ce département et autres circonvoisins sur la rive gauche de la Loire.

» Cette division sera commandée par le général Dumas.

» Le conseil exécutif prendra à cet effet les mesures les plus actives et fera parvenir ses ordres par courrier extraordinaire.

» *Signé au registre :* ROBESPIERRE, LINDET, RIVIÈRE, CARNOT, BILLAULT-VARENNES et C.-A. PRIEUR.

» Pour copie conforme : le ministre de la guerre,

» J. BOUCHOTTE. »

Mon père arriva dans la Vendée.

Là, c'était bien autre chose encore.

Au moment de son arrivée, le général Canclaux, mis en suspicion, venait d'être rappelé à Paris.

Mon père était tout porté ; il reçut le commandement en chef de l'armée de l'Ouest.

Il commença par étudier les hommes qu'il avait à commander, comme le bon ouvrier, avant de se mettre à la besogne, commence par étudier l'outil qu'il a dans la main.

L'outil était mauvais, si l'on en croit le rapport de mon père. Maintenant, si on veut bien le lire attentivement, si on veut bien se reporter à l'époque où il a été écrit (17 vendémiaire an II), on conviendra qu'il y avait dans ce rapport de quoi le faire guillotiner vingt fois.

C'est un miracle qui ne l'ait pas été une.

Voici ce rapport :

RAPPORT SUR L'ÉTAT DE LA GUERRE DE LA VENDÉE

ARMÉE DE L'OUEST

« Au quartier général à Fontenay-le-Peuple, 17 vendémiaire an II de la République une et indivisible.

» *Le général en chef au comité de salut public.*

» Je n'ai différé mon rapport sur l'état de l'armée et de la guerre de la Vendée qu'afin de le faire sur des données certaines, acquises par mes propres yeux ; sans quoi, il n'eût été que l'écho des différents récits que j'entendais et qui m'étaient faits par des personnes qui avaient embrassé les choses chacune sous un point de vue différent : aujourd'hui, de retour de mon inspection, il en sera autrement ; je vais parler sur des faits qui sont à ma connaissance personnelle et sur des désordres dont j'ai été le témoin.

» Eh bien, il faut le dire, il n'est à l'armée de l'Ouest presque aucune partie, soit militaire, soit administrative, qui n'appelle la main sévère de la réforme. Les bataillons n'ont point de consistance. Les anciens cadres sont réduits à cent cinquante hommes.

» Vous devez juger par là de la quantité de recrues qu'ils viennent de recevoir, de la nullité de ces bataillons, dont la partie saine se trouve paralysée par l'inexpérience de la majorité, tandis que la mauvaise composition des officiers ne laisse pas même l'espérance de former des hommes nouveaux.

» Mais le mal n'est pas là tout entier.

» Le mal est surtout dans l'esprit d'indiscipline et de pillage qui règne à l'armée, esprit produit par l'habitude et nourri par l'impunité. Cet esprit est porté à un tel point, que j'ose vous dénoncer l'impossibilité de le réprimer, à moins d'envoyer les corps qui sont ici à d'autres armées et de les remplacer dans celle-ci par des troupes dressées à la subordination.

» Pour vous convaincre de cette vérité, il vous suffira d'apprendre que des chefs ont été menacés d'être fusillés par leurs soldats pour avoir voulu, d'après mon ordre, empêcher le pillage. Vous serez d'abord étonnés de ces excès; mais vous cesserez bientôt de l'être en réfléchissant que c'est une conséquence nécessaire du système suivi jusqu'à présent dans cette guerre. *Le mouvement du vol et du brigandage* une fois imprimé, il est difficile de l'arrêter à volonté, vous le savez, citoyens représentants; la Vendée a été *traitée comme une ville prise d'assaut. Tout y a été saccagé, pillé, brûlé.* Les soldats ne comprennent pas pourquoi cette défense de continuer aujourd'hui de faire ce qu'ils faisaient hier. Vous ne trouverez pas même chez les officiers généraux le moyen de rappeler, dans les rangs des soldats, l'amour de la justice et des bonnes mœurs. Plusieurs sans doute, tous même, j'ose le croire, sont pénétrés de bons principes, et en désirent le retour. Mais une partie des hommes a servi dans cette armée au moment où le pillage s'y exerçait; témoins des défaites de nos armes, ces hommes ont perdu, par leur participation aux vieilles défaites, l'autorité nécessaire pour arrêter le cours des désordres que j'ai signalés; l'autre manque de lumières, de fermeté, de moyens propres à ramener parmi les troupes l'ordre et la discipline. Ainsi, en dernière analyse, je n'ai trouvé que peu d'officiers généraux capables de faire le bien. Leur composition est généralement mauvaise, et il règne dans toute l'armée un abandon, un esprit d'indiscipline et de pillage déplorables. Il n'y a aucune activité, aucune surveillance, aucune instruction. Je suis arrivé la nuit jusqu'au milieu des camps, sans avoir été non-seulement reconnu, mais signalé; faut-il s'étonner alors des déroutes que nous avons récemment éprouvées?

» Et cependant jamais les vertus militaires ne sont plus nécessaires que dans les guerres civiles. Comment, sans elles, exécuter les mesures prescrites par vous? Comment convaincre les habitants de ces contrées de votre justice, lorsque la justice est violée par vos troupes elles-mêmes? de votre respect pour les propriétés et pour les personnes, lorsque les hommes chargés de proclamer ce respect pillent et assassinent publiquement et impunément? Vos intentions et leur conduite sont sans cesse en contradiction, et nous n'obtiendrons, en demeurant dans la même situation, aucun résultat heureux : en changeant de système, il faut changer d'hommes. Il est d'autant plus urgent de faire appuyer les principes par des exemples, que les habitants de ce pays ont souvent été trompés par de fausses espérances et que plus d'une fois on a violé les promesses qu'on leur avait faites.

» Et maintenant je me serais mal expliqué si vous pouviez induire de mon rapport que la Vendée est encore dangereuse pour la République, et qu'elle menace sa liberté.

» Ce n'est point là mon opinion, et je crois même que la guerre peut être promptement terminée, en adoptant les mesures que je vous ai proposées et qui consistent :

» 1° Dans le renouvellement de l'armée ;

» 2° Dans le renouvellement des officiers généraux ;

» 3° Dans le choix épuré qu'on fera de ces officiers destinés à être employés dans la Vendée. Ils doivent être capables, par leur expérience, leurs lumières et leur probité, enfin par leur conduite ferme et soutenue, de maintenir la discipline la plus sévère et d'arrêter le penchant au pillage.

» Vous le dirai-je, citoyens représentants? tant de difficultés surpassent mes forces et je préfère vous faire cet aveu que de rester en arrière de votre attente. Je serais glorieux de terminer cette malheureuse guerre et de délivrer enfin la République des maux dont elle a été menacée; mais le désir de la gloire ne m'aveugle point; mes moyens ne sont pas suffisants pour remplir toutes vos vues, pour réorganiser l'armée, pour suppléer à l'incapacité des officiers généraux, pour rappeler la confiance des habitants des pays révoltés, enfin pour donner une nouvelle vie et surtout une nouvelle âme à tout ce qui m'entoure.

» Tant que les choses resteront dans le même état, il m'est donc impossible de répondre à vos espérances et de vous assurer la fin de la guerre de la Vendée. »

Ne vous semble-t-il pas lire le rapport de quelque vieux Romain du temps de Régulus ou de Caton l'Ancien, envoyé dans une province révoltée, à la suite du proconsulat d'un Calpurnius Pison ou d'un Verrès?

Ce rapport équivalait à une démission, et, l'on en conviendra, méritait mieux, eu égard à l'esprit du temps; mais je ne sais quel bon génie protégeait mon père : au lieu de payer de sa tête les terribles vérités qu'il venait de dire, il fut nommé, le 2 nivôse an II, général en chef de l'armée des Alpes, dont il prit le commandement le 2 pluviôse suivant.

Disons un mot de la situation où se trouvait l'armée des Alpes au moment où mon père fut nommé son général en chef.

D'abord on était déjà si loin des déroutes de Quiévrain et de Marchin, de la prise de Longwy et du bombardement de Lille, qu'on les avait presque oubliés. Au bout d'un an, la France, qui s'était vue si près de l'invasion, avait reporté la guerre sur le territoire ennemi; la Belgique tout entière était subjuguée; nos soldats mesuraient de l'œil les montagnes de la Savoie, qu'ils allaient bientôt franchir; et l'Autriche, notre vieille ennemie, déjà menacée du côté de l'Allemagne, allait encore être attaquée en Italie.

Il est vrai qu'au cri de détresse poussé par François et par Frédéric-Guillaume, trois nouveaux ennemis s'étaient levés contre nous, l'Angleterre, l'Espagne et la Hollande. Les anciennes ligues, qui avaient mis la vieille monarchie à deux doigts de sa perte à Fontenoy et à Rosbach, menaçaient la jeune république; mais, au chant de la *Marseillaise,* nous l'avons dit, un miracle s'était produit, la France tout entière s'était levée, et sept armées faisaient face à la fois aux ennemis du dehors et du dedans.

Au moment où les Prussiens avaient pénétré dans la Champagne, et où les Autrichiens avaient envahi les Flandres, le roi de Sardaigne avait cru la France perdue, et il n'avait plus hésité à se joindre à la coalition et à mettre son armée sur le pied de guerre; inquiet de ces démonstrations, le gouvernement avait envoyé le général Montesquiou en observation dans le Midi. Il y était à peine depuis un mois, que, convaincu que la France pouvait compter désormais le roi de Sardaigne au nombre de ses ennemis, il envoya au gouvernement le plan de l'invasion de la Savoie. Après de grandes difficultés suivies même d'une disgrâce momentanée, le général Montesquiou reçut l'ordre de mettre ses projets à exécution. Il transporta son camp aux Abrelles, et ordonna au général Anselme, qui commandait le camp du Var, de faire ses dispositions pour entrer vers la fin de septembre dans le comté de Nice, et de combiner ses mouvements avec ceux de la flotte qui, sous le commandement de l'amiral Truguet, s'organisait dans le port de Toulon.

De leur côté, les Piémontais, à la vue de nos préparatifs d'invasion, s'étaient hâtés de se mettre en défense; trois redoutes avaient été élevées, l'une près de Champareille, et les deux autres aux abîmes de Miaux. Montesquiou laissa les travaux grandir, les retranchements s'achever. Puis, au moment où il apprit que les Piémontais allaient y conduire du canon, il lança, pour les tourner, le maréchal de camp Laroque avec le deuxième bataillon de chasseurs et quelques grenadiers. Les Piémontais, qui n'étaient pas en mesure complète de se défendre, n'essayèrent pas même de résister, et, nous abandonnant les ouvrages qu'ils venaient d'achever avec si grande peine, ils prirent la fuite sans même tirer un coup de fusil.

L'évacuation des ponts, des marches de Bellegarde, de Notre-Dame-de-Miaux et d'Apremont, fut le résultat de cette retraite. Les Français suivirent les Piémontais à une demi-journée de marche. Montmeillan ouvrit ses portes. L'esprit public, comprimé par l'occupation sarde, commença de se faire jour. De tous côtés les Français étaient accueillis en libérateurs. Les Piémontais fuyaient au milieu des acclamations qui saluaient le drapeau tricolore. Des députations de tous les villages accouraient au-devant du général Montesquiou ; sa marche était un triomphe ; des députés vinrent à sa rencontre jusqu'au château des Marches pour lui apporter les clefs de Chambéry, et, le lendemain, avec une escorte de cent chevaux, huit compagnies de grenadiers et quatre pièces de canon, il entrait dans la ville, où l'attendait un grand repas, offert par le conseil municipal à lui, à ses officiers et à ses soldats.

Dès lors la Savoie fut incorporée à la France sous le nom de département du Mont-Blanc, qu'elle conserva jusqu'en 1814.

Cette première conquête s'était faite par la seule supériorité des manœuvres du général français sur son adversaire et sans tirer un seul coup de fusil.

Pendant ce temps, le général Anselme s'emparait du comté de Nice et ajoutait à la France le département des Alpes-Maritimes, lequel fut bientôt augmenté du territoire de la principauté de Monaco.

Mais là s'arrêta l'invasion française. La guerre civile commençait de rugir à l'intérieur. Jean Chouan avait soulevé la Vendée avec ses sifflements nocturnes ; l'échafaud, en permanence sur la place de la Révolution, réclamait sa part de sang ; le général Montesquiou, proscrit par la Convention, parvint à gagner la Suisse et à y trouver un asile. Anselme, arrêté, paya de sa tête la conquête de Nice. Biron le remplaça dans son commandement et lui succéda sur l'échafaud. Enfin Kellermann, auquel mon père devait succéder, nommé général en chef à son tour, vint prendre un poste que la suspicion rendait plus dangereux que la mitraille ; mais bientôt Kellermann se trouve entre l'armée piémontaise prête à prendre l'offensive et Lyon qui se révolte. Il jette alternativement les yeux vers l'Italie et vers la France, sépare sa petite armée en deux corps, en laisse un sous les ordres du général Brunet, et conduit lui-même l'autre sous les murs de Lyon.

Aussitôt le départ de Kellermann connu, les Piémontais, profitant de la réduction des troupes françaises, étaient tombés sur elles au nombre de vingt-cinq mille hommes. Mais, pendant dix-huit jours, cette poignée de braves résista, combattant sans cesse, ne reculant que pas à pas, ne perdant que vingt lieues de pays et sauvant tous ses magasins.

Cependant le général Brunet ne pouvait résister plus longtemps ; il fit connaître sa position à Kellermann. Kellermann quitte aussitôt le siége de Lyon, accourt à l'armée, conduisant un renfort de trois mille hommes qui portent la totalité de ses forces à huit mille hommes ; trois cents gardes nationaux sont placés par lui en seconde ligne, et, avec ces faibles moyens, il reprend l'offensive le 13 septembre 1793.

Son plan d'attaque, parfaitement combiné par lui et non moins bien exécuté par ses lieutenants et ses soldats, eut un succès complet, et, dès le 9 octobre suivant, les ennemis étaient chassés du Faucigny, de la Tarantaise et de la Maurienne ; repoussés de position en position, les Piémontais voulurent enfin tenir dans celle de Saint-Maurice, où ils avaient établi plusieurs pièces de canon. L'avant-garde y arriva le 4 octobre à sept heures du matin ; la canonnade dura jusqu'à dix heures, moment où le gros de l'armée parut avec l'artillerie. Aussitôt, et pendant que les canons français font taire la batterie ennemie, Kellermann donne l'ordre au 2ᵉ bataillon de chasseurs de tourner les Piémontais. Habitués à cette guerre de montagnes, les huit cents hommes qui le composent s'élancent à travers les rochers, franchissent les précipices, se suspendent au-dessus des abîmes et abordent les Piémontais avec une telle impétuosité, que ceux-ci ne peuvent soutenir leur choc et fuient en désordre, abandonnant Saint-Maurice.

De ce village, qu'il vient de quitter, Kellermann écrit à la Convention :

« Le mont Blanc a été envahi il y a quelques jours par un ennemi nombreux, et le mont Blanc est évacué aujourd'hui ;

la frontière de Nice à Genève est libre, et la retraite des Piémontais de la Tarantaise nécessitera celle de la Maurienne. La prise du mont Blanc a coûté deux mille hommes à l'ennemi et une immense quantité d'argent. »

La récompense de Kellermann fut un décret d'arrestation et l'ordre de comparaître devant la Convention.

Ce fut pour le remplacer, tandis qu'il allait rendre compte de ses victoires, que mon père fut appelé à l'armée des Alpes.

Son premier soin, en arrivant, fut de reconnaître les lignes de l'ennemi et de rétablir les communications rompues entre l'armée des Alpes et l'armée d'Italie; tout en s'occupant de ces premières opérations, il envoya à la Convention un plan de campagne, qui fut adopté.

Pendant ce temps, mon père s'était abouché avec les plus hardis chasseurs de chamois; il avait fait avec eux une ou deux excursions pour leur prouver qu'il était digne de faire leur partie, et, ayant gagné leur confiance, ou plutôt leur dévouement, dans ces courses au milieu des neiges, il convertit en guides ses compagnons de chasse.

Un matin, le général en chef quitta l'armée, dont il laissa le commandement au général Bagdelaune, prit des vivres pour quelques jours et partit avec trois de ses affidés.

Il fut cinq jours absent; pendant ces cinq jours, il étudia tous les passages par lesquels on pouvait arriver jusqu'à la redoute du mont Cenis. Cette étude n'était pas chose facile, attendu qu'elle ne pouvait se faire que la nuit et au milieu des abîmes dans lesquels le moindre faux pas eût précipité l'imprudent éclaireur.

Le cinquième jour, il revint.

Le mont Cenis était le nœud stratégique du plan, le pivot sur lequel toutes les manœuvres devaient tourner; le mont Cenis était réputé imprenable, à cause de ses neiges éternelles, de ses abîmes sans fond et de ses chemins impraticables.

En rentrant au camp, mon père dit :

— Dans un mois, le mont Cenis sera à nous.

Il avait, pour le seconder dans cette entreprise, il faut le dire, des hommes habitués depuis un an à cette guerre de montagnes et qui n'avaient jamais reculé que devant l'impossible ; maintenant, c'était l'impossible qu'il fallait vaincre : il fallait que les soldats passassent là où jamais montagnard n'avait passé ; il fallait que le pied de l'homme foulât une neige qui ne connaissait encore que le sabot du chamois ou la serre de l'aigle.

Mon père fit faire trois mille crampons de fer qu'il distribua à ses soldats et avec lesquels ils s'étudièrent à passer dans les endroits les plus difficiles.

Le printemps arriva, et avec lui la possibilité d'agir ; mais, de leur côté, les Piémontais s'étaient mis sur une terrible défensive. Le mont Cenis, le Valaisan et le petit Saint-Bernard étaient hérissés de canons. Mon père décida que l'on commencerait par s'emparer de Saint-Bernard et du Valaisan.

Les ennemis qu'il fallait atteindre bivaquaient au delà des nues. C'était une guerre de titans : le ciel à escalader.

Dans la soirée du 24 avril, le général Bagdelaune reçut l'ordre de gravir le petit Saint-Bernard, afin de se trouver au point du jour prêt à l'attaquer.

Mon père s'était réservé le mont Valaisan.

Le général Bagdelaune se mit en marche à neuf heures du soir ; pendant dix heures, il marcha dans des précipices sans suivre aucun chemin frayé, et sur la foi des guides, qui plus d'une fois, trompés eux-mêmes par l'obscurité, égarèrent nos soldats ; enfin, à la pointe du jour, il parvient à la redoute, l'attaque avec le courage et l'impétuosité dont les hommes qu'il commande ont déjà tant de fois donné des preuves ; mais la redoute est terrible, la montagne semble un volcan enflammé, trois fois Bagdelaune ramène à la charge ses soldats repoussés trois fois ; tout à coup, les bouches des canons d'une redoute avancée, dont mon père vient de s'emparer, changent de direction ; une pluie de boulets écrase les défenseurs du Saint-Bernard ; mon père a réussi le premier dans son entreprise, c'est lui qui a tourné contre les Piémontais leurs propres canons. Le mont Valaisan, qui devait protéger le Saint-Bernard, le foudroie. Les Français, reconnaissant le secours inattendu qui leur arrive, s'élancent une quatrième fois. Les

Piémontais, intimidés par cette puissante diversion, n'essayent pas même de résister, de tous côtés ils fuient; le général Bagdelaune lance à leur poursuite deux bataillons des nouvelles levées de la Côte-d'Or et le deuxième bataillon de chasseurs; pendant trois lieues, les Piémontais sont poursuivis et relancés, comme des chamois, à la trace du sang; vingt pièces de canon, six obusiers, treize pièces d'artillerie de montagne, deux cents fusils et deux cents prisonniers sont les trophées de cette double victoire.

Reste le mont Cenis.

C'est pour s'emparer de cette dernière redoute, qui doit compléter la libre et entière occupation de la Savoie, en enlevant aux Piémontais tous les moyens de déboucher dans ce duché à leur volonté et en les forçant à cantonner dans les plaines du Piémont, que le général en chef de l'armée des Alpes a pris toutes ses dispositions.

Déjà plusieurs tentatives avaient été faites et avaient avorté; dans une de ces tentatives, essayée au mois de février, le général Sarret avait perdu la vie. Le pied lui avait manqué, il avait roulé au fond d'un précipice et son corps était resté enseveli sous les neiges.

De là le soin que mon père avait pris de faire faire des crampons pour lui et pour ses hommes.

Le mont Cenis était attaquable de trois côtés seulement; le quatrième était tellement défendu par la nature, que les Piémontais s'étaient contentés de le protéger par un rang de palissades.

Pour arriver de ce côté, il fallait monter du fond même d'un abîme.

Mon père simula des attaques sur trois faces; puis le soir du 19 floréal (8 mai), il partit avec trois cents hommes.

Il devait tourner la montagne, gravir l'inaccessible rocher et donner le signal de l'attaque aux autres corps par son attaque même.

Avant de commencer l'ascension, mon père montra à ses hommes le roc qu'il fallait gravir.

— Tout homme qui tombera, dit-il, doit comprendre d'avance qu'il est un homme mort et que, dans une pareille chute, rien ne peut le sauver. Il est donc inutile qu'il crie : son cri ne le sauvera point et peut faire manquer l'entreprise en donnant l'éveil.

Trois hommes tombèrent; on entendit leurs corps bondir de rocher en rocher; mais on n'entendit pas un cri, pas une plainte, pas un soupir.

On arriva sur le plateau. Quoique la nuit fût obscure, on pouvait distinguer du fort cette longue ligne noire qu'allaient tracer sur la neige les habits bleus des soldats. Mais le cas était prévu; chaque homme avait roulé sur son sac une chemise et un bonnet de coton.

C'était l'uniforme ordinaire de mon père, lorsque, la nuit, il chassait le chamois.

On arriva jusqu'au pied des palissades sans avoir éveillé un seul qui-vive.

Parvenus aux palissades, les soldats commencèrent à escalader; mais mon père, grâce à sa force herculéenne, trouva un moyen plus simple et moins bruyant : c'était de prendre chaque homme par le fond de son pantalon et le collet de son habit et de le jeter par-dessus les palissades. La neige amortissait à la fois et la chute et le bruit.

Surpris pendant leur sommeil, et voyant au milieu d'eux les soldats français sans savoir comment ils y étaient parvenus, les Piémontais firent à peine résistance.

Un mois, juste jour pour jour, après la prédiction faite, le mont Cenis était à nous.

Tandis que mon père enlevait le mont Cenis, une autre colonne de l'armée des Alpes, passant par le col d'Argentière, en avant de Barcelonnette, s'emparait du poste des Barricades, envahissait la vallée de la Hure et mettait ainsi l'armée des Alpes presque en relation avec l'armée d'Italie, dont l'extrême gauche s'avançait jusqu'au-dessus du petit village d'Isola, vers San-Dalmatio-Salvatico.

Mon père en était arrivé juste au point où l'on rappelait les généraux en chef de l'armée des Alpes pour les guillotiner.

Il s'attendait à cette récompense; aussi ne fut-il point étonné de recevoir cette lettre :

« 6 messidor an II.

» Citoyen général,

» Tu es invité à quitter à l'instant même l'armée des Alpes, et à te rendre à Paris, pour répondre aux accusations dont tu es l'objet.

» Collot d'Herbois. »

Les accusations, ou plutôt l'accusation sur laquelle mon père avait à répondre était celle-ci :

Mon père était entré par un temps très-rigoureux dans le petit village de Saint-Maurice. La première chose qu'il avait aperçue sur la grande place de ce village, c'était une guillotine toute dressée et prête à fonctionner.

Il s'était informé, et avait appris qu'on allait exécuter quatre malheureux, coupables d'avoir essayé de soustraire à la fonte la cloche d'une église.

Le crime n'avait point paru à mon père digne de mort, et, se retournant vers le capitaine Dermoncourt, qui devait bientôt devenir son aide de camp :

— Dermoncourt, lui avait-il dit, il fait très-froid, comme tu le vois, et comme tu peux même le sentir; nous ne trouverons peut-être pas de bois à l'endroit où nous allons; fais donc démolir et emporter cette vilaine machine peinte en rouge que tu vois là-bas, et nous nous chaufferons avec.

Dermoncourt, habitué à l'obéissance passive, avait obéi passivement.

Cette opération, exécutée avec une rapidité toute militaire, embarrassa beaucoup le bourreau, qui avait quatre hommes à guillotiner et qui n'avait plus de guillotine.

Ce que voyant mon père, il eut pitié du pauvre homme, prit les quatre prisonniers, lui en donna un reçu, et les invita à gagner le plus vite possible la montagne.

Les prisonniers, comme on le pense bien, ne se le firent pas dire deux fois.

Par un miracle, mon père ne paya point de sa tête ces quatre têtes qu'il avait sauvées ; et, grâce à la prise du Saint-Bernard, du Valaisan et du mont Cenis, on lui pardonna cet attentat patriotique.

Seulement, le nom de *monsieur de l'Humanité*, devenu plus applicable que jamais, lui fut plus que jamais appliqué.

J'ai déjà dit que mon père avait du bonheur.

V

Suites du coup d'épée au front. — Saint-Georges et les chevaux de remonte. — Querelle que lui cherche mon père. — Mon père passe à l'armée de Sambre-et-Meuse. — Il donne sa démission et revient à Villers-Cotterets. — Il est rappelé à Paris pour faire le 13 vendémiaire. — Bonaparte le fait à sa place. — Attestation de *Buonaparte*. — Mon père est envoyé dans le pays de Bouillon, puis nommé commandant de place à Landau. — Il retourne comme général divisionnaire à l'armée des Alpes. — Le sang et l'honneur anglais. — Bonaparte nommé général en chef de l'armée d'Italie. — Campagne de 1796.

Du moment où on ne le guillotinait pas, mon père était enchanté de se retrouver à Paris.

Depuis quelque temps, il lui était poussé une loupe au front, laquelle lui donnait d'effroyables maux de tête. Cette loupe lui était venue à la suite de ce coup de pointe qu'il avait reçu dans un des trois duels qu'il avait eus au régiment pour soutenir la prééminence de la Reine sur le Roi. Il en résultait que la loupe était adhérente au crâne et que son extirpation présentait quelque danger.

L'opération fut faite avec beaucoup de bonheur par M. Pelletan.

Le 15 thermidor de la même année, un arrêté du comité de salut public nomma mon père commandant de l'École de Mars établie au camp des Sablons.

Ce commandement ne fut pas de longue durée.

Le 18 thermidor, c'est-à-dire trois jours après cette nomination, il fut envoyé à l'armée de Sambre-et-Meuse.

Mais, avant de quitter Paris, mon père avait un compte à régler avec son ancien colonel Saint-Georges.

Nous avons dit en temps et lieu que, loin de se rendre à son régiment, Saint-Georges avait trouvé plus commode de demeurer à Lille, où il s'était fait envoyer, par le gouvernement, des chevaux de remonte ; ce qui ne l'avait pas empêché, en vertu des pouvoirs que s'arrogeaient les chefs de corps à cette époque, de réquérir une énorme quantité de chevaux de luxe dont il avait trafiqué.

Le chiffre auquel ces chevaux étaient estimés montait à près d'un million.

Quoiqu'on ne fût pas bien sévère à cette époque sur ces sortes de peccadilles, Saint-Georges s'était donné de telles licences, qu'il fut appelé à Paris pour y rendre ses comptes. Comme les comptes de Saint-Georges étaient fort mal tenus, il trouva à propos de tout rejeter sur mon père, en disant que c'était le lieutenant-colonel Dumas qui avait été chargé de la remonte du régiment.

Le ministre de la guerre écrivit donc à mon père, lequel prouva immédiatement qu'il n'avait jamais commandé une seule réquisition, ni acheté ni vendu un seul cheval.

La réponse du ministre déchargea entièrement mon père. Mais il n'en avait pas moins gardé rancune à Saint-Georges, et, comme sa loupe, qui le faisait horriblement souffrir, l'entretenait dans une mauvaise humeur continuelle, il avait positivement résolu de se couper la gorge avec son ancien colonel.

Saint-Georges, tout brave qu'il était, le pistolet ou l'épée à la main, aimait assez à choisir ses duels. Heureux ou malheureux, celui-là devait faire grand bruit.

Mon père se présenta donc trois fois chez Saint-Georges sans le trouver ; puis il y retourna trois fois encore, en laissant chaque fois sa carte.

Enfin, sur la dernière de ces cartes, il écrivit au crayon une menace tellement pressante, que, le surlendemain du jour où il avait été opéré, mon père étant couché et gardé par Dermoncourt, le même qui, sur son ordre, avait fait du bois de chauffage de la guillotine de Saint-Maurice, Saint-Georges se présenta chez lui, et, sur l'annonce de l'indisposition qui le retenait au lit, allait se retirer en laissant sa carte à son tour, lorsque Dermoncourt, qui avait fort entendu parler de lui, voyant un mulâtre admirablement bel homme et qui bégayait en parlant, reconnut Saint-Georges, et, allant à lui :

— Ah! monsieur de Saint-Georges, lui dit-il, c'est vous!... Ne vous en allez pas, je vous prie ; car, tout malade qu'il est, le général est homme à courir après vous, tant il a hâte de vous voir.

Saint-Georges prit à l'instant même son parti.

— Oh! ce cher Dumas, s'écria-t-il, je crois bien qu'il a désir de me voir; et moi donc! nous avons toujours été si bons amis. Où est-il? où est-il?

Et, s'élançant dans la chambre, il alla se jeter sur le lit, prit mon père dans ses bras, le serrant à l'étouffer.

Mon père voulut parler ; mais Saint-Georges ne lui en laissa point le temps.

— Ah çà! mais, lui dit-il, tu voulais donc me tuer? me tuer, moi? Dumas, tuer Saint-Georges? Est-ce que c'est possible? mais est-ce que tu n'es pas mon fils? est-ce que, quand Saint-Georges sera mort, un autre que toi peut le remplacer? Allons vite, lève-toi! Fais-moi servir une côtelette, et qu'il ne soit plus question de toutes ces bêtises-là!

Mon père était fort décidé d'abord à pousser l'affaire à fond ; mais que dire à un homme qui se jette sur votre lit, qui vous embrasse, qui vous appelle son fils, et qui vous demande à déjeuner?

Ce que fit mon père ; il lui tendit la main en disant :

— Ah! brigand, tu es bien heureux que je sois ton successeur comme tu dis, au lieu d'être celui du dernier ministre de la guerre; car je te donne ma parole que je te ferais pendre.

— Oh! guillotiner au moins, dit Saint-Georges en riant du bout des lèvres.

— Non pas, non pas; ce sont les honnêtes gens que l'on guillotine à cette heure; mais les voleurs, on les pend.

— Voyons, franchement, quelle était ton intention en venant chez moi? dit Saint-Georges.
— De t'y trouver d'abord.
— C'est trop juste; mais après?
— Après?
— Oui.
— Je serais entré dans la chambre où l'on m'aurait dit que tu étais, j'aurais refermé la porte derrière moi, j'aurais mis la clef dans ma poche, et celui de nous deux qui, au bout de cinq minutes, eût encore été vivant se serait chargé de l'ouvrir.
— Alors, dit Saint-Georges, tu vois que j'ai bien fait de ne pas m'y trouver.

Or, comme, en ce moment-là même, la porte s'ouvrait pour annoncer qu'on était servi, la discussion finit et le déjeuner commença.

De l'armée de Sambre-et-Meuse, mon père passa avec la rapidité de mouvements que la Convention faisait exécuter à cette époque à ses généraux, au commandement en chef de l'armée des côtes de Brest; mais, seize jours après cette nomination, tous ces commandements factices lui déplaisant, il donna sa démission et se retira à Villers-Cotterets, près de ma mère, qui déjà, depuis un an ou deux, était accouchée de ma sœur aînée.

Il était là fort heureux, fort tranquille, et espérait y être fort oublié, près de sa jeune femme, lorsque, le 14 vendémiaire, au matin, il reçut cette lettre :

« Paris, 13 vendémiaire de l'an iv de la République française une et indivisible.

» Les représentants du peuple chargés de la force armée de Paris et de l'armée de l'intérieur,

» Ordonnent au général Dumas de se rendre de suite à Paris, pour y recevoir les ordres du gouvernement.

» J.-J.-B. DELMAS.

» LAPORTE. »

Que se passait-il donc à Paris ?
Nous allons le dire.

Le 13 vendémiaire s'accomplissait. Bonaparte mitraillait les sections sur les marches de l'église Saint-Roch.

La Convention avait jeté les yeux sur mon père pour la défendre ; mon père n'était point à Paris. Barras proposa Bonaparte, et Bonaparte fut accepté.

Cette heure, qui sonne une fois, dit-on, dans la vie de tout homme, et qui lui ouvre l'avenir, avait sonné infructueusement pour mon père. Il prit la poste à l'instant même ; mais il n'arriva que le 14.

Il trouva les sections vaincues et Bonaparte général en chef de l'armée de l'intérieur.

Voici le certificat qui lui fut délivré ; nous copions ce précieux document sur la pièce originale :

LIBERTÉ, JUSTICE, ÉGALITÉ

« Nous, officiers généraux et autres, certifions et attestons que le citoyen Alexandre Dumas, général d'armée, est arrivé le 14 vendémiaire à Paris, et qu'aussitôt il s'est rallié avec ses frères d'armes autour de la Convention nationale pour la défendre contre l'attaque des rebelles qui ont mis bas les armes dans cette journée.

» Paris, ce 14 brumaire, l'an quatrième de la République française.

» *Ont signé* : J.-J.-B. DELMAS ; LAPORTE ; GASTON ; BERNARD, *aide de camp ;* HUCHÉ, *général de division ;* TH. ARTEL, *capitaine-adjudant général ;* BERTIN, *général de brigade ;* PAREIN, *général de division ;* ROINAY, *commissaire ordonnateur.* »

Puis, au-dessous de toutes ces signatures, de son écriture illisible, dont chaque lettre semble un nœud gordien, l'homme qui venait de ramasser la Révolution dans le sang avait écrit ces trois lignes :

« Certifié vrai.
» Le général en chef de l'armée de l'intérieur,

» BUONAPARTE. »

Trois mois plus tard, il supprimera l'*u* qui italianise son nom et signera *Bonaparte*.

C'est pendant ces trois mois sans doute qu'il a eu son apparition comme Macbeth et que les trois sorcières lui ont dit : « Salut! tu seras général en chef ; salut! tu seras premier consul ; salut! tu seras empereur. »

La Convention, sauvée par Bonaparte, termina le 26 octobre sa session de trois ans, par un décret d'amnistie pour tous les délits révolutionnaires qui n'étaient pas compliqués de vol ou d'assassinat.

Puis, après avoir rendu huit mille trois cent soixante et dix décrets, elle se retire ou plutôt se réorganise pour reparaître sous la triple forme du conseil des Anciens, du conseil des Cinq-Cents et du Directoire.

Les cinq directeurs sont : La Réveillère-Lepaux, Letourneur (de la Manche), Rewbell, Barras et Carnot.

Tous cinq sont conventionnels; tous cinq ont voté la mort du roi.

Ces nominations toutes révolutionnaires amènent une émeute dans le pays de Bouillon. Le 23 brumaire an IV, mon père remis en activité, est envoyé pour comprimer cette révolte, résultat auquel il arrive sans effusion de sang.

De là, mon père passe de nouveau à l'armée de Sambre-et-Meuse et à l'armée du Rhin ; est nommé commandant de place à Landau, le 21 nivôse an IV; revient passer en congé à Villers-Cotterets le mois de ventôse ; enfin il retourne comme général divisionnaire, le 7 messidor, à cette armée des Alpes qu'il a commandée en chef et dont la destination est de garder la frontière et d'observer le Piémont, avec lequel on est en paix.

D'abord, mon père avait eu envie de refuser. En temps de

guerre, il eût tout pris, même le fusil d'un soldat; en temps de paix, il était plus difficile.

— Acceptez toujours, général, lui dit Dermoncourt; vous serez là sur le chemin de l'Italie. De Chambéry à Suze, il n'y a que le mont Cenis à traverser.

— En ce cas, répondit mon père, j'ai bien fait de le prendre. Et il partit.

En effet, comme nous l'avons dit, la guerre, éteinte avec l'Espagne, la Prusse, la Toscane, le Piémont et la Hollande, est restée vivace entre nous et nos deux éternelles ennemies, l'Autriche et l'Angleterre.

Le 17 novembre 1795, les Anglais, attendus vainement à Quiberon, ont évacué l'île Dieu. Sombreuil et douze cents émigrés français sont passés par les armes. Au bruit de la fusillade qui retentit jusqu'à Londres, Pitt s'écrie :

— Du moins, le sang anglais n'a coulé d'aucune blessure.

— Non, lui répond Sheridan; mais l'honneur anglais a coulé par tous les pores.

Quant à l'Autriche, nous continuons de la rencontrer au nord et au sud à la fois. Masséna lui gagne, au sud, la bataille de Loano, et Bernadotte, au nord, le combat de Crutznach.

Seulement, on ne profitait pas de ces victoires. Bonaparte soumit, par l'entremise de Barras, au Directoire un vaste plan qui fut adopté.

On était en train d'en finir avec la Vendée, où Hoche faisait fusiller Stofflet et Charette. Débarrassée de cette inflammation d'entrailles, la France, complétement guérie à l'intérieur, pouvait jeter toutes ses forces sur l'Allemagne et l'Italie.

Voici quel était le plan du Directoire :

La Vendée pacifiée, on prenait immédiatement l'offensive. Nos armées du Rhin bloquaient et assiégeaient Mayence, soumettaient les uns après les autres les princes de l'empire, transportaient le théâtre de la guerre dans les États héréditaires et s'établissaient dans les splendides vallées du Mein et du Necker.

Dès lors, elles ne coûtaient plus rien à la France, la guerre défrayait la guerre.

Quant à l'Italie, il fallait y remporter une grande victoire qui décidât le roi de Piémont à la paix, ou qui permît de lui enlever ses États. Cette opération achevée, le royaume de Piémont effacé de la carte d'Italie et réuni à la France sous le nom de département du Pô, on franchissait le fleuve en évitant Pavie; on enlevait Milan à l'Autriche; puis on s'enfonçait dans la Lombardie, et l'on venait, par le Tyrol et par Venise, frapper aux portes de Vienne.

L'Italie, comme l'Allemagne, et certes aussi bien que l'Allemagne, l'Italie nourrissait nos armées.

En conséquence de ce plan et dans le but de le mettre à exécution, Hoche, pour achever la pacification de la Vendée, réunit sous son commandement les trois armées des côtes de Cherbourg, des côtes de Brest et de l'Ouest, — cent mille hommes; — Jourdan conserva le commandement de l'armée de Sambre-et-Meuse, Moreau remplaça Pichegru sur le Rhin, et Bonaparte fut nommé général en chef de l'armée d'Italie.

Le 21 mars 1796, Bonaparte quitta Paris, emportant dans sa voiture deux mille louis. C'est tout ce qu'il avait pu réunir, en joignant à sa propre fortune et à celle de ses amis les subsides du Directoire. Alexandre emportait sept fois plus, lorsqu'il partit pour conquérir les Indes. Il est vrai que chaque louis d'or, à l'époque de Bonaparte, valait sept mille deux cents francs en assignats.

Pourquoi Bonaparte, à ces belles armées du Rhin, à ces quatre-vingt mille hommes bien armés et bien équipés, qu'on mettait sous les ordres de Jourdan et de Moreau, et qu'on eût mis sous les siens s'il eût voulu, préférait-il les vingt-cinq mille soldats nus et affamés de la rivière de Gênes? C'est que l'Italie est l'Italie, c'est-à-dire le pays des riches souvenirs; c'est qu'il préférait l'Éridan et le Tibre au Rhin et à la Meuse, le Milanais au Palatinat; c'est qu'il aimait mieux être Annibal que Turenne, ou le maréchal de Saxe.

En arrivant à Nice, il trouva une armée sans vivres, sans vêtements, sans souliers, luttant à grand'peine pour se maintenir dans ses postes et ayant devant elle soixante mille hommes de troupes autrichiennes et les généraux les plus renommés de l'empire.

Le lendemain de son arrivée, Bonaparte fit distribuer à chaque général, pour son entrée en campagne, la somme de quatre louis; puis, montrant aux soldats les campagnes d'Italie :

— Camarades, leur dit-il, vous manquez de tout au milieu de ces rochers; jetez les yeux sur ces riches plaines qui se déroulent à vos pieds, elles vous appartiennent, allons les prendre.

C'était à peu près le discours qu'Annibal avait tenu, il y avait dix-neuf cents ans, à ses Numides, accroupis comme des sphinx sur les plus hauts rochers des Alpes et regardant l'Italie de leurs yeux ardents, et, depuis dix-neuf cents ans, il n'était passé entre ces deux hommes que deux autres hommes dignes de leur être comparés, César et Charlemagne.

Bonaparte avait, comme nous l'avons dit, soixante mille hommes à peu près devant lui ; vingt-deux mille, sous les ordres de Colli, campaient à Céva, sur le revers des monts; trente-huit mille sous les ordres de Beaulieu, cœur de jeune homme sous des cheveux blancs, s'avançaient vers Gênes par les routes de la Lombardie.

Bonaparte transporte son armée à Albenga, et, le 11 avril, heurte Beaulieu, près de Voltri.

De ce choc jaillit l'étincelle qui va embraser l'Italie. En onze jours, le jeune général en chef bat cinq fois les ennemis : à Montenotte, à Millesimo, à Dego, à Vico et à Mondovi. En onze jours, les Autrichiens sont séparés des Piémontais, Provera est pris, le roi de Sardaigne est forcé de signer un armistice dans sa propre capitale, et de livrer les trois forteresses de Coni, de Tortone et d'Alexandrie.

Alors Bonaparte s'avance vers la haute Italie, et, devinant les succès à venir par les succès passés, il écrit au Directoire :

« Demain, je marche sur Beaulieu, je l'oblige à repasser le Pô, je le passe immédiatement après lui, je m'empare de toute la Lombardie, et, avant un mois, j'espère être sur les montagnes du Tyrol, y trouver l'armée du Rhin et porter, de concert avec elle, la guerre dans la Bavière. »

En effet, Beaulieu est poursuivi ; il se retourne inutilement pour s'opposer au passage du Pô ; le Pô est franchi. Il se met à couvert derrière les murs de Lodi ; un combat de trois heures l'en chasse ; il se range sur la rive gauche en défendant de toute son artillerie le pont qu'il n'a pas eu le temps de couper. L'armée française se forme en colonne serrée, se précipite sur le pont, renverse tout ce qui s'oppose à elle, éparpille l'armée autrichienne et poursuit sa marche en lui passant sur le corps. Alors Pavie se soumet, Pizzighitone et Crémone tombent, le château de Milan ouvre ses portes, le roi de Sardaigne signe définitivement la paix, les ducs de Parme et de Modène suivent son exemple, et Beaulieu n'a que le temps de se renfermer dans Mantoue.

C'est en ce moment que l'on apprend que Wurmser arrive : il amène soixante mille hommes : trente mille détachés de l'armée du Rhin, trente mille qui viennent de l'intérieur de l'Autriche.

Ces soixante mille hommes vont déboucher par le Tyrol.

Voici quel est l'état des forces françaises et ennemies :

L'armée française était entrée en Italie, forte de trente à trente-deux mille hommes, sur lesquels elle en avait perdu deux mille ; à peu près neuf mille hommes étaient arrivés de l'armée des Alpes, quatre ou cinq mille avaient rejoint, sortant des dépôts de la Provence et du Var. L'armée comptait donc de quarante-quatre à quarante-cinq mille hommes échelonnés sur l'Adige ou groupés autour de Mantoue.

En outre, la Vendée étant pacifiée, on pouvait compter sur deux divisions tirées de l'armée de l'Ouest. Mais encore fallait-il donner à ces deux divisions le temps de traverser la France.

L'armée autrichienne se composait de dix à douze mille hommes, sans compter les malades et les blessés enfermés dans Mantoue ; de douze ou quinze mille hommes, débris des batailles livrées depuis le commencement de la campagne et éparpillés dans la haute Italie, et des soixante mille hommes amenés par Wurmser.

Ces soixante mille hommes, non-seulement on en faisait

grand bruit, mais on doublait hardiment leur nombre. Cette fois, Bonaparte allait avoir affaire non-seulement, disaient ces mêmes bruits, à une armée quatre fois plus forte que la sienne, mais encore à un général digne de lui. Annibal allait trouver son Scipion ; on répétait le vieux dicton : *L'Italia fu e sarà sempre il sepolcro dei Francesi.* (L'Italie fut et sera toujours le tombeau des Français.)

Wurmser avait, comme nous l'avons dit, soixante mille hommes ; de ces soixante mille hommes, il en avait détaché vingt mille qu'il avait donnés à Quasdanovitch, avec ordre de prendre la route qui tourne le lac de Garda, longe le petit lac d'Idra, et qui, après avoir traversé la Chiese, vient déboucher à Salo.

Quant aux quarante mille autres, il les prit avec lui, les divisa sur les deux routes qui longent l'Adige, les uns marchant sur Rivoli, les autres allant déboucher sur Vérone.

Ainsi l'armée française réunie autour de Mantoue était enveloppée, attaquée sur son front par l'armée de Wurmser, attaquée sur ses derrières par la garnison de Beaulieu et par ces autres dix mille hommes éparpillés que l'on rallierait.

Tout ce plan de Wurmser fut révélé à Bonaparte par son exécution même.

Coup sur coup il apprend : que Quasdanovitch a attaqué Salo, en a chassé le général Sauret, et que le général Guyeux y reste seul, dans un vieux bâtiment où il s'est jeté avec quelques centaines d'hommes ; que les Autrichiens ont forcé la Corona entre l'Adige et le lac de Garda ; enfin qu'ils viennent de déboucher devant Vérone ; le lendemain, ils sont à Brescia ; sur tous les points, ils vont passer l'Adige.

Soit doute de sa fortune, soit qu'au contraire il veuille montrer la supériorité de son génie, Bonaparte rassemble ses généraux en conseil ; tous sont d'avis de battre en retraite. Augereau seul, le soldat de Paris, l'enfant du faubourg Saint-Antoine, déclare que l'on peut décider ce que l'on voudra, mais que ni lui ni sa division ne reculeront d'un pas.

Bonaparte fronce le sourcil, car d'avance cette décision est la sienne. D'où vient qu'Augereau a été de son avis ? Est-ce témérité ou génie? Il regarde cette tête, vigoureusement accentuée, mais déprimée aux tempes et renflée à l'occiput; c'est purement et simplement de la témérité.

Bonaparte congédie le conseil de guerre sans rien décider hautement; mais vis-à-vis de lui-même son plan est fait.

Bonaparte a son quartier général à Castelnuovo, presqu'à la pointe du lac de Garda; il réunira autour de lui une masse aussi considérable que possible, en levant le siége de Mantoue; il abandonnera le bas Mincio et la basse Adige; il concentrera toutes ses forces sur Peschiera et battra séparément, avant qu'ils aient fait leur jonction, Quasdanovitch et Wurmser.

C'est par Quasdanovitch, le plus rapproché et le moins fort, qu'il commencera.

Le 21 thermidor (31 juillet), tandis que Serrurier abandonne le siége de Mantoue, brûlant ses affûts, enclouant ses canons, enterrant ses projectiles et jetant ses poudres à l'eau, Bonaparte passe le Mincio à Peschiera, bat Quasdanovitch à Lonato, tandis qu'Augereau entre dans Brescia sans coup férir et que le général Sauret, remontant jusqu'à Salo, va dégager Guyeux, qui, sans pain et sans eau, se bat depuis deux jours et tient dans son vieux bâtiment.

Quasdanovitch, qui croit nous surprendre et nous battre, a été surpris et battu; il s'arrête effrayé, décidé à ne point s'engager davantage sans savoir ce qu'est devenu Wurmser.

Bonaparte s'arrête de son côté; le véritable ennemi à craindre, c'est Wurmser. C'est à Wurmser qu'il faut faire face : ses arrière-gardes deviendront ses avant-gardes, et *vice versa;* il se retourne, il était temps!

Les généraux de Wurmser ont passé non-seulement l'Adige, mais encore le Mincio, sur lequel ils doivent faire à Peschiera leur jonction avec Quasdanovitch; Bayalist s'avance sur la route de Lonato, et Lilpay a repoussé de Castiglione le général Vatelle, tandis que Wurmser s'est avancé sur Mantoue, qu'il croit toujours bloquée, avec ses deux divisions d'infanterie et deux de cavalerie.

En arrivant au quartier du général Serrurier, il trouva les affûts en charbon et les canons encloués.

Bonaparte a eu peur, il s'est enfui. Le calcul du génie est, aux yeux du général autrichien, l'effet de la peur.

Pendant ce temps-là, Bonaparte, que Wurmser croit fugitif, coupe en deux l'armée de Bayalist à Lonato, en jette sur Salo une portion que poursuit et qu'éparpille Junot, se met à la poursuite de l'autre, qu'il pousse sur Castiglione. Les Autrichiens fugitifs rencontrent, les uns le général Sauret à Salo, les autres le général Augereau à Castiglione ; des deux côtés, ils sont pris entre deux feux.

On fait trois mille prisonniers à Salo, on fait quinze cents prisonniers à Castiglione, on tue et l'on blesse trois à quatre mille hommes, on prend vingt pièces de canon et l'on mêle les fuyards de Bayalist à ceux de Quasdanovitch.

Wurmser a reconnu son erreur, à peine entré dans Mantoue : il accourt au bruit du canon, il arrive avec quinze mille hommes, en rallie dix mille à Bayalist et à Lilpay, et se met en ligne pour offrir le combat.

Bonaparte l'acceptera, mais il lui faut toutes ses troupes ; il part au galop pour Lonato ; depuis trois jours, il a tout vu, tout ordonné, tout fait par lui-même ; dans ces trois jours, il a crevé cinq chevaux. Il arrive à Lonato ; une partie des troupes qui sont dans la ville se portera sur Salo et sur Gravado, pour achever Quasdanovitch ; tout ce qui restera de disponible redescendra avec lui à Castiglione : à son ordre, les troupes se mettent en marche, chacune pour sa destination ; il reste à Lonato avec mille hommes ; il y prendra quelques instants de repos, et, le soir, il sera à Castiglione pour présenter la bataille à Wurmser au point du jour.

Bonaparte vient de descendre de cheval et de se mettre à table, quand on lui annonce que Lonato est entouré par quatre mille hommes et qu'un parlementaire autrichien est là qui vient le sommer de se rendre.

Avec ses mille hommes, Bonaparte pourrait faire face aux quatre mille et les battre peut-être ; mais il est pressé, c'est une autre ressource qu'il faut employer.

Il ordonne à tout son état-major de monter à cheval, se fait amener le parlementaire et ordonne qu'on lui débande les yeux.

Le parlementaire, qui ne savait pas à qui il avait affaire, s'étonne en voyant un état-major, là où il ne croyait trouver que quelques officiers ; il n'en remplit pas moins sa mission.

— Mais, malheureux ! lui dit Bonaparte quand il a fini, mais vous ne savez donc ni qui je suis, ni où vous êtes ? Je suis le général en chef Bonaparte, et vous êtes tombé, vous et vos quatre mille hommes, au milieu de mon armée ; allez donc dire à ceux qui vous envoient que je leur donne cinq minutes pour se rendre, ou que je les ferai tous passer au fil de l'épée pour les punir de l'insulte qu'ils osent me faire.

Un quart d'heure après, les quatre mille hommes avaient mis bas les armes.

A la nuit tombante, Bonaparte était à Castiglione.

Le lendemain, Wurmser était battu et laissait deux mille hommes sur le champ de bataille, où nos soldats harassés de fatigue couchaient pêle-mêle avec les morts.

En cinq jours, Bonaparte, avec trente mille hommes, venait d'en battre soixante mille ; Wurmser avait perdu vingt mille hommes tués, blessés ou prisonniers. Il avait repris la route de Rivoli entre l'Adige et le lac de Garda pour rentrer dans le Tyrol.

Bonaparte réunit vingt-huit mille hommes, se lance à la poursuite de Wurmser, qui, en ralliant Quasdanovitch, en aura encore quarante mille ; il gagne la bataille de Roveredo, entre à Trente, la capitale du Tyrol, laisse Vaubois à la garde de Trente, se jette dans les gorges du Tyrol à la poursuite de Wurmser ; avec dix-huit mille hommes, il en chasse devant lui trente mille, fait vingt lieues en deux jours, rejoint Wurmser sur les bords de la Brenta, lui livre la bataille de Bassano, lui fait quatre mille prisonniers, lui prend tout son matériel, l'accule sur l'Adige, et ne lui laisse d'autre ressource que d'aller, avec les quatorze mille hommes qui demeurent encore près de lui, demander un abri aux murs de Mantoue, qu'il était venu pour débloquer avec soixante mille hommes.

C'était la troisième armée autrichienne que Bonaparte détruisait depuis son entrée en Italie.

Wurmser, entré dans Mantoue, résolut de s'y défendre jusqu'à la dernière extrémité, et, pour ajouter aux vivres, il fit tuer et saler les sept mille chevaux de ses cavaliers, dont il fit des fantassins.

Puis, furieux de la façon dont ses hommes s'étaient conduits, il condamna ses officiers, pour les punir, à ne se promener pendant trois mois dans les rues de Mantoue qu'avec des quenouilles aux mains, au lieu de cannes.

Les officiers subirent sans murmure cette étrange punition.

Quant à Bonaparte, il laissa Serrurier bloquer Mantoue et s'en retourna à Milan attendre des secours du Directoire, et, en les attendant, fonder la république cisalpine.

VI

Mon père à l'armée d'Italie. — Il est reçu à Milan par Bonaparte et Joséphine. — Embarras de Bonaparte en Italie. — La gale. — On rentre en campagne. — Découragement. — Bataille d'Arcole. — L'espion autrichien. — Comment mon père le force à livrer sa dépêche.

Pendant que ces merveilles s'accomplissaient dans la haute Italie, mon père commandait toujours la division de l'armée des Alpes; comme c'était, ainsi que nous l'avons dit, un poste d'observation, il avait placé les généraux de brigade Dufresne et Pailloc, l'un au pied du mont Cenis, et l'autre à Saint-Pierre-d'Albigny dans la Tarantaise, tandis que lui-même était allé établir son quartier général à la Chambre, petit village composé d'une douzaine de maisons et situé au pied d'une chaîne de rochers fort giboyeux en chamois.

De là sa prédilection pour la Chambre, où, d'ailleurs, il savait retrouver un de ses anciens guides du mont Cenis, chasseur enragé, avec lequel il passait les jours et les nuits dans la montagne.

Un soir, en rentrant après une chasse magnifique qui avait

duré trois jours, mon père trouva une lettre qui lui ordonnait de se rendre en Italie et de s'y mettre à la disposition du général Bonaparte. Cet ordre était en date du 22 vendémiaire (14 octobre).

C'était tout ce que désirait mon père, quoiqu'il partageât un peu cette répugnance de tous ses collègues, eux qui se regardaient comme de vieux généraux de trente-deux à trente-quatre ans, de servir sous un général de vingt-six ans; mais le bruit du canon de tant de batailles avait retenti à ses oreilles depuis un an, qu'il avait été tout prêt à demander du service en Italie, dans quelque grade que ce fût.

Mon père arriva à Milan le 19 octobre 1796.

Il y fut admirablement reçu par Bonaparte, et surtout par Joséphine, qui était venue l'y rejoindre, et qui, en sa qualité de créole, aimait passionnément ce qui lui rappelait ses chères colonies.

Il trouva Bonaparte fort inquiet et surtout fort courroucé contre le Directoire, qui l'abandonnait. Les généraux autrichiens avaient été battus; mais l'Autriche n'était point battue, elle.

Les troupes que l'empereur avait en Pologne, grâce aux assurances que Catherine lui avait données, avaient pu se mettre en marche vers les Alpes; on en avait fait autant des troupes en observation sur le Danube et surveillant la Turquie; toutes les réserves de la monarchie autrichienne étaient, en outre, dirigées sur l'Italie; une nouvelle et splendide armée se préparait donc dans le Frioul, composée des débris de l'armée de Wurmser, des troupes venues de Pologne et de Turquie, enfin des réserves et des recrues. C'était le maréchal Alvintzy qui était chargé de reprendre le commandement de cette quatrième armée chargée de venger l'honneur de Colli, de Beaulieu et de Wurmser.

Pour combattre cette nouvelle armée, Bonaparte n'avait plus que vingt-cinq mille hommes des troupes qui l'avaient accompagné en Italie ou qui étaient venues l'y rejoindre, tant le canon autrichien, même au milieu de ses défaites, avait creusé de larges vides dans nos rangs. Il était arrivé quelques bataillons de la Vendée, mais fort diminués par les désertions ; Kellermann, qui venait d'envoyer mon père, faisait dire par lui qu'il ne pouvait dégarnir la ligne des Alpes, obligé qu'il était de contenir Lyon et les bords du Rhône, où les compagnies de Jéhu se livraient à toute sorte de brigandages. Bonaparte demandait à cor et à cri la 40ᵉ et la 83ᵉ brigade avec les six mille hommes qui les composaient, et, s'ils arrivaient, il répondait de tout.

Aussi écrivait-il au Directoire :

« Je suis malade, je puis à peine me soutenir à cheval ; il ne me reste que du courage, ce qui est insuffisant pour le poste que j'occupe. On nous compte, le prestige disparaît ; des troupes, ou l'Italie est perdue. »

Mon père avait trouvé, en effet, Bonaparte fort souffrant ; cette maladie dont il se plaignait, c'était la gale, qu'il avait gagnée à Toulon de la façon la plus héroïque, en servant lui-même un canon avec l'écouvillon d'un artilleur qui venait d'être tué : cette gale, mal soignée, le fatiguait horriblement ; sa maigreur était effrayante ; il semblait un cadavre ambulant, ses yeux seuls vivaient.

Il ne désespérait pas cependant ; il recommanda à mon père la plus grande surveillance et la plus incessante activité, et, lui annonçant sa prochaine rentrée en campagne, il l'envoya prendre devant Mantoue le commandement de la première division.

En effet, onze jours après, la campagne recommençait.

La quatrième tête était repoussée à l'hydre ; le maréchal Alvintzy, conduisant quarante mille hommes, avait jeté des ponts sur la Piave et s'était avancé sur la Brenta.

La campagne fut terrible. Elle dura du 1ᵉʳ au 17 novembre ; Bonaparte, avec vingt mille hommes, en attaquait cinquante mille ; un instant, l'armée se trouva réduite à quinze mille hommes ; un instant, Bonaparte, découragé après les batailles sans résultat de Bassano et de Caldiero, jeta ce cri de détresse au Directoire ; c'était le 14 novembre ; le 13, Bonaparte était arrivé dans Vérone, après dix jours de lutte non-seulement contre les Autrichiens, mais encore contre la boue, la pluie et la grêle.

« Tous nos officiers supérieurs, écrit-il, sont hors de combat ; l'armée d'Italie, réduite à une poignée de monde, est épuisée ; les héros de Millesimo, de Lodi, de Castiglione et de Bassano, sont morts pour la patrie ou sont à l'hôpital ; il ne reste plus aux corps que leur réputation et leur orgueil ; Joubert, Lannes, Lamart, Victor, Murat, Charlet, Dupuis, Rampon, Pigeon, Menard, Chabaudon, sont blessés ; nous sommes abandonnés au fond de l'Italie ; ce qui reste de braves voit la mort infaillible au milieu de chances continuelles, et avec des forces inférieures. Peut-être l'heure du brave Augereau et de l'intrépide Masséna est elle prête à sonner ; alors, alors que deviendront ces braves gens ? Cette pensée me rend réservé ; je n'ose plus affronter la mort, qui serait un sujet de découragement pour qui est l'objet de mes sollicitudes ; si j'avais reçu la 83e, forte de trois mille cinq cents hommes connus à l'armée, j'aurais répondu de tout ; peut-être sous peu de jours ne sera-ce point assez de quarante mille hommes.

» Aujourd'hui, repos aux troupes ; demain, selon les mouvements de l'ennemi, nous agirons. »

C'étaient là les plaintes, c'étaient là surtout les sombres prévisions de l'homme fatigué, mouillé, refroidi : la plus vigoureuse des organisations succombe à ces moments de doute, éprouve ces heures de découragement ; après les grandes fatigues, l'âme subit les influences du corps : le fourreau ternit la lame.

Deux heures après avoir écrit cette lettre, Bonaparte avait adopté un nouveau plan.

Le lendemain avait lieu le combat de Roneo, lequel commençait cette fameuse bataille d'Arcole qui devait durer trois jours.

Le troisième jour, l'armée autrichienne avait perdu cinq mille prisonniers, huit ou dix mille tués ou blessés, et, forte encore de quarante mille hommes, se retirait dans les montagnes, poursuivie par quinze mille Français.

Elle s'arrêta dans la capitale du Tyrol.

Quinze mille Français avaient accompli cette œuvre gigantesque de lutter contre cinquante mille hommes et de les vaincre.

Seulement, ils avaient repoussé l'armée d'Alvintzy, mais ils n'avaient pu la détruire comme ils avaient fait des trois autres.

Bonaparte, de son côté, recommanda à Serrurier de poursuivre le blocus de Mantoue, en serrant Wurmser comme il avait serré Cauto-d'Irles, et s'en alla reprendre son quartier d'hiver à Milan, centre de ses négociations avec tous ces petits princes d'Italie, que la peur seule faisait nos alliés.

Il y était depuis trois semaines environ, lorsque arriva au blocus un événement qui devait avoir une grande influence sur le dénoûment de cette terrible campagne.

Une nuit,—c'était la nuit du 23 au 24 décembre, qui correspondait à celle du 2 au 3 nivôse, — mon père fut réveillé par la visite de trois ou quatre soldats, lesquels lui amenaient un homme qui avait été pris par une de nos sentinelles avancées, au moment où il s'apprêtait à franchir les premières palissades de Mantoue.

Mon père était à Marmirolo.

Le colonel commandant nos avant-postes à Saint-Antoine envoyait cet homme à mon père, en le lui annonçant comme un espion vénitien qu'il croyait chargé de quelque message d'importance.

L'homme, interrogé, répondit à merveille. Il était au service de l'Autriche, faisait partie de la garnison de Mantoue, était sorti de la ville pour une affaire d'amour et s'apprêtait à y rentrer lorsqu'il avait été dénoncé à la sentinelle qui l'avait arrêté, par le bruit que faisaient ses pas sur la neige gelée.

Fouillé jusqu'aux endroits les plus secrets, on ne trouva rien sur lui.

Mais, malgré l'apparente bonhomie des réponses de cet homme et sa tranquillité au milieu des investigations dont il était l'objet, mon père avait cru remarquer certain regards rapides, certains tressaillements dénotant l'homme dont la position n'est point parfaitement nette. D'ailleurs, le mot espion, prononcé devant lui, le rendait difficile sur les raisons données par le prisonnier, sur sa sortie et sur sa rentrée.

Enfin, quand un général en observation devant une ville de

l'importance de Mantoue, espère tenir un espion, il ne renonce pas facilement à cet espoir.

Cependant il n'y avait rien à dire, les poches étaient parfaitement vides et les réponses mathématiquement précises.

Une des lectures favorites de mon père était Polybe et les *Commentaires* de César ; un volume des *Commentaires* du vainqueur des Gaules était ouvert sur la table placée près de son lit, et le passage que mon père venait de relire avant de se coucher était justement celui où César raconte que, pour pouvoir faire passer à Labiénus, son lieutenant, des nouvelles sûres, il renfermait sa lettre dans une petite boule d'ivoire de la grosseur d'une bille d'enfant ; que le messager, lorsqu'il passait soit devant des postes ennemis, soit dans quelque endroit où il craignait d'être surpris, tenait cette boule dans sa bouche et l'avalait, s'il était serré de trop près.

Tout ce passage de César lui revint comme un trait de lumière.

— C'est bien, dit mon père, puisque cet homme nie, qu'on l'emmène et qu'on le fusille.

— Comment ! général, s'écria le Vénitien épouvanté, à quel propos me fusiller ?

— Pour t'ouvrir le ventre et y chercher tes dépêches, que tu as avalées, dit mon père avec autant d'aplomb que si la chose lui eût été révélée par quelque démon familier.

L'espion tressaillit.

Les hommes hésitaient.

— Oh ! ce n'est point une plaisanterie, dit mon père aux soldats qui avaient amené le prisonnier, et, s'il vous faut un ordre écrit, je vais vous le donner.

— Non, général, dirent les soldats, et, du moment que c'est sérieux...

— Parfaitement sérieux ; emmenez et fusillez.

Les soldats firent un mouvement pour entraîner l'espion.

— Un instant ! dit celui-ci, qui voyait que l'affaire prenait une tournure grave.

— Avoues-tu ?

— Eh bien, oui, j'avoue, dit l'espion après un instant d'hésitation.

— Tu avoues que tu as avalé tes dépêches ?

— Oui, général.

— Et combien y a-t-il de temps de cela ?

— Il y a maintenant deux heures et demie, à peu près, général.

— Dermoncourt, dit mon père à son aide de camp, qui couchait dans une chambre à côté de la sienne, et qui, depuis le commencement de cette scène, la regardait et l'écoutait avec la plus grande attention, ne sachant pas trop où elle allait aboutir.

— Me voilà, général.

— Tu entends ?

— Quoi, général ?

— Que cet homme a avalé ses dépêches ?

— Oui.

— Depuis deux heures et demie ?

— Depuis deux heures et demie.

— Eh bien, va trouver le pharmacien du village, et demande-lui si, au bout de deux heures et demie, c'est un purgatif ou un vomitif qu'il faut donner à un homme à qui l'on veut faire rendre ce qu'il a pris : qu'il te dise celui des deux qui aura le plus prompt résultat.

Au bout de cinq minutes, Dermoncourt rentra, et dit, la main à son chapeau et avec un flegme merveilleux :

— Un purgatif, général.

— Le rapportes-tu ?

— Oui, général.

On présenta le purgatif à l'espion, qui l'avala en faisant la grimace ; puis on le conduisit dans la chambre de Dermoncourt, où deux soldats le gardèrent à vue, tandis que Dermoncourt passait une assez mauvaise nuit, réveillé par les soldats, chaque fois que l'espion portait la main au bouton de sa culotte.

Enfin, vers les trois heures du matin, il accoucha d'une petite boulette de cire grosse comme une aveline ; la boulette de cire fut lavée dans une de ces rigoles d'irrigation qui se trouvent par milliers dans les prairies des environs de Mantoue, imbibée d'une eau que l'espion portait à cet effet dans un petit flacon caché dans la poche de son gilet, et que les soldats n'avaient pas jugé à propos de lui enlever, et présentée à mon père, qui la fit ouvrir par Dermoncourt, lequel, en sa qualité d'aide de camp secrétaire, était chargé de l'ouverture des dépêches.

Ils ne restait plus qu'une crainte : c'est que la dépêche ne fût en allemand, et personne au quartier général ne parlait allemand.

Pendant ce temps, Dermoncourt, à l'aide d'un canif, faisait l'opération césarienne à la boulette de cire, et en tirait une lettre écrite sur du papier vélin et d'une écriture assez fine pour que, roulée entre les doigts, cette lettre ne prit pas plus d'importance qu'un gros pois.

La joie des deux opérateurs fut grande lorsqu'ils s'aperçurent que la lettre était écrite en français ; on eût dit que l'empereur et son général en chef avaient prévu le cas où cette lettre tomberait entre les mains de mon père.

Voici la teneur de la lettre, que je transcris sur une copie de la main de mon père ; l'orginal, comme nous le dirons tout à l'heure, fut envoyé à Bonaparte.

« Trente, le 15 décembre 1796.

» Je m'empresse de transmettre à Votre Excellence, littéralement et dans la même langue où je les ai reçus, les ordres de Sa Majesté en date du 5 du mois :

« Vous aurez soin d'avertir sans retard le maréchal Vurm-
» ser de ne pas continuer ses opérations ; vous lui ferez savoir
» que j'attends de sa valeur et de son zèle qu'il défendra Man-
» toue jusqu'à toute extrémité ; que je le connais trop, ainsi
» que les braves officiers généraux qui sont avec lui, pour
» craindre qu'ils se rendent prisonniers, surtout s'il s'agissait de
» transporter la garnison en France au lieu de la renvoyer dans

» mes États; je désire que, dans le cas où il serait réduit à toute
» extrémité et sans ressources pour la subsistance, il trouve le
» moyen, en détruisant, autant que possible, ce qui dans Man-
» toue serait de préférence utile à l'ennemi et en emmenant
» la partie des troupes qui sera en état de le suivre, de ga-
» gner et de passer le Pô, de se porter à Ferrare ou à Bologne,
» et de se rendre, en cas de besoin, vers Rome ou en Toscane;
» il trouvera de ce côté très-peu d'ennemis *et de la bonne vo-
» lonté* pour l'approvisionnement de ses troupes, pour les-
» quelles, au besoin, il ferait usage de la force, ainsi que pour
» surmonter tout autre obstacle.

» FRANÇOIS. »

» Un homme sûr, cadet du régiment de Straroldo, remettra cette dépêche importante à Votre Excellence; j'ajouterai que la situation actuelle et les besoins de l'armée ne permettent pas de tenter de nouvelles opérations *avant trois semaines ou un mois* sans s'exposer derechef aux dangers de ne pouvoir réussir. Je ne puis trop insister près de Votre Excellence afin qu'elle tienne le plus longtemps possible dans Mantoue, l'ordre de Sa Majesté lui servant, d'ailleurs, de direction générale; dans tous les cas, je prie Votre Excellence de m'envoyer de ses nouvelles par des moyens sûrs, dont je puisse à mon tour me servir pour correspondre avec elle.

» ALVINTZY.

» *P.-S.* Selon toute probabilité, le mouvement que je ferai aura lieu le 13 ou 14 janvier; je déboucherai avec trente mille hommes par le plateau de Rivoli, et j'expédierai Provera avec dix mille hommes par l'Adige sur Legnago, avec un convoi considérable. Quand vous entendrez le canon, faites une sortie pour faciliter son mouvement. »

VII

Dermoncourt est expédié par mon père à Bonaparte. — Réponse franche de Berthier. — Mouvements militaires qui sont la suite de la dépêche saisie sur l'espion. — Correspondance de mon père avec Serrurier et de Dallemagne. — Combats de Saint-Georges et de la Favorite. — Prise de Mantoue. — Mon père porté en observation.

La joie de mon père et de Dermoncourt fut grande; la dépêche, comme on voit, était des plus importantes. D'abord elle dénonçait la Toscane, les États vénitiens et les États pontificaux, comme des pays *pleins de bonne volonté*. Ensuite elle indiquait la résolution où était Alvintzy de ne rien faire, *avant trois semaines ou un mois*.

Il fallait donc faire passer le plus vite possible cette dépêche à Bonaparte.

Dermoncourt monta à l'instant même à cheval et prit la route de Milan.

Il y arriva le surlendemain, à sept heures du matin, et descendit au perron de l'hôtel Serbelloni, où logeait le général Bonaparte. Il avait fait une partie de la route à cheval et l'autre dans une espèce de *calessino* qu'on appelle *sediolle*.

Mais, là, Dermoncourt trouva un obstacle auquel il ne s'attendait pas; l'aide de camp de service avait ordre de ne laisser pénétrer jusqu'à Bonaparte qu'à neuf heures du matin.

Dermoncourt se fâcha.

— Eh! monsieur, lui dit-il, vous voyez bien, par la boue dont je suis couvert, que je n'arrive pas du bal, et, si j'insiste pour voir le général en chef, c'est que j'ai quelque chose d'important à lui dire.

L'aide de camp s'obstina dans son refus, Dermoncourt s'entêta dans la volonté de voir Bonaparte; l'aide de camp lui barra le passage; Dermoncourt était un bouledogue de l'école républicaine; il prit l'aide de camp par les deux épaules, lui fit faire un tour sur lui-même et passa; mais toute cette lutte ne s'était pas accomplie sans bruit, et Dermoncourt trouva Bonaparte sur la porte de son cabinet.

— Qu'y a-t-il donc? demanda Bonaparte en fronçant le sourcil.

— Ma foi, général, répondit Dermoncourt, il y a qu'il n'est pas très-agréable, quand on vient de faire trente lieues en vingt-six heures, d'être obligé de passer sur le ventre de vos aides de camp pour arriver jusqu'à vous.

— Mais si telle était cependant la consigne donnée?

— Si telle était la consigne donnée, général, dit gaiement Dermoncourt, faites-moi fusiller, car j'ai violé la consigne; cependant je vous prierai de ne commander le piquet qu'après avoir lu cette dépêche.

Bonaparte lut la dépêche.

Puis, se retournant vers l'aide de camp :

— Vous avez oublié, monsieur, lui dit-il, que la consigne n'existait pas pour tout officier d'état-major arrivant de Mantoue, et qu'à midi comme à minuit la porte leur est ouverte; rendez-vous aux arrêts.

L'aide de camp s'inclina et sortit (1).

— Comment Dumas s'est-il procuré cette dépêche? demanda Bonaparte.

Dermoncourt raconta l'affaire, et entra dans tous les détails.

— Berthier! Berthier! cria Bonaparte.

Berthier parut avec sa gravité et son importance ordinaires.

— Tiens, Berthier, lui dit Bonaparte en lui présentant la dépêche, flaire-moi cela et dis-moi ce que cela sent.

— Mais, général, dit Berthier, cela sent la merde.

— Eh bien, à la bonne heure, tu n'as pas tourné autour; lis maintenant.

Berthier lut.

— Oh! oh! fit-il.

— Comprends-tu, Berthier? la prochaine bataille s'appellera la bataille de Rivoli, et celle-là, ou je me trompe fort, ou elle décidera de la campagne. En tout cas, comme dit Alvintzy, nous avons une vingtaine de jours devant nous.

---

(1) Cet aide de camp était Duroc.

— Et, comme un homme prévenu en vaut deux, dit Dermoncourt, et que, même quand vous n'êtes pas prévenu, vous en valez cent, cela va être drôle !

— En attendant, dit Bonaparte, comme tu as probablement faim, tu vas prendre le temps de te décrotter, voilà tout, et tu déjeuneras avec nous. Connais-tu Joséphine ?

— Non, général, je n'ai point cet honneur.

— Eh bien, je te présenterai à elle ; va et reviens.

Dermoncourt ne se le fit pas répéter deux fois ; il déjeuna et dîna avec Bonaparte, qui exigea qu'il restât au palais et y couchât.

Le lendemain matin, il lui remit une lettre pour mon père, le chargea de mille compliments et lui annonça qu'il pourrait partir quand il voudrait et que la voiture était prête.

Dermoncourt monta en voiture dans la cour ; Bonaparte et Joséphine étaient à une fenêtre et Berthier à la fenêtre voisine.

— Bon voyage ! cria Bonaparte à Dermoncourt.

— Merci, général, répondit celui-ci ; n'oubliez pas le 13 janvier, et défiez-vous des délices de Capoue.

— Sois tranquille, lui cria le général en chef, je ne ferai point comme Annibal.

Voici la lettre que Bonaparte écrivait à mon père :

ARMÉE D'ITALIE. RÉPUBLIQUE FRANÇAISE.

Liberté — Égalité.

« Au quartier général de Milan, le 7 nivôse (dimanche 28 décembre) an v de la République une et indivisible.

» *Bonaparte, général en chef de l'armée d'Italie, au général Dumas.*

» J'ai reçu la lettre que m'a apporté (1) votre aide-de-camp ; il était impossible d'avoir plus à propos des renseignements

---

(1) Je conserve l'orthographe de la lettre. J'en ferai ainsi de toutes les lettres que je citerai.

plus essentiels. Vous aurez reçu l'ordre que je donne pour qu'on éloigne d'une lieue de Mantoue tous les habitants du pays; je ne doute pas que vous ne teniez la main à l'exécution de cet ordre, qui, quoiqu'un peu sévère, est très-utile.

» Je donne l'ordre pour qu'on prenne quelques précautions de l'autre côté du Pô; ce projet de la cour de Vienne me paraît insensé. Je vous prie de faire passé sous bonne escorte à Milan l'espion que vous avez arrêté.

» Je vous félicite de votre bon succès et en augure un meilleur.

» BONAPARTE. »

Le jour même du départ de Dermoncourt de Milan, l'armée française reçut l'ordre d'occuper les positions de Montebaldo, de la Corona et de Rivoli.

Le 5 janvier, le général Alvintzy quitta Bassano.

Le 6, Bonaparte fit occuper Bologne par sept mille hommes.

Le 11, Bonaparte se rendait sous les murs de Mantoue.

Le 12, l'armée autrichienne livre les combats de Saint-Michel et de la Corona et campe à Montebaldo.

Le 13, Joubert évacue la Corona et prend position à Rivoli, tandis que les Autrichiens occupent Bevilacqua.

Enfin, le 14, Bonaparte visite le plateau de Rivoli, sur lequel il était arrivé à deux heures du matin.

C'était là qu'allait se livrer la bataille prédite.

On en sait les résultats. Quarante-cinq mille Autrichiens avaient engagé la bataille à huit heures du matin.

A cinq heures du soir, on les cherchait vainement; on eût dit qu'un tremblement de terre les avait engloutis; on en avait fini d'un seul coup avec Alvintzy.

Restait Provera.

Provera suivait le plan indiqué dans la lettre interceptée par mon père. Il s'est dérobé à Augereau, il a jeté un pont à Anghiari, un peu au-dessus de Legnago. Il marche sur Mantoue, qu'il vient ravitailler avec neuf ou dix mille hommes.

Augereau a appris son passage; il se jette sur ses derrières, lui prend deux mille hommes; mais, avec les sept mille qui lui restent, Provera continue sa route.

Heureusement, Bonaparte apprend ces détails à Castelnovo; il est à distance égale de Mantoue, il commande des Français, il arrivera donc avant Provera.

S'il n'arrive pas et que la garnison fasse la sortie demandée à Wurmser par la lettre d'Alvintzy, le corps de blocus sera pris entre deux feux.

La division Masséna reçoit l'ordre de marcher au pas de course sur Mantoue, elle doit arriver le même soir.

Les réserves laissées à Villafranca feront le même route et avec la même vitesse.

Enfin, Bonaparte lui-même part au galop pour être rendu avant la nuit.

Maintenant, on peut voir par les lettres du général Serrurier à mon père ce qui se passait du côté de Mantoue et quelle activité régnait dans le camp français.

« Au quartier général de Roverbella,
20 nivôse an v (1).

» *Serrurier, général de division, commandant le blocus, au général Dumas, commandant la 2ᵉ division.*

» Je viens de recevoir, général, une lettre du général divisionnaire Augereau, datée de Porto-Legnago le 19, par laquelle il me mande que l'ennemi, avec des forces bien supérieures à lui, a attaqué ses avant-postes, et que l'adjudant général Duphot a abandonné le château de Bevilacqua afin de n'y être pas tourné. Il m'écrira pour me faire connaître les mouvements qu'aura faits l'ennemi pendant cette nuit. Tous nos postes sont exactement attentifs; mais je doute que l'ennemi de Mantoue entreprenne quelque grand mouvement, à moins que son armée n'ait un avantage bien marqué ou bien qu'il ne cherche

(1) Quatre jours avant la bataille de Rivoli.

à s'évader. Sitôt que j'aurai des nouvelles du général Augereau, je vous en ferai part.

» Salut et fraternité.

» SERRURIER. »

On comprend que cet ennemi qui attaque Augereau, c'est Provera, lequel, en vertu des instructions qu'il a reçues, marche sur Mantoue.

« Quartier général de Roverbella,
22 nivôse.

» *Serrurier,* etc.

» En conséquence de la lettre que vous m'avez écrite hier, général, relativement au débarquement que les ennemis ont opéré, je crois devoir redoubler de moyens pour la défense du Mincio. Je viens, en conséquence, d'écrire au général Victor pour qu'il envoie aujourd'hui un bataillon de sa réserve à Formigosa, afin de le porter ensuite où le besoin l'exigera; quoique je charge ce général de correspondre directement avec moi, je lui recommande encore de vous faire passer, ainsi qu'au général Dallemagne, tous les avis nécessaires.

» Le restant du bataillon de la 57e, dont vous avez déjà parlé, restera en réserve à Goïto.

» Salut et fraternité,

» SERRURIER. »

« 23 nivôse.

» *Serrurier,* etc.

» Je vous préviens, général, que l'ennemi a attaqué nos lignes et qu'on est aux prises depuis environ neuf heures du matin. Je ne doute pas que la garnison de Mantoue ne le seconde par quelque mouvement; étant prêts à la recevoir, nous la ferons bien vite rentrer dans ses murs. En cas d'événement, je vous prie de correspondre avec moi et avec les généraux qui sont près de vous; il serait possible que quelque partie de la ligne de l'armée soit obligée de céder du terrain; c'est pourquoi il est encore essentiel de surveiller l'extérieur, afin d'empêcher quelque troupe ou convoi d'entrer dans la place.

» Salut et fraternité.

» SERRURIER. »

Le 25 nivôse, à dix heures du matin, mon père recevait cette lettre.

« Quartier général de Roverbella, 25 nivôse (1).

» *Serrurier*, etc.

» Je vous préviens, général, que l'ennemi a passé l'Adige cette nuit à Anghiari, près Porto-Legnago ; je ne connais pas sa force, mais nous devons nous mettre en mesure, parce qu'il est vraisemblable que nous serons attaqués cette nuit ; n'oubliez pas, je vous prie, d'en faire prévenir le général Miollis ; recommandez-lui de pousser des reconnaissances du côté de Castellaro ou du moins des Due-Castelli.

» Salut et fraternité.

» SERRURIER.

» J'ordonne au commandant de la 64e, qui est à Formigosa, de se retirer sur le général Miollis dès qu'il ne pourra plus tenir. En cas d'événement, je me retirerai sur Goïto. »

Deux heures après, mon père reçut cette autre lettre :

« Saint-Antoine, 25 nivôse.

» *Serrurier,* etc.

» Je n'ose présumer, général, qu'il n'y aura pas de sortie du côté du général Dallemagne (2). Au contraire, je crois que l'ennemi peut se présenter en force sur Governolo et Formigosa,

---

(1) C'était le jour de la bataille de Rivoli, qui s'engageait au même moment ; on voit que les mouvements des deux généraux étaient bien combinés.

(2) Dallemagne était du côté opposé à Montanara, sur la route de Milan.

pour s'assurer de ces deux points et s'assurer le Pô pour ravitailler Mantoue. Il est bien certain qu'ils auront moins de chemin à faire pour arriver dans cette partie-là que par ici. Au reste, je pense qu'il faut nous garder partout, cela n'empêchera point que, s'il y a quelque occasion, nous en profitions.

» Le général Beaumont n'a plus de cavalerie, je la lui ai toute retirée cette nuit pour l'envoyer à Castelnovo.

» Salut et fraternité.

» SERRURIER.

» Je compte beaucoup sur le général Miollis et sur un bataillon que j'ai mis à Governolo.

» Toute réflexion faite, pour ne pas perdre de temps, je vais retourner à Roverbella, où j'espère recevoir des nouvelles du général en chef. »

Mon père fit passer au général Miollis, qui était à Saint-Georges, copie de ces deux lettres.

La journée s'écoula en observation. Mon père passa la nuit aux avant-postes.

Le 26, à neuf heures du matin, il reçut cette dépêche :

« *Serrurier*, etc.

» Je vous donne avis que les ennemis paraissent du côté des Due-Castelli.

» Donnez vos ordres en conséquence.

» Salut et fraternité.

» SERRURIER. »

» Roverbella, 26 nivôse. »

Deux heures après, il recevait cette seconde lettre :

» *Serrurier*, etc.

» Il faut absolument, général, vous opposer au débarquement de l'ennemi; portez à cet effet de ce côté jusqu'à quinze cents hommes.

» Les troupes ne nous manquent point à présent, ainsi soyez tranquille.

» Salut et fraternité.

» SERRURIER.

» 26 nivôse, Roverbella. »

Pour porter quinze cents hommes sur le point indiqué par le général Serrurier, il eût fallu les avoir. Mon père écrivit donc à son ami Dallemagne, à Montanara, de détacher ce qu'il pourrait d'hommes de sa division et de les lui envoyer.

Dallemagne répondit aussitôt :

« Montanara, 26 nivôse an V.

» *Dallemagne à son ami Dumas.*

» Quoique je ne doive pas être attaqué, mon bon ami, les moyens que j'ai sont trop faibles pour porter une grande force du côté de Formigosa; j'ai un tiers de ma division qui ne peut se relever, et sa force n'est que de deux mille hommes. Juge, mon cher, si je puis avoir du disponible. Aussitôt ta lettre reçue, j'ai cependant donné ordre au général Montaut de tenir quelque peu de troupe prêt à marcher. D'ailleurs, je t'observe que le général Serrurier me prévient, par sa lettre d'hier soir, qu'il va donner des ordres pour que le pont de Formigosa soit coupé. En conséquence, s'il a mis son ordre à exécution, il m'est impossible de te donné du secours; je te dirai mieux, si l'ennemi qui a passé l'Adige parvient à attaquer par Saint-Georges, la sortie de Mantoue est assurée, et, malgré la meilleure volonté à soutenir le choc, nous serons obligés de succomber, parce que l'ennemi ne peut s'enfourné sans courir de grands risques où il a des forces majeures. Adieu, mon cher ami, conte que je saisirai toujours avec empressement toutes les occasions de t'être utile ainsi qu'à mon pays.

» Je t'embrasse sincèrement.

» DALLEMAGNE. »

Cependant, il en coûtait au brave Dallemagne de refuser à mon père les hommes qu'il demandait, car il savait une chose : s'il les demandait, c'est qu'il croyait en avoir grand besoin.

Aussi, vers midi, lui écrivait-il de Casanova :

» *Le général Dallemagne au général Dumas.*

» Je viens d'apprendre, général, que le pont de Formigosa existait encore ; j'ai de suite donné ordre au général Montaut de partir avec cinq cents hommes et deux pièces d'artillerie pour se rendre à Formigosa, et lui ai donné les instructions nécessaires pour prendre l'ennemi par derrière, si toutefois tu es attaqué.

» Salut et fraternité.

» DALLEMAGNE. »

A cette lettre était jointe la copie suivante, qui expliquait comment le pont de Formigosa n'était point détruit :

Copie de la lettre écrite par le citoyen Doré, chef du 1er bataillon de la 64e demi-brigade, au général Dallemagne.

« Je vous préviens, général, que, conformément aux ordres que j'ai reçus cette nuit du général Serrurier, je me suis rendu ce matin à Governolo, avec mon bataillon ; le général m'avait donné l'ordre de rompre le pont de Formigosa avant de me porter à Governolo. Lorsque je me suis présenté pour mettre son ordre à exécution, le commandant d'un détachement de la 45e demi-brigade, qui occupe ce poste, s'est opposé à l'exécution de cet ordre, comme étant contraire aux instructions que vous lui aviez données, disant qu'il fallait au moins voir l'ennemi auparavant : je me suis rendu à son raisonnement, que j'ai trouvé fort juste.

» *Signé :* DORÉ.

» Pour copie conforme,

» DALLEMAGNE. »

A six heures, mon père recevait cette troisième lettre :

« Au quartier général à Montanara, ce 26 nivôse,
sur les quatre heures et demie.

» *Le général Dallemagne au général Dumas.*

» En supposant que le général Montaut ne soit pas encore rendu avec ses cinq cents hommes à Formigosa, je viens de lui écrire pour précipiter sa marche. Comme le général Serrurier me marque qu'en cas d'attaque, il faut tenir jusqu'à la dernière extrémité, en conséquence de ce que je crains beaucoup, si l'ennemi m'attaque et si tu prévois que ces cinq cents hommes ne te soient pas bien utiles, fais-moi l'amitié de me les renvoyer ; quoi qu'il en soit, si l'ennemi attaque, nous ferons en sorte de le bien recevoir.

» Je t'embrasse.

» Dallemagne. »

On voit la préoccupation dans laquelle mettait cet excellent Dallemagne l'idée du danger que courait mon père.

Ce n'était pas mon père, c'était Miollis, qui portait le poids de toute cette journée.

Provera avait marché droit devant lui, et, par Ceva, Sanguinetto, Torre et Castellaro, était venu donner de front contre Saint-Georges, où commandait Miollis.

Le général autrichien connaissait le mauvais état dans lequel se trouvaient les fortifications de Saint-Georges, et il espérait bien que Miollis n'essayerait pas même de lui disputer le passage ; aussi le fit-il sommer tout simplement de se rendre.

Miollis répondit par une effroyable canonnade, que non-seulement mon père entendait de Saint-Antoine, mais dont il voyait même la fumée.

Mon père expédia aussitôt Dermoncourt pour avoir des nouvelles positives. D'enclos en enclos et de haies en haies, Dermoncourt, fort jeune, fort alerte et fort brave, gagna Saint-Georges et y trouva le général Miollis, qui faisait à la fois face à Provera et à Wurmser.

Au moment où, au milieu du feu, Dermoncourt joignait Miollis et le saluait, une balle enlevait le chapeau de ce dernier.

— Ah! c'est toi, mon enfant, lui dit Miollis; tu viens de la part de Dumas?

— Oui, général, il entendait votre canonnade, et, connaissant le mauvais état de vos fortifications, il était fort inquiet de vous.

— Eh bien, dis-lui de se rassurer sur mon compte; j'ai établi mon quartier général ici, sur la place d'armes, et je réponds d'une chose, c'est que, si l'ennemi traverse cette place, il passera sur mon tombeau.

— Mais Provera? demanda Dermoncourt.

— Bah! Provera, il est dans le traquenard! Mon ami Augereau, qui l'a laissé passer, le suit, et, tandis que je l'arrête ici, va lui en donner sur le cul... Dis donc à Dumas que, demain, Provera sera expédié.

Dermoncourt n'avait pas besoin d'en voir davantage; il repartit pour Saint-Antoine, où mon père avait établi son quartier général pour être plus à portée de l'ennemi.

Il arriva à cinq heures, annonça que tout allait bien. Victor avait rallié mon père avec sa brigade; il dînait avec lui quand Dermoncourt entra.

C'était la troisième nuit qu'on allait passer sans dormir; mon père et Victor se jetèrent tout habillés sur leur lit. Dermoncourt restait pour faire le rapport au général Serrurier de son excursion à Saint-Georges.

Il était au plus fort de sa rédaction, lorsqu'il sentit qu'on lui mettait la main sur l'épaule.

Il se retourna, c'était Bonaparte.

— Eh bien, lui dit le général, nous avons gagné la bataille de Rivoli; j'arrive; la tête de la division Masséna me suit au pas de course. Que fait Miollis? où est Provera? Augereau l'a laissé passer à ce qu'on m'a dit; l'a-t-il suivi, au moins? Que fait Wurmser? a-t-il essayé quelque mouvement? Voyons, parle.

— Général, répondit Dermoncourt avec le même laconisme, Augereau a été forcé, mais il est tombé sur les derrières de

Provera et lui a pris deux mille hommes et quatre pièces de canon.

— Bon.

— Provera est devant Saint-Georges, où Miollis a tenu toute la journée et tiendra jusqu'à ce qu'on l'extermine, lui et ses hommes.

— Bon.

— Wurmser a voulu faire des sorties, mais on l'a rejeté dans Mantoue.

— Bon ! Où est Dumas ?

— Me voilà général, répondit mon père en paraissant sur le seuil de la chambre à coucher.

— Ah ! c'est vous, monsieur, lui dit Bonaparte en le regardant de travers.

Ce regard n'était pas de ceux que mon père laissait passer sans en demander l'explication.

— Oui, c'est moi. Eh bien, qu'y a-t-il ?

— Il y a, monsieur, que le général Serrurier vous a écrit deux lettres hier.

— Eh bien, après ?

— Dans la première, il vous prévenait qu'en cas d'événement, il se retirerait sur Goïto.

— Oui, général.

— Vous avez répondu à cette lettre ?

— Oui.

— Qu'avez-vous répondu ?

— Vous voulez le savoir ?

— Cela me fera plaisir.

— Eh bien, je lui ai répondu : « Retirez-vous au diable, si vous voulez ; je m'en bats l'œil ; quant à moi, je me fais tuer, mais je ne me retire pas. »

— Savez-vous que, si vous m'écriviez une lettre comme celle-là, je vous ferais fusiller.

— C'est possible ; mais vous ne m'écririez probablement pas une lettre comme celle que m'a écrite le général Serrurier.

— C'est bien, dit simplement Bonaparte.

Puis, se retournant vers Dermoncourt :

— Allez faire former les troupes en trois colonnes, lui dit-il, et, quand cela sera fait, venez m'en rendre compte.

Dermoncourt sortit. Alors, s'adressant à mon père, qui s'apprêtait à rentrer dans sa chambre :

— Restez, général; j'ai dû vous dire ce que je vous ai dit devant votre aide de camp; que diable! quand on écrit des lettres pareilles à son supérieur, on les écrit soi-même, au moins; et on ne les dicte pas à un secrétaire. Ne parlons plus de cela. Quels sont vos commandants ici?

— Mais, général, répondit mon père, la première colonne, composée de la 57e demi-brigade, a son chef naturel, c'est Victor; la seconde sera commandée par l'adjudant général Raimbaud, notre chef d'état-major; la troisième par le colonel Moreau, commandant la 11e demi-brigade.

— C'est bon. Où est Victor?

— Oh! il n'est pas loin, dit mon père; écoutez, et vous l'entendrez ronfler.

— Allez l'éveiller.

Mon père passa dans la chambre à côté et secoua Victor, qui ne voulait pas à toute force ouvrir les yeux.

— Mais, sacrebleu! lui dit mon père, éveille-toi donc!

— Que diable me veux-tu? demanda celui-ci en grommelant.

— Je veux te faire général de division.

— Moi?

— Oui, Bonaparte est là, et te donne le commandement d'une colonne à la bataille de demain.

— Ah! morbleu!

Victor se secoua et accourut.

Dermoncourt rentrait en même temps.

— Eh bien? demanda Bonaparte.

— Vos ordres sont exécutés, général.

— Bien! Maintenant, va voir aux environs de la Favorite dans quelle position est l'ennemi.

Dermoncourt partit.

Il était huit heures du soir, nos troupes occupaient la Favorite. Dermoncourt dépassa les avant-postes, et, s'aventurant vers Mantoue, alla juste donner dans une sortie que faisait Wurmser.

Aussi, trois quarts d'heure après son départ, l'entendit-on crier de loin :

— A cheval, général, à cheval! l'ennemi me suit.

En effet, il avait manqué être pris, et, se sentant poursuivi de près, il appelait à son aide.

Mon père monta à cheval, se lança à la tête du 20e régiment de dragons, et tomba sur l'ennemi, qu'il refoula dans la place, et qu'il contint jusqu'au jour ; tandis que la division Masséna, toute disloquée par la marche forcée et la distance énorme qu'elle avait parcourue, arrivait à Marmirolo et à Saint-Antoine, où elle se reformait.

L'intention de Bonaparte, en faisant si grande diligence, était d'en finir d'un coup avec Provera, comme, d'un coup, il en avait fini avec Alvintzy.

En effet, du moment où Provera n'était point entré dans Mantoue, du moment où Augereau l'avait suivi par derrière, du moment où, ayant en face de lui Miollis, Bonaparte lui tombait sur les flancs avec la division Masséna, Provera était perdu.

Bonaparte passa la nuit à faire ses dispositions du lendemain.

Mon père resta au poste où il était; c'était le poste important, puisqu'il était chargé de refouler dans la place Wurmser et ses quinze ou vingt mille hommes, c'est-à-dire une garnison qui, sans compter Provera, était plus forte que l'ennemi qui la bloquait.

Pendant la nuit, Provera, au moyen d'une barque, parvint à communiquer avec Wurmser, et à combiner pour le lendemain avec ce général une attaque sur la Favorite et sur Montada. On ignorait à Mantoue, et dans le camp de Provera, l'arrivée de Bonaparte et des troupes qui avaient combattu la veille à Rivoli.

L'eût-on sue, elle n'était pas croyable et on ne l'eût pas crue.

A cinq heures du matin, mon père fut attaqué par Wurmser; la lutte fut terrible; après la lettre qu'il avait écrite trois jours auparavant à Serrurier, mon père ne pouvait pas reculer et ne recula point; avec deux ou trois régiments, et, entre autres, son régiment de dragons, il tint ferme et donna le temps à Bonaparte de lui envoyer la 57ᵉ demi-brigade de Victor, qui, pour arriver jusqu'à lui et le dégager, fit une si sanglante trouée, qu'à partir de ce jour-là, elle fut appelée *la Terrible*.

On retrouva mon père, avec sept ou huit cents hommes, entouré de morts; il avait eu un cheval tué sous lui; un second avait été enterré par un boulet, et le cavalier seul, que l'on croyait mort, était sorti, en se secouant, de cette glorieuse tombe.

Wurmser, repoussé à son tour, se rabattit sur la Favorite; mais la Favorite, défendue par quinze cents hommes, résista à l'effort de Wurmser, et fit même une sortie; devant cette sortie, devant les charges réitérées de mon père et de ses dragons, devant l'héroïque obstination de Victor, dont les troupes fraîches combattaient avec la rage du repos auquel elles avaient été condamnées tandis que l'armée s'illustrait à Rivoli, Wurmser recula et fut forcé de rentrer dans la ville.

Dès lors Provera, abandonné, fut perdu; pris entre Bonaparte, Miollis, Serrurier et Augereau, il mit bas les armes avec cinq mille hommes; le reste de sa troupe était tué.

Ainsi, en deux jours, les batailles de Rivoli et de la Favorite gagnées, deux armées détruites, vingt mille hommes faits prisonniers, tous les canons et tout le matériel pris, les Autrichiens hors d'état de tenir la campagne à moins de créer une cinquième armée, tout cela était le résultat du hasard qui avait livré l'espion à mon père, fécondé par le génie de Napoléon.

La brigade seule de mon père prit six drapeaux. Aussi, le lendemain 28 nivôse, mon père reçut-il cette lettre du général Serrurier :

« Au quartier général de Roverbella, le 28 nivôse
an v de la République une et indivisible.

» *Serrurier*, etc.

» Vous voudrez bien donner l'ordre, général, pour que les drapeaux qui ont été pris par vous dans la journée d'hier à l'ennemi soient apportés ici, au général Berthier, et en son absence chez moi.

» Le général en chef accorde quatre louis à chaque homme qui remettra un drapeau.

» Salut et fraternité.

» SERRURIER. »

Le soir même de la bataille, mon père avait reçu une dépêche du général Serrurier, laquelle contenait une lettre pour Wurmser.

Cette lettre n'était autre chose qu'une sommation de rendre Mantoue.

Voici cette lettre du général Serrurier :

« De Roverbella, le 27 nivôse an v.

» *Serrurier*, etc.

» Je vous donne avis, général, que je viens d'envoyer l'ordre à la 57ᵉ demi-brigade, ainsi qu'à la 18ᵉ, de se porter à la Favorite, et je les préviens qu'elles y seront à vos ordres. Je vous observe cependant que les deux corps ne feront partie de votre division qu'un instant seulement ; c'est pourquoi vous ne les éloignerez que dans un cas d'absolue nécessité.

» On a rendu compte au général en chef que vous aviez arrêté un convoi considérable de bœufs et grains ; si c'est vrai, donnez des ordres pour qu'on les conduise à Porto-Legnago sous bonne escorte.

» Que toute l'artillerie et les caissons pris sur l'ennemi soient dirigés sur notre parc d'artillerie et que cela soit exécuté sur-le-champ. Recommandez la plus grande surveillance parmi les postes. On soupçonne le général Wurmser de vouloir profiter du moment de notre joie pour s'échapper.

» Salut et fraternité.

» SERRURIER.

» *P.-S.* Je vous prie, général, de faire passer le plus tôt possible au général Wurmser, à Mantoue, la lettre ci-jointe.

» SERRURIER. »

Le convoi de bœufs et de grains fut à l'instant même dirigé sur Legnago, et la lettre parvint à Wurmser la nuit même.

L'armée avait grand besoin de ce convoi de grains et de viande; la preuve en est dans cette lettre que le général Serrurier écrivait à mon père pour le 20 nivôse :

« J'étais instruit, général, que la viande manque; je n'en ai point parlé parce que je n'y connais pas de remède. Nous sommes dans le même cas que les troupes qui sont à Vérone. J'ai ordonné au commissaire de guerres de délivrer du riz en place, jusqu'à ce que nous puissions faire mieux.

» On ne m'ennuie jamais, général, lorsque l'on s'occupe du soldat; ceux qui ont servi avec moi savent que je m'en occupe.

» J'ai fait des demandes en effets d'habillement et d'équipement; mille roupes (1) me sont annoncées depuis mon arrivée, ainsi que quelques paires de souliers pour toute la division, et rien n'arrive.

» Rappelez, je vous prie, à notre adjudant général l'état des officiers que j'ai demandé; il m'est absolument nécessaire pour remplir les vues du général en chef.

» Salut et fraternité.

» SERRURIER. »

(1) Les *roupes* étaient des espèces de manteaux pareils aux manteaux gris des dragons.

Quant à la garnison, elle était, on le comprend bien, dans un état déplorable sous le rapport des vivres : la famine en était arrivée à ce point, qu'une poule coûtait dix louis et un chat quinze; on se procurait encore des rats à deux louis, mais avec la plus grande difficulté.

Wurmser se confessait tous les quinze jours, et, chaque fois qu'il se confessait, il envoyait au chanoine Cavallini, curé de la collégiale de Saint-André, un morceau de cheval en s'invitant à dîner dans la maison. Ces jours-là, c'était fête, et, des restes du dîner, on vivait toute la semaine.

En vertu de la lettre que mon père lui avait fait passer dans la nuit du 27 au 28 nivôse, Wurmser se détermina à capituler le 2 pluviôse (22 janvier 1797). Mais la reddition n'eut lieu que le 14, et l'entrée de l'armée française dans la ville que le 16 du même mois.

Il eut sa libre sortie de Mantoue avec son état-major, deux cents hommes de cavalerie, cinq cents personnes à son choix et six pièces de canon.

Quant à la garnison, forte de treize à quatorze mille hommes, elle fut faite prisonnière et conduite à Trieste pour y être échangée.

Comme mon père l'avait prédit à Victor en le réveillant, celui-ci fut fait général de division; l'adjudant général Vaux fut fait général de brigade. Bonaparte signala comme s'étant particulièrement distingués, les généraux Brune, Vial et Bon, et les chefs de brigade Destaing, Marquis et Tournery.

De mon père, il n'en fut pas question, et son nom ne fut pas même prononcé.

On sait que c'était assez l'habitude de Bonaparte; il n'aimait pas qu'un général fît trop.

Témoin Kellermann à Marengo.

Non-seulement mon père, qui avait saisi la lettre, qui avait dévoilé le plan d'Alvintzy, qui avait contenu Wurmser dans Mantoue, qui avait pris six drapeaux à une troupe trois fois plus forte que la sienne, qui avait eu deux chevaux tués sous lui; non-seulement mon père ne fut pas cité, mais encore sa division fut réunie à celle de Masséna; ce qui était une disgrâce.

Mon père, furieux, voulait donner sa démission. Dermoncourt l'en empêcha.

Mon père alors s'informa et apprit que le général chargé du rapport sur le siége l'avait porté *en observation* pendant le combat de la Favorite.

Il commença par se faire donner le certificat suivant :

ARMÉE D'ITALIE.

DIVISION DU BLOCUS DE MANTOUE, 20ᵉ RÉGIMENT DE DRAGONS.

« Nous, officiers au 20ᵉ régiment de dragons, soussignés, certifions que le général de division Dumas a perdu un cheval tué sous lui dans la bataille du 27 de ce mois devant Mantoue et un autre enterré d'un boulet.

» Fait au bivac de Marmirolo, le 29 nivôse de l'an v de la République française.

» *Signé :* Bontems, *adjudant;* Baudin, *adjudant;* Dubois, *sous-lieutenant;* L. Bonefroy, *sous-lieutenant;* A.-J. Bonnart, *chef de brigade;* Le Comte, *lieutenant;* Lebrun, *lieutenant;* Dejean, *capitaine;* Bouzat, *lieutenant.* »

Puis il écrivit à Bonaparte :

« Général,

» J'apprends que le jean-f..... chargé de vous faire un rapport sur la bataille du 27 m'a porté comme étant resté en observation pendant cette bataille.

» Je ne lui souhaite pas de pareilles observations, attendu qu'il ferait caca dans sa culotte.

» Salut et fraternité.

» Alex. Dumas. »

Le fait est que la lettre qui attachait mon père à la division Masséna était sèche et eût même blessé un homme d'un caractère moins susceptible que le sien.

La voici; elle était datée du lendemain même de la bataille où mon père avait eu deux chevaux tués sous lui.

« Au quartier général de Roverbella, le 28 nivôse an v de la République une et indivisible.

» *Le général de division, chef de l'état-major.*

» Le général en chef ordonne au général divisionnaire Dumas de partir pour Marmirolo dès qu'il aura été remplacé par le général Chabot, et de se rendre à la division du général Masséna pour servir à l'armée active sous les ordres de ce général à Vérone.

» ALEX. BERTHIER. »

Cette fois, il n'y avait plus ni *salut* ni *fraternité*, même en abrégé.

VIII

Première brouille de mon père avec Bonaparte. — Mon père est envoyé au corps d'armée de Masséna. — Il partage le commandement de Joubert dans le Tyrol. — Joubert. — Campagne du Tyrol.

Ce qui avait exaspéré mon père, c'est qu'il était impossible que, même avec la meilleure volonté du monde, Bonaparte eût cru un instant à cette note, *observation,* puisque c'était en vertu des ordres mêmes qu'il avait reçus de lui que mon père avait fait cette héroïque défense du 27, dans laquelle, avec des troupes trois fois inférieures en nombre à celles du maréchal, il le repoussa dans Mantoue.

Voici les ordres que Bonaparte dictait à Berthier au moment même où, après l'avoir quitté chez lui au presbytère de Saint-Antoine, mon père, à la tête d'une poignée de dragons, repoussait la sortie nocturne de Wurmser.

État-major général.

« Au quartier général de Roverbella, le 26 nivôse, à huit heures du soir.

» Le général en chef ordonne, général, que vous vous portiez sur-le-champ avec deux pièces d'artillerie légère et toute la cavalerie que vous pourrez réunir, et particulièrement les cent dragons qu'il a envoyés ce soir, pour reconnaître la position de l'ennemi (1), observer ses mouvements et être tout prêt à l'attaquer avec succès dès l'instant que le général Dallemagne, auquel le général en chef envoie l'ordre, aura fait son mouvement pour tomber également sur l'ennemi.

» Les troupes arrivées ce soir à Roverbella sont excédées de fatigue et ont besoin de deux heures de repos; après lequel temps, elles seront prêtes à agir; elles recevront les ordres du général en chef pour les mouvements qu'elles doivent faire d'après la reconnaissance que vous allez faire et que vous lui enverrez, et d'après les rapports qu'il attend incessamment sur les reconnaissances qu'il a ordonnées sur les différents points de la Molinella.

» Quelque chose qui arrive, vous devez jeter dans Saint-Georges les vivres et le monde nécessaires pour que ce poste puisse se défendre quarante-huit heures. Le général en chef vous a déjà fait donner l'ordre par le général Serrurier (2) de réunir un corps de quinze cents hommes, composé de l'élite de votre

---

(1) C'était à la tête de ces dragons que mon père était parti en présence même du général en chef; mais Bonaparte tenait à ce que tout fût, sinon fait, du moins censé fait par ses ordres et par son initiative. — Nous verrons quelque chose de curieux du même genre à propos de la bataille des Pyramides. Bonaparte était un habile metteur en scène; mais qu'on nous laisse croire que la Providence, qui l'avait pris pour instrument, comme elle fait des hommes de génie, était bien pour quelque chose dans le succès des pièces qu'il a jouées.

(2) On a vu que cet ordre était parvenu à mon père dans la journée et bien avant l'arrivée de Bonaparte.

division, lequel sera à portée de l'endroit où l'ennemi a établi sa communication avec la garnison de Mantoue, pour pouvoir, si l'occasion s'en présente favorable, commencer l'attaque, ou au premier ordre que vous recevrez ; vous ne devez pas craindre de dégarnir Saint-Antoine, c'est par là que passeront les renforts qui vous seront envoyés.

» Rendez compte au général en chef de votre reconnaissance et de toutes les dispositions que vous aurez faites.

» ALEX. BERTHIER. »

Ce fut, en effet, par Saint-Antoine que Bonaparte, voyant mon père entouré de forces quadruples, lui envoya, pour le dégager, la fameuse 57e demi-brigade, qui le trouva à moitié enterré dans le même trou où son cheval était enterré tout à fait.

Masséna connaissait la cause de cette disgrâce momentanée ; aussi reçut-il mon père, non-seulement comme un camarade, mais encore comme un homme dont il appréciait les qualités militaires.

En conséquence, il lui donna le commandement de son avant-garde.

Ce fut à la tête de cette avant-garde que mon père se trouva au combat de Saint-Michel, entra dans Vicence et assista à la bataille de Bassano.

En six mois, comme le disait lui-même Bonaparte dans sa proclamation de guerre au pape, l'armée d'Italie avait fait cent mille prisonniers, pris quatre cents pièces de canon et détruit cinq armées.

On comprend que cette guerre pontificale fut une plaisanterie. Le 16 pluviôse, nous étions maîtres de la Romagne, du duché d'Urbin, de la marche d'Ancône, de l'Ombrie et des districts de Perugia et de Camerino.

Enfin, le 30 pluviôse (19 février), la république française et le souverain pontife signaient le traité de Tolentino, en exécution duquel le saint-père cédait à la France Avignon et le comtat Venaissin, renonçait aux légations de Ferrare et de Bologne, ainsi qu'à la Romagne, et consentait à l'occupation de la ville, citadelle et territoire d'Ancône. Il s'obligeait, en outre, à verser à l'instant même trente millions dans la caisse de l'armée d'Italie à désavouer solennellement le meurtre de Basseville et à payer trois cent mille francs à titre de dédommagement à ceux qui avaient pu souffrir de ce meurtre.

Enfin le pape s'obligeait à remettre les objets d'art et les manuscrits mentionnés dans l'armistice de Bologne, et à rendre, sans dégradation, à la république française, dont il était la propriété, le palais de l'École des arts.

Le traité de Tolentino termina cette première campagne d'Italie, qui avait vu renouveler les prodiges d'Annibal avec la fortune d'Alexandre.

Pendant que la république française, représentée par Bonaparte, signait avec le pape le traité de Tolentino, les Autrichiens rassemblaient dans les montagnes du Tyrol une sixième armée dont l'empereur donnait le commandement au prince Charles, auquel sa campagne sur le Rhin venait de faire une réputation.

Le prince Charles prit le commandement de cette armée dans le courant de février 1797 (pluviôse an v).

A la fin de février, c'est-à-dire vers le 8 ou 9 ventôse, l'armée ennemie tenait les positions suivantes :

Son corps principal était sur le Tagliamento ; son aile droite, sous les ordres du général Kerpen et du général Laudon, était placée derrière la Lavis et la Nos, et défendait l'entrée du Tyrol. Le prince Lusignan, si bien battu à Rivoli, occupait avec sa brigade l'intervalle existant entre les deux branches principales, et avait pris position aux environs de Feltre ; enfin l'avant-garde, sous les ordres du général Hohenzollern, se tenait sur la Piave.

De son côté, Bonaparte, qui attendait dix-huit mille hommes de renfort de l'armée du Rhin, avait réuni dans la marche Trévisane quatre divisions de son armée. Masséna était à Bassano ; le général Guyeux occupait Trévise ; Bernadotte, qui commençait à arriver, devait occuper Padoue ; Joubert, avec sa division et celles des généraux Baraguey-d'Hilliers et Delmas, était opposé à Kerpen et à Laudon. Enfin, Victor et sept mille cinq cents hommes restaient dans la marche d'Ancône, tandis que Kilmaine, avec six mille hommes, à peu près, gardait la Lombardie et les frontières du Piémont et de Gênes.

Tout cela formait, pour les Autrichiens, un total de trente-cinq mille hommes, et, pour les Français, de trente-six à trente-sept mille.

Vers le milieu de ventôse, mon père reçut l'ordre de quitter le corps d'armée de Masséna pour celui de Joubert et d'abandonner Bassano et Trente.

Joubert, auprès duquel il était envoyé, fut un des hommes les plus remarquables de cette époque si fertile en hommes remarquables. C'était un de ces beaux, jeunes et purs républicains de l'école de Marceau, de Hoche, et je puis dire de mon père. Comme Marceau, comme Hoche et comme mon père, il mourut jeune. Seulement, Marceau et Joubert eurent le bonheur de mourir chacun d'une balle tyrolienne, tandis que Hoche et mon père moururent empoisonnés.

Joubert était un des héros de Rivoli. Comme mon père à la Favorite, il avait eu son cheval tué sous lui, et, s'emparant du fusil d'un grenadier, il avait combattu à pied pendant le reste de la journée. Cette journée, dans laquelle il avait pris plusieurs pièces de canon et culbuté l'ennemi dans l'Adige, lui avait valu le grade de général de division.

Nous avons dit qu'il était à la tête d'une vingtaine de mille hommes dans le Tyrol, lorsque mon père lui fut adjoint pour commander la cavalerie.

Joubert reçut mon père de la façon la plus affectueuse.

— Mon cher Dumas, lui dit-il, si je vous laissais le commandement qu'on vous a donné, vous occuperiez un poste illusoire; car vous n'auriez sous vos ordres que deux régiments de dragons fort incomplets, le 5e et le 8e, qui en forment à peine un à eux deux. Aussi n'est-ce pas cela, j'en suis bien certain, que celui qui vous envoie à moi a compris. J'ai vingt mille hommes, je vous en donne dix mille à commander, ou plutôt nous commanderons le tout à nous deux.

Mon père remercia Joubert. L'injustice de Bonaparte était si flagrante vis-à-vis de lui, que Joubert, comme Masséna, n'avait eu en le recevant qu'une préoccupation, celle de la lui faire oublier.

Les deux généraux logèrent ensemble; puis, comme il s'agissait de commencer les hostilités, ensemble, toujours, ils visitèrent les avant-postes, et il fut décidé qu'on attaquerait le lendemain.

Ce lendemain était le 21 mars 1797 (30 ventôse an v).

Le même jour, mon père reçut officiellement de Joubert les instructions suivantes, arrêtées à l'avance entre eux :

LIBERTÉ — ÉGALITÉ.

« Au quartier général de Trente, le 29 nivôse an v de la République française; huit heures du matin.

» *Le général de division Joubert au général divisionnaire Dumas.*

» Vous partirez dans le jour, général, pour prendre à Segonzano le commandement des brigades du général Belliard, qui a sous ses ordres la 22e légère et la 85e de ligne, et du général Pelletier, qui a sous les siennes la 14e de bataille.

» Vous ordonnerez au général Belliard de partir, à la tombée de la nuit, des positions qu'il occupe avec la 85e pour se rendre à Segonzano. Le général Pelletier se rendra aussi au même endroit dès que l'ennemi ne pourra plus juger ses mouvements, c'est-à-dire aussi à la tombée de la nuit. Vous ferez le rassemblement de toutes ces troupes de manière à pouvoir exécuter, deux ou trois heures avant le jour, le passage de la Weiss et l'attaque de Faver et de Limbra.

» Vous mettrez en tête de vos colonnes tous les carabiniers et tous les grenadiers.

» D'après ce que nous sommes convenus, dans la reconnaissance que nous fîmes de ce point, vous formerez deux colonnes pour passer la Weiss sur la droite de Faver et aller faire votre rassemblement sur le chemin et à la tête du ravin qui se trouve à un petit quart d'heure à droite du village, afin de pouvoir le dominer ensuite en faisant faire nos colonnes d'attaque dans le bois vert qui se trouve au-dessus du village, et tourner ainsi tous les ouvrages des ennemis. Faver enlevé, vous vous porterez sur Limbra et en formerez l'attaque en prenant à sa naissance, avec votre infanterie légère, le ravin qui le sépare de Faver.

» Votre attention sera aussi de tourner par la montagne les ouvrages que les ennemis ont sur ce point, et de les jeter dans la plaine ou dans le village, où vous les attaquerez vivement avec vos carabiniers et vos grenadiers en colonnes serrées, votre infanterie légère en tirailleurs soutenus de près par la 85e et par la 14e : il est inutile de dire que vous aurez une réserve sur le chemin qui va de Faver à Limbra en face du ravin.

» Pour masquer la véritable attaque depuis Albian jusqu'à Segonzano, vous donnerez l'ordre aux généraux Pelletier et Belliard de faire faire à la même heure qu'à Segonzano, par les postes, de fausses attaques sur toute la ligne, en tâchant même dans quelques endroits de passer le torrent pour s'avancer sous le feu des ennemis.

» Le général Baraguey-d'Hilliers vous donnera, pour l'attaque seulement, le cinquième de bataille ; il fera votre réserve avec les deux autres demi-brigades, et occupera à la nuit, par un bataillon, la Weiss et Sevignano ; le reste à Segonzano.

» Je lui fais encore porter un bataillon et des compagnies de carabiniers à Bedol pour faire une fausse attaque sur Sovero. Communiquez cela au général Belliard, à qui j'ordonne de laisser tous les renseignements nécessaires, ainsi que les guides pour cette marche.

» Dans le cas que vous vous empareriez de Limbra — comme c'est à présumer — avant que les colonnes qui partent de la Weiss y soient, vous vous dirigerez de manière à prendre l'ennemi en queue. Vous aurez aussi attention de prendre garde aux renforts qui pourraient venir de Salurn par la montagne.

» Il y aura trois pièces de canon à Segonzano, sous le feu desquelles vous pourriez passer le torrent le jour, si vous n'aviez pas réussi la nuit. Il doit aussi y avoir là soixante mille cartouches ; vos troupes auront trois jours de vivres et deux rations d'eau-de-vie à leur départ.

» Opiniâtreté dans vos attaques ; attention à tenir le soldat rallié ; défenses sévères de pillage ; désarmement des Tyroliens ; telles sont, vous le savez, puisque je vous les ai lues, les instructions du général en chef.

» Vous répandrez et ferez afficher les imprimés de la proclamation que je vous envoie.

» Salut.

» JOUBERT. »

Conformément aux instructions de Joubert, mon père partit d'Albian le 30 nivôse, à deux heures du matin, et se posta, avec les 5ᵉ, 14ᵉ et 85ᵉ demi-brigades de bataille et la 22ᵉ légère, sous le château de Segonzano pour passer la rivière la Weiss. A peine les premiers hommes qui essayèrent de franchir le torrent eurent-ils mis le pied dans l'eau, qu'ils s'aperçurent, à la rapidité du courant, combien le passage serait difficile. On n'avait de l'eau que jusqu'à la ceinture ; mais le courant était si fort, qu'au tiers du gué cinq ou six hommes avaient déjà perdu pied, et, emportés comme par une cataracte, étaient allés se briser contre les rochers qui barrent la rivière.

Mon père eut alors l'idée de se servir de ces rochers pour établir une chaîne ; il prit les plus forts parmi ses hommes, les plaça sous la direction de Dermoncourt, et l'on parvint à barrer entièrement le cours du fleuve. Dès lors il n'y eut plus de danger ; les hommes emportés par la rapidité du courant étaient arrêtés par cette chaîne vivante ; et bientôt l'avant-garde, composée, comme l'avait recommandé Joubert, des grenadiers de la demi-brigade, ayant mon père et Belliard à leur tête, atteignirent l'autre bord.

Bientôt mon père fut maître de toutes les redoutes que l'ennemi avait sur le front de Segonzano. Parvenu sur les hauteurs qui dominent Faver, il attaqua ce village, qui, après une vigoureuse résistance, fut enlevé de vive force.

Faver pris, on marcha aussitôt sur Limbra, où l'ennemi était retranché avec deux pièces de canon. Mon père avait eu le soin, en partant, de faire filer une colonne sur les montagnes qui dominent ces deux villages.

L'ennemi se défendit vigoureusement; mais la colonne des montagnes étant arrivée, et ayant donné à son tour, l'ennemi fut contraint de se jeter dans la plaine. Aussitôt, mon père fit battre le pas de charge, et un dernier effort décida de la victoire : les retranchements furent enlevés, les deux pièces de canon prises, et deux mille hommes tombèrent entre nos mains. Mon père signala, comme s'étant particulièrement distingués à cette attaque, le général Belliard et les adjudants généraux Valentin et Liébaut.

Un chef de bataillon, nommé Martin, appartenant à la 25e de bataille, avait, avec vingt-cinq hommes, chargé et fait prisonniers deux cents ennemis. Mon père demanda de l'avancement pour cet officier, ainsi que pour les deux aides de camp Dermoncourt et Lambert, et l'adjoint Milienk.

Faver et Limbra prises, mon père ordonna au général Belliard de marcher à la tête de sa colonne sur Lesignano, où l'ennemi occupait une forte position; il devait le prendre en queue, tandis que mon père se porterait sur Salurn, afin de protéger le mouvement que devait faire de son côté Joubert.

Le lendemain, mon père marcha avec sa colonne sur Castello, et fit une centaine de prisonniers. Le soir, il se concerta avec le général Baraguey-d'Hilliers, et il fut convenu que, le lendemain, on attaquerait les villages de Coran, d'Altrivo, de Castello et de Cavaleze.

Les troupes bivaquèrent.

Le 2 germinal, à deux heures du matin, les troupes se portèrent sur les quatre villages désignés à leurs attaques ; mais l'ennemi les avait déjà évacués. Le général Pigeon, jeté sur ses traces par le général Baraguey-d'Hilliers, le poursuivit vivement jusqu'au village de Tesaro; après quoi, conformément aux instructions du 30 nivôse, on descendit à Newmark. On avait alors sur la rive droite de l'Adige le général autrichien Laudon, qui tenait les villages de Mote et de Caldera, et qui se retirait sur Bolzano.

Vers deux heures de l'après-midi, mon père apprit par un chef de bataillon du génie que l'ennemi se portait sur le pont de Newmark, par lequel on pouvait l'inquiéter dans sa retraite. Ce pont nous était aussi important pour l'attaque qu'il l'était à lui pour la défense. Mon père ordonna au général Belliard de marcher sur ce pont avec la 85ᵉ demi-brigade qu'il commandait : arrivé au pont, il culbuta l'ennemi et s'avança sur le village de Mote, qu'il emporta de vive force.

« Moi-même, dit mon père, à la tête du 5ᵉ régiment de dragons, je chargeai la cavalerie ennemie, qui s'était avancée sur moi ; elle fut mise en déroute, quoique supérieure en nombre. Je coupai la figure du commandant et le cou à un de ses cavaliers. Le régiment que je commandais a pris, tué ou blessé, une centaine de cavaliers autrichiens. L'adjudant général Blondeau s'est particulièrement distingué dans cette affaire. »

On voit avec quelle simplicité mon père rendait compte des faits qui lui étaient personnels. Cette charge du 5ᵉ régiment de dragons avait été, à ce qu'il paraît, une chose magnifique. Joubert, dans son rapport à Bonaparte, dit que mon père est devenu *la terreur de la cavalerie autrichienne,* et Dermoncourt, de son côté, raconte ainsi cet engagement.

« Le général Dumas, s'étant mis à la tête de la cavalerie, traversa le pont, chargea quelques escadrons ennemis, tua de sa main le commandant et un soldat qui, le voyant en mauvaise passe, accourait à son secours, accula l'infanterie dans les vignes, et, continuant de poursuivre la cavalerie à bride abattue avec une centaine d'hommes seulement, il nous chargea de ramasser tout ce qu'il laissait d'Autrichiens derrière lui. Nous prîmes dix-neuf cents hommes. »

Cette brillante affaire terminée, on se mit en marche sur

Bolzano, toujours chassant l'ennemi, qui se tenait à distance respectueuse; on entra dans la ville sans coup férir. Mon père chargea l'adjudant général Blondeau de pousser des reconnaissances jusqu'au village de Colman; il laissa Delmas en position à Bolzano pour observer les troupes de Laudon, et, le 4 germinal, à deux heures du matin, il se mit lui-même en marche, suivant la route de Brixen, par laquelle s'était retiré l'ennemi.

Voyons comment mon père raconte cette brillante affaire, qui lui valut le titre d'*Horatius Coclès du Tyrol;* nous verrons ensuite comment la raconte Dermoncourt, son aide de camp.

« J'ai trouvé l'ennemi en force, occupant la position presque inexpugnable de Clausen; il a été attaqué avec vigueur et forcé d'abandonner la ville; nos troupes y sont entrées et ont été chargées par la cavalerie ennemie, mais sans succès.

» A la tête du 5ᵉ régiment de dragons, que j'ai fait avancer promptement, j'ai chargé la cavalerie autrichienne et l'ai mise en pleine déroute, laissant beaucoup de morts et de blessés. 1,500 de leurs fantassins ont été faits prisonniers, le reste a été poursuivi jusqu'auprès de Brixen. L'ennemi qui restait rangé en bataille paraissait vouloir nous y attendre; je ralliai mon avant-garde et je me disposais à l'en chasser, mais il se sauva à notre approche; je l'ai conduit avec ma cavalerie à plus d'une lieue au delà de Brixen.

» Dans ces différentes charges, j'ai reçu trois coups de sabre; mon aide de camp Dermoncourt a été blessé à mes côtés. »

« Des 5 et 6 germinal.

» Les troupes se reposèrent le 5.

» Vous aviez chargé le général Baraguey-d'Hilliers d'attaquer l'ennemi le 6, en avant de Michaëlbach, où il restait retranché, et je dus partager ce mouvement avec la cavalerie. Vous savez, général, vous y étant trouvé vous-même, comment les deux régiments de dragons que je commandais s'y sont comportés, et ont contribué au succès de cette journée.

» Vous savez aussi, général, que j'ai eu mon cheval tué sous moi, et que j'ai perdu mes équipages et des pistolets d'une rare bonté. Mon aide de camp Lambert a fait des merveilles.

» Je vous adresserai aujourd'hui les rapports des généraux de brigade, qui ne me sont pas encore parvenus.

» Fait à Brixen, le 7 germinal an V républicain.

» ALEX. DUMAS.

» *P.-S.* Il faut que je te donne mon manteau; je crois qu'il est enchanté : il a été troué par sept balles dont pas une ne m'a touché. Il te portera bonheur. »

IX

Le pont de Clausen. — Rapports de Dermoncourt. — Les prisonniers sur parole. — Les pistolets de Lepage. — Trois généraux en chef à la même table.

Maintenant, laissons parler Dermoncourt; c'est dans ce récit seulement qu'on verra agir mon père, qui s'efface lorsque c'est lui-même qui parle, et surtout lorsqu'il parle de lui.

« L'armée séjourna à Bolzano pendant quarante-huit heures; ce qui, dans cette campagne qui ressemblait plutôt à une course qu'à une guerre, était un long séjour. Le général Delmas resta à Bolzano pour observer les troupes de Laudon et la route d'Inspruck. Le reste de l'armée, Le général Dumas en tête, se mit en marche le lendemain pour se porter sur Brixen, et tâcher de rejoindre l'armée du général Kerpen, qui avait pris cette direction.

» La route que nous suivions côtoyait une espèce de cours d'eau moitié ruisseau, moitié torrent, qui prend sa source dans les montagnes Noires, et qui vient, grossi des eaux du Riente, se jeter dans l'Adige au-dessous de Bolzano. Tantôt la route côtoyait la rive droite ; tantôt, enjambant le ruisseau, elle suivait la rive gauche, puis, au bout de quelques lieues, repassait sur l'autre rive. La retraite des Autrichiens avait été si rapide, qu'ils n'avaient pas même fait sauter les ponts. Nous marchions derrière eux au pas de course, et nous désespérions presque de les rejoindre jamais, lorsque les éclaireurs vinrent nous dire qu'ils avaient barricadé le pont de Clausen avec des voitures, et qu'ils paraissaient disposés, cette fois, à nous disputer le passage.

» Le général partit à l'instant même avec une cinquantaine de dragons pour examiner les localités : je le suivis.

» En arrivant au pont de Clausen, nous trouvâmes le pont effectivement barré, et de l'infanterie et de la cavalerie derrière. Nous crûmes que, la position examinée, le général allait attendre du renfort ; mais il n'y songeait guère.

» — Allons, allons, dit-il, vingt-cinq hommes à pied, et qu'on me dégage ce pont-là !

» Vingt-cinq dragons jetèrent la bride de leurs chevaux aux mains de leurs camarades, et, au milieu du feu de l'infanterie autrichienne, s'élancèrent vers le pont.

» La besogne n'était pas commode : d'abord, les charrettes étaient lourdes à remuer ; ensuite, les balles tombaient comme grêle.

» — Allons, fainéant ! me dit le général, est-ce que tu ne vas pas donner un coup de main à ces braves gens-là ?

» Je descendis, et j'allai m'atteler aux voitures ; mais, comme le général ne trouvait pas que le pont se déblayât assez vite, il sauta à son tour à bas de cheval et vint nous aider. En un instant, et avec sa force herculéenne, il en eut plus fait à lui seul que nous à vingt-cinq. Quand je dis à vingt-cinq, j'exagère ; les balles autrichiennes avaient fait leurs trous, et nous avions cinq ou six de nos hommes hors de combat, quand, par bonheur, il nous arriva une soixantaine de fantassins au pas de course. Ils se répandirent aux deux côtés du pont et commencèrent à faire à leur tour un feu admirable qui commença à inquiéter les Autrichiens et les empêcha de viser aussi juste. Il en résulta que nous finîmes par pousser les charrettes dans le torrent; ce qui était d'autant plus facile que le pont n'avait point de parapet.

» A peine le passage fut-il libre, que le général sauta sur son cheval, et, sans regarder s'il était suivi ou non, s'élança dans la rue du village qui s'ouvre sur le pont. J'avais beau lui crier : « Mais, général, nous ne sommes que nous deux ! » il n'entendait pas ou plutôt ne voulait pas entendre.

» Tout à coup, nous nous trouvâmes en face d'un peloton de cavalerie sur lequel le général tomba, et, comme tous les hommes étaient en ligne, d'un seul coup de sabre donné de revers, il tua le maréchal des logis, balafra effroyablement le soldat qui se trouvait près de lui, et, de la pointe de son sabre, en blessa encore un troisième. Les Autrichiens, ne pouvant croire que deux hommes avaient l'audace de les charger ainsi, voulurent faire demi-tour; mais les chevaux fourchèrent, et chevaux et cavaliers tombèrent pêle-mêle. En ce moment, nos dragons arrivèrent avec les fantassins en croupe, et tout le peloton autrichien fut pris.

» Je fis mon compliment au général sur son coup de sabre en lui disant que je n'avais jamais vu son pareil.

» — Parce que tu es un *blanc-bec,* me répondit-il; mais tâche seulement de ne pas te faire tuer, et, avant la fin de la campagne, tu en auras vu bien d'autres.

» Nous avions fait une centaine de prisonniers. Mais, de l'autre côté du village, nous apercevions, gravissant une montagne, un corps assez considérable de cavalerie. A peine le général eut-il vu ce corps, qu'il le montra à ses dragons, et que, laissant les prisonniers à l'infanterie, il se mit à la poursuite des Autrichiens avec ses cinquante hommes.

» Nous étions admirablement montés, le général et moi, de sorte que nous gagnions beaucoup sur nos soldats. De leur côté, les Autrichiens, croyant être poursuivis par l'armée entière, fuyaient à fond de train. Il en résulta qu'au bout d'un certain temps, nous nous trouvâmes encore seuls, le général et moi.

» Enfin, parvenus à la hauteur d'une auberge où la route faisait un coude, je m'arrêtai et je dis :

» — Général, ce que nous faisons là, ou plutôt ce que vous faites là, n'est pas raisonnable : arrêtons-nous et attendons que nous soyons ralliés. D'ailleurs, la disposition du terrain indique un plateau derrière la maison, et peut-être allons-nous y trouver l'ennemi en bataille.

» — Eh bien, garçon, va voir s'il y est, me dit-il ; nos chevaux souffleront pendant ce temps-là.

» Je mis pied à terre, je tournai autour de l'auberge, et je vis, à deux cents pas, trois beaux escadrons en bataille. Je revins faire mon rapport au général, qui, sans dire un mot, mit son cheval au pas, et se dirigea vers les escadrons ennemis. Je remontai à cheval et je le suivis.

» A peine eut-il fait cent pas, qu'il se trouva à la portée de la voix. Le commandant parlait français, et, le reconnaissant :

» — Ah ! c'est toi, diable noir ! lui dit-il. A nous deux !

» Les Autrichiens n'appelaient le général que *Schwartz Teufel*.

» — Fais cent pas, jean-f....., dit le général, et j'en ferai deux cents.

» Et, sur cette réponse, il mit son cheval au galop.

» Pendant ce temps-là, je criais comme un diable, et tout en suivant le général, que je ne voulais pas quitter :

» — A moi, dragons ! à moi, dragons !

» De sorte que l'ennemi, croyant à tout moment voir déboucher des forces considérables, tourna le dos, le commandant tout le premier.

» Le général allait les poursuivre à lui tout seul, quand j'arrêtai son cheval par la bride, et le forçai d'attendre les nôtres sur le terrain même que l'ennemi venait d'occuper.

» Mais, une fois que nous eûmes été rejoints, il n'y eut plus moyen d'arrêter le général, et nous nous remîmes à la chasse des Autrichiens. Seulement, cette fois, j'obtins, comme la route était fort accidentée, que nous nous ferions éclairer par des tirailleurs.

» Les tirailleurs partirent devant, et, pendant ce temps-là, nous fîmes souffler nos chevaux.

» Au bout d'une heure, nous entendîmes une fusillade qui indiquait que nos hommes étaient aux prises avec les Autrichiens. Le général m'envoya voir ce que cela signifiait.

» Dix minutes après, j'étais de retour.

» — Eh bien, me dit le général, que se passe-t-il là-bas?

» — Général, il y a que l'ennemi tient, mais tout juste assez, m'a dit un de nos soldats qui parle allemand, pour nous entraîner à passer le pont de Clausen. Le pont une fois passé, l'ennemi prétend qu'il prendra sa revanche du pont de Clausen.

» — Ah! il prétend cela? dit le général. Eh bien, c'est ce que nous allons voir. En avant les dragons!

» Et, à la tête de nos cinquante ou soixante hommes, nous voilà chargeant de nouveau l'ennemi.

» Nous arrivons au fameux pont: il y avait juste de quoi passer trois chevaux de front et pas le moindre parapet.

» Comme je l'avais dit au général, l'ennemi ne tint que juste ce qu'il fallait pour nous entraîner à sa poursuite: le général passa le pont, convaincu que les Autrichiens n'oseraient revenir sur nous. Nous nous engageâmes, en conséquence, dans la principale rue, à la suite de nos tirailleurs et d'une douzaine de dragons que le général avait envoyés pour les soutenir.

» Nous étions au milieu de la rue, à peu près, quand nous vîmes nos tirailleurs et nos dragons ramenés par tout un escadron de cavalerie. Ce n'était pas une retraite, c'était une déroute.

» La peur est épidémique. Elle gagna les dragons qui étaient avec nous, ou plutôt nos dragons la gagnèrent; tous suivirent leurs camarades, qui détalaient au grand galop; une douzaine seulement tint bon avec nous.

» Avec ces douze hommes, nous arrêtâmes la charge ennemie, et, tant bien que mal, nous revînmes en vue du pont; mais, arrivés là, et comme si leur salut était au delà de ce pont, nos dragons, les derniers restés, détalèrent à leur tour.

» Dire comment, le général et moi, nous revînmes au pont,

serait chose difficile; je voyais le général lever son sabre, comme un batteur en grange lève son fléau, et, à chaque fois que le sabre s'abaissait, un homme tombait. Mais bientôt j'eus à m'occuper tellement de moi-même, que je fus obligé de perdre de vue le général; deux ou trois cavaliers autrichiens s'étaient acharnés après moi, et voulaient m'avoir mort ou vif. Je blessai l'un d'un coup de pointe, j'ouvris le front de l'autre; mais le troisième m'allongea un coup de sabre qui me passa dans l'articulation de l'épaule, et qui me fit faire un tel mouvement en arrière, que mon cheval, assez fin de bouche, se cabra et se renversa sur moi dans un fossé. C'était bien l'affaire de mon Autrichien, qui continuait à me larder de coups de sabre, et qui eût fini par m'embrocher tout à fait, si je n'étais parvenu à tirer, avec ma main gauche, un pistolet de mes fontes. Je lâchai le coup au hasard; je ne sais si je touchai le cheval ou le cavalier; mais ce que je sais, c'est que le cheval pivota sur ses pieds de derrière, prit le galop, et, à vingt ou vingt-cinq pas de moi, se débarrassa de son cavalier.

» Dès lors, n'ayant plus à défendre ma peau, je pus me retourner vers le général : il s'était arrêté à la tête du pont de Clausen, et tenait seul contre tout l'escadron; et, comme, à cause du peu de largeur du pont, les hommes ne pouvaient arriver à lui que sur deux ou trois de front, il en sabrait autant qu'il s'en présentait.

» Je restai émerveillé : j'avais toujours regardé l'histoire d'Horatius Coclès comme une fable, et je voyais pareille chose s'accomplir sous mes yeux.

» Enfin, je fis un effort; je me dégageai de dessous mon cheval, je parvins à me tirer de mon fossé, et je me mis à crier tant que je pus :

» — Dragons, à votre général !

» Quant à le défendre, pour mon compte, c'était impossible : j'avais le bras droit presque désarticulé.

» Heureusement, le second aide de camp du général, qui se nommait Lambert, arrivait juste en ce moment-là avec un renfort de troupes fraîches. Il apprit des fuyards ce qui se passait, les rallia, et se précipita avec eux au secours du général, qui fut dégagé à temps.

» Il avait tué sept ou huit hommes, en avait blessé le double ; mais il commençait à être au bout de ses forces.

» Le général avait reçu trois blessures, une au bras, une à la cuisse, l'autre sur la tête.

» Cette dernière avait brisé la calotte de fer du chapeau ; mais, comme les deux autres, elle ne faisait qu'inciser légèrement l'épiderme.

» En outre, le général avait reçu sept balles dans son manteau. Son cheval avait été tué sous lui, mais heureusement avait barré le pont avec son cadavre ; et peut-être cette circonstance l'avait-elle sauvé, car les Autrichiens s'étaient mis à piller son portemanteau et ses fontes, ce qui lui avait donné le temps de rattraper un cheval sans maître et de recommencer le combat.

» Grâce au renfort amené par Lambert, le général put reprendre l'offensive et donna une si rude chasse à cette cavalerie, que nous ne la revîmes point de toute la campagne. »

La blessure de Dermoncourt était assez grave, et il fut forcé de garder le lit. Mon père le laissa à Brixen, et s'en alla donner un coup d'épaule à Delmas, qui, ainsi que nous l'avons dit, était resté à Bolzano pour faire face à Laudon.

Laudon, après s'être ravitaillé et s'être un peu refait de notre passage de la Weiss et de sa défaite de Newmark, Laudon, renforcé par des paysans du Tyrol, avait recommencé contre Delmas, isolé avec peu de monde à Bolzano, une guerre assez sérieuse.

Delmas, réduit à ses propres moyens, abandonné à neuf lieues du corps d'armée, envoya un messager au général Joubert, qui avait rejoint mon père à Brixen le 7 germinal. Ce messager annonçait que Delmas craignait d'être attaqué d'un moment à l'autre, et se croyait trop faible pour résister longtemps.

Joubert montra la dépêche à mon père, à peine descendu de cheval, et qui lui proposa de partir à l'instant même avec sa cavalerie, qu'il croyait suffisante pour dégager Delmas et même pour en finir avec Laudun. Joubert accepta, et mon père partit laissant à Joubert la commission de ravoir ses pistolets à quelque prix que ce fut. Mon père, on se le rappelle, tenait énormément à ses pistolets, qui lui avaient été donnés par ma mère et qui lui avaient sauvé la vie au camp de la Madeleine.

Il fit une si grande diligence, que, le lendemain matin, il était à Bolzano avec toute sa cavalerie.

Cette cavalerie, hommes et chevaux, semblait avoir reçu une partie de l'âme de son chef; elle avait une telle confiance en lui, depuis qu'elle l'avait vu surtout lutter corps à corps avec l'ennemi, comme il avait fait dans les derniers combats, qu'elle l'eût suivi au bout du monde.

Comme mon père et ses hommes étaient entrés de nuit à Bolzano, l'ennemi ignorait son arrivée et croyait n'avoir affaire qu'à Delmas et aux quelques hommes qui l'accompagnaient. Les deux généraux résolurent de profiter de cette ignorance des Autrichiens pour prendre l'offensive dès le lendemain; aussi, au point du jour, les deux généraux attaquèrent-ils l'ennemi au moment où il croyait attaquer lui-même.

Mon père tenait la grande route avec sa cavalerie; Delmas, avec son infanterie, prit par les hauteurs, attaqua les positions les unes après les autres, et les emporta toutes tandis que mon père sabrait les fuyards.

La journée fut si chaude, et les Autrichiens se reconnurent si bien battus, qu'ils disparurent des environs de Bolzano, et que mon père put revenir à Brixen.

Il n'avait mis que trois jours à accomplir son expédition.

Il était temps qu'il revînt : les paysans s'étaient révoltés, et avaient égorgé quelques maraudeurs qui avaient eu l'imprudence de sortir des cantonnements. Grâce à cette révolte, Kerpen était revenu, et l'on allait avoir affaire, non-seulement aux troupes réglées, mais encore aux Tyroliens, ces terribles chasseurs, dont la balle nous avait déjà enlevé Marceau, et allait bientôt nous enlever Joubert.

On se mit aussitôt en campagne : mon père, à la tête de son infatigable cavalerie, et sur un beau cheval que lui avait donné Joubert; Joubert, à la tête de ses grenadiers de prédilection.

Il arriva ce qui arrivait toujours : mon père rencontra l'ennemi sur la grande route, se mit à sabrer selon son habitude, et, en sabrant, se laissa emporter.

Cette fois encore, je laisserai parler Dermoncourt.

« La déroute fut grande, le général Dumas sabra et fit sabrer pendant plus de deux lieues. Grand nombre d'Autrichiens et de Tyroliens furent tués. La vue seule du général produisait sur ces hommes l'effet d'un corps d'armée, et rien ne tenait devant le *Schwartz Teufel*.

» Le général, monté sur un très-bon cheval que venait de lui donner le général Joubert, en remplacement de celui qu'il avait perdu huit jours auparavant, se trouva, cette fois encore, à un quart de lieue en avant de son escadron. Il arriva ainsi, toujours sabrant et sans regarder s'il était suivi, à un pont dont l'ennemi avait déjà eu le temps d'enlever les planches, et où il ne restait plus que les poutrelles. Impossible d'aller plus loin; son cheval ne pouvait ni sauter par-dessus la rivière, ni traverser le pont sur les étroites charpentes. Furieux, le général s'arrêta et se mit à faire le moulinet avec son sabre; de leur côté, les Tyroliens, sentant qu'ils n'étaient plus poursuivis, firent volte-face et commencèrent sur cet homme isolé une effroyable fusillade; trois balles atteignirent à la fois le cheval du général, qui tomba et entraîna le cavalier dans sa chute, lui engageant la jambe sous lui (1).

» Les Tyroliens crurent le général tué et se précipitèrent vers le pont en criant :

» — Ah! voilà le diable noir mort!

» La situation était grave. Du pied qui lui restait libre, le général repoussa le cadavre de son cheval, ce qui lui permit de dégager son autre jambe; après quoi, se relevant, il se retira sur un petit tertre dominant la route, et où les Autrichiens avaient élevé à la hâte une espèce de retranchement qu'ils

(1) Le peintre Lethiers a fait un tableau représentant cette scène.

avaient abandonné en apercevant le général. Les Autrichiens ont l'habitude, comme on sait, quand ils se sauvent, d'abandonner ou de jeter leurs armes. Le général trouva donc dans cette redoute improvisée une cinquantaine de fusils tout chargés; dans la circonstance où se trouvait le général, cela valait mieux qu'un trésor, si riche qu'il fût. Il s'abrita derrière un sapin, et, à lui tout seul, commença la fusillade.

» D'abord, il choisit de préférence ceux qui dévalisaient son cheval : bon tireur comme il était, pas un coup n'était perdu; les hommes s'entassaient les uns sur les autres; tout ce qui s'aventurait sur ces poutrelles étroites tombait mort.

» La cavalerie du général entendit cette fusillade, et, comme on ne savait pas ce qu'il était devenu, on pensa que tout ce bruit qui se faisait à un quart de lieue de là était encore un tapage de sa façon. Lambert prit une cinquantaine de cavaliers avec vingt-cinq fantassins en croupe, accourut et trouva le général tenant ferme dans son escarpe.

» En un instant, le pont fut emporté; les Autrichiens et les Tyroliens furent poursuivis jusqu'au village, et une centaine d'entre eux faits prisonniers.

» Lambert m'a assuré qu'il avait vu plus de vingt-cinq Autrichiens tués, tant autour du cheval qu'ils avaient dépouillé que dans l'intervalle du pont au petit retranchement, que pas un seul, au reste, n'avait eu le temps d'atteindre.

» Le général revint à Brixen sur un cheval autrichien que Lambert lui ramena. Il rentra dans ma chambre, où je gardais le lit, et je le vis si pâle et si faible, que je m'écriai :

» — Oh! mon Dieu, général, êtes-vous blessé?

» — Non, me dit-il; mais j'en ai tant tué, tant tué!

» Et il s'évanouit.

» J'appelai. On accourut; le général n'avait pas même eu le temps de gagner un fauteuil, et était tombé presque sans connaissance sur le carreau.

» Cet accident n'avait rien de dangereux, produit qu'il était seulement par l'extrême fatigue; en effet, le sabre du général sortait de plus de quatre pouces du fourreau, tant il était ébréché et forcé.

» A l'aide de quelques spiritueux, nous le fîmes revenir à lui; mais ce qui le remit tout à fait, ce fut une pleine soupière de potage qu'on avait fait pour moi, et qu'il avala. Depuis six heures du matin qu'il se battait, il n'avait rien pris, et il était quatre heures de l'après-midi.

» Au reste, tout au contraire des autres, le général, à moins de surprise, se battait toujours à jeun.

» Le général Joubert entra dans ce moment et se jeta au cou du général.

» — En vérité, mon cher Dumas, lui dit-il, tu me fais frémir toutes les fois que je te vois monter à cheval et partir au galop à la tête de tes dragons. Je me dis toujours : « Il est im-» possible qu'il en revienne en allant de ce train-là ! » Aujourd'hui, tu as encore fait des merveilles, à ce qu'il paraît ! Voyons, ménage-toi ; que diable deviendrais-je si tu te faisais tuer ! Songe que nous avons encore du chemin à faire avant d'arriver à Villach (1).

» Le général était si faible, qu'il ne pouvait encore parler ; il se contenta de prendre Joubert par derrière la tête, de lui approcher le visage de son visage, et de l'embrasser comme on embrasse un enfant.

» Le lendemain, le général Joubert demanda pour le général Dumas un sabre d'honneur, attendu qu'il avait mis le sien hors de service à force de frapper sur les Autrichiens. »

Mon père ne s'était pas trompé, la leçon donnée aux deux généraux autrichiens était si rude, qu'ils ne revinrent ni l'un ni l'autre à la charge, de sorte que, huit jours après, le général Delmas, sans être inquiété, put rejoindre le gros de la division à Brixen.

Le lendemain de son arrivée, l'armée se mit en marche sur Lensk. On n'avait pas reçu de nouvelles de Bonaparte, on ignorait la position qu'il occupait. N'importe, on opérait au juger, et l'on pensait, en marchant vers la Styrie, se rapprocher de la grande armée.

(1) Rendez-vous et quartier général de Bonaparte.

La marche s'accomplit sans autres empêchements que ceux qu'opposèrent quelques escadrons de dragons de l'archiduc Jean, qui suivaient le corps d'armée. De temps en temps, Joubert détachait sur ces cavaliers mon père et ses dragons, et alors l'armée avait le spectacle d'une de ces charges qui faisaient *frémir* Joubert, lequel ne frémissait pas facilement cependant.

Dans une de ces charges, mon père avait fait un officier prisonnier, et, l'ayant reconnu pour un homme de bonne maison, il s'était contenté de sa parole d'honneur, de sorte que l'Autrichien, qui parlait parfaitement français, monté sur un des chevaux de Dermoncourt, caracolait et causait avec l'état-major. Voyant, le lendemain du jour où il avait été pris, son régiment qui suivait notre arrière-garde à cinq cents pas de distance, attendant, sans aucun doute, un moment opportun pour lui tomber dessus, il demanda à mon père la permission d'aller jusqu'auprès de ses anciens camarades afin de leur donner quelque commission pour sa famille. Mon père, qui savait qu'il pouvait se fier à sa parole, lui fit signe qu'il était parfaitement libre! Aussitôt, l'officier partit au galop, et en un instant, sans que personne des nôtres songeât même à lui demander où il allait, il eut franchi l'espace qui le séparait de ses anciens compagnons.

Après les avoir chargés de ses commissions, il prit congé d'eux et voulut revenir; mais alors l'officier qui commandait cette avant-garde lui fit observer qu'étant retombé entre les mains des soldats de l'Autriche, il n'était plus prisonnier des Français, et l'invita à rester avec eux et à nous laisser continuer notre route.

Mais l'officier répondit à toutes ces instigations :

— Je suis prisonnier sur parole.

Et, comme ses anciens camarades voulaient le retenir de force, il tira un pistolet de ses fontes et déclara que le premier qui porterait la main sur lui, il lui brûlerait la cervelle.

Et, en même temps, faisant demi-tour, il regagna au galop l'état major français.

Puis, s'approchant de Dermoncourt :

— Vous avez bien fait, dit-il, d'avoir eu assez de confiance en moi pour laisser vos pistolets dans vos fontes; car je leur dois d'avoir tenu ma parole d'honneur vis-à-vis de vous.

La marche continua avec la même tranquillité, et les deux généraux ne comprenaient pas trop cette inertie de la part des Autrichiens, lorsqu'ils apprirent les succès de la grande armée, qui marchait sur Vienne, et surent que les têtes de colonne de l'armée du Rhin étaient arrivées à Lensk.

Une seule fois, l'armée eut le spectacle, non pas d'un combat, mais d'une de ces rencontres à la manière de l'*Iliade*. Notre extrême arrière-garde, composée d'un brigadier et de quatre hommes, fut rejointe par l'extrême avant-garde de l'ennemi, composée d'un pareil nombre d'hommes et commandée par un capitaine. Aussitôt, il s'engagea une conversation entre les deux commandants. Le capitaine commença, dans notre langue, une conversation que le brigadier français ne trouva point de son goût. Le brigadier se prétendit offensé, et l'invita, puisqu'ils avaient chacun quatre témoins, à vider à l'instant même leur affaire. Le capitaine, qui était Belge, accepta. Les deux patrouilles s'arrêtèrent, et, dans l'intervalle formé entre elles, les champions en vinrent aux mains.

Le hasard avait fait que le brigadier était maître d'armes, et que le capitaine était très-fort sur le sabre; il résulta de cette double supériorité un spectacle des plus curieux : chaque coup porté était aussitôt paré, chaque parade amenait sa riposte. Enfin, après deux minutes de combat, les champions s'engagèrent de si près, que les sabres se trouvèrent poignée à poignée. Alors le brigadier, qui était très-vigoureux, jeta le sien, et prit le capitaine à bras-le-corps. Obligé de se défendre de la même manière qu'on l'attaquait, le capitaine à son tour fut forcé d'abandonner son arme et de soutenir la lutte dans les conditions où elle lui était présentée. Là commençait la supériorité du brigadier. Il fit vider les arçons du capitaine; mais, désarçonné lui-même par la violence du mouvement, il perdit l'équilibre et tomba avec son adversaire; seulement, il tomba dessus, et le capitaine dessous; en outre, en tombant, le capitaine, déjà touché légèrement d'un coup de sabre, se démit l'épaule. Il n'y avait pas moyen de faire plus longue résistance; le capitaine se rendit; puis aussitôt, fidèle à la parole engagée, il ordonna à sa troupe de ne pas bouger, ce que d'ailleurs elle était assez disposée à faire, les dragons tenant la carabine haute, et étant prêts à faire feu. Chacun tira de son côté : les Autrichiens s'en retournèrent sans chef, et les Français revinrent avec leur prisonnier.

C'était justement le capitaine du lieutenant que nous avions pris la veille; de sorte que le lieutenant, déjà familier avec tout notre état-major, put présenter son supérieur à mon père.

Mon père le reçut à merveille, et fit venir aussitôt le chirurgien-major, aux mains duquel il le remit.

Cette bonne réception, et les soins que mon père eut de ces deux officiers, eurent un résultat que l'on verra en son lieu et à sa place.

Cependant, il était déjà question du traité de Leoben, et un armistice avait même été conclu, lorsque arriva à notre état-major un commandant de dragons autrichiens porteur d'un sauf-conduit de l'état-major de l'armée du Rhin.

Ce commandant était justement le même qui avait fait demi-tour à la ferme de Clausen, lorsque, après avoir provoqué mon père, mon père avait marché sur lui.

Les deux prisonniers étaient des officiers sous ses ordres, et il venait leur apporter des effets et de l'argent.

Il remercia fort mon père des soins extrêmes qu'il avait eus de ses deux officiers, et, comme mon père l'avait invité à dîner, une fois à table, la conversation tourna vers cette aventure du plateau où tout un régiment avait battu en retraite devant deux hommes.

Mon père n'avait pas reconnu le commandant.

— Ma foi, dit-il, quant à moi, je n'ai regretté qu'une chose, c'est que le chef de cet escadron qui m'avait défié eût changé d'avis et n'eût pas jugé à propos de m'attendre.

Aux premières paroles dites sur ce sujet, Dermoncourt avait remarqué la gêne du chef d'escadron, et dès lors, le regardant plus attentivement, il l'avait reconnu pour le commandant auquel mon père avait eu affaire.

Il jugea donc à propos de couper court à la conversation en disant :

— Mais, général, vous ne reconnaissez donc pas monsieur?

— Ma foi, non, dit mon père.

— C'est que ce commandant...

— Eh bien?...

Dermoncourt fit un signe à l'officier, comme pour lui dire que c'était à lui de continuer la conversation.

L'officier comprit.

— C'est que ce commandant, c'était moi, général, dit-il en riant.

— Vraiment!

— Mais vous n'avez donc pas vu monsieur? demanda Dermoncourt à mon père.

— Ma foi, non, dit celui-ci; j'étais monté ce jour-là et furieux de ne pas pouvoir me donner un coup de sabre avec celui qui m'avait provoqué.

— Eh bien, celui qui vous a provoqué, général, dit le commandant, c'est moi. J'étais bien résolu, cependant; mais, lorsque je vous vis marcher sur moi, je me rappelai la façon dont je vous avais vu *travailler*, et le cœur me manqua. Voilà ce que j'avais besoin de vous dire à vous-même, général, et voilà pourquoi j'ai demandé une permission pour venir apporter l'argent et les effets de mes officiers. Je voulais voir de près un homme pour lequel j'ai une si grande admiration, que j'ose lui dire en face : « Général, j'ai eu peur de vous, et j'ai refusé le combat que je vous avais offert. »

Mon père lui tendit la main.

— Ma foi, s'il en est ainsi, commandant, ne parlons plus de cela; j'aime mieux maintenant que notre connaissance se soit faite à table qu'ailleurs. A votre santé, commandant.

On but, et la conversation passa à un autre sujet.

Cette conversation eut encore pour objet mon père et son beau fait d'armes de Clausen; les trois officiers avaient entendu raconter l'affaire du pont; on avait cru mon père tué; car, nous l'avons dit, son cheval l'avait été, et cette nouvelle avait fait grande sensation dans l'armée autrichienne.

Mon père, alors, parla des fameux pistolets qu'il regrettait et qu'il avait chargé Joubert de tirer, s'il était possible, des mains des Autrichiens, où, malgré cette recommandation, ils étaient restés.

Les trois officiers prirent bonne note de ce regret exprimé par mon père, et chacun résolut de se mettre en quête de ces armes précieuses, le commandant, aussitôt qu'il serait au camp, et les deux autres, aussitôt qu'ils seraient libres.

Grâce à mon père, cette liberté ne se fit point attendre : les deux officiers furent échangés contre des officiers français du même grade, et prirent congé de l'état-major avec des protestations de reconnaissance, dont l'un d'eux, au reste, ne tarda point à donner des preuves à mon père.

Huit jours après leur départ, un parlementaire, étant venu au camp français, et ayant demandé à parler à mon père, lui remit les pistolets tant regrettés par lui, et qui avaient été portés au général Kerpen lui-même, lequel, sur la demande de l'officier pris et blessé par mon père, les renvoyait avec un billet charmant.

Le surlendemain, mon père reçut de cet officier la lettre suivante :

« Monsieur le général,

» J'espère que vous avez reçu, par l'officier parlementaire qui est parti avant-hier d'ici, vos pistolets, que le lieutenant général, baron de Kerpen, vous a envoyés. J'ai reçu mon manteau, ce dont j'ai l'honneur de vous remercier, aussi bien que de toutes les bontés que vous avez eues pour moi. Soyez persuadé, général, que ma reconnaissance est sans égale et que je ne désirerais rien tant que d'avoir l'occasion de vous le prouver. Mes blessures commencent à se guérir, la fièvre m'a quitté. On nous donne les plus grandes espérances de paix. J'espère, d'ici à ce qu'elles se soient réalisées, être en état d'aller vous embrasser. Frossart (1), qui est tout épris de vous et du général Joubert, me charge de mille choses de sa part pour tous les deux.

» J'ai l'honneur d'être, avec les sentiments les plus distingués,

» Monsieur le général,

» Votre très-obéissant serviteur,

» Hat de Levis, capitaine.

» A Lientz, ce 20 avril 1797. »

Ce fut ainsi que mon père rentra en possession de ces fameux pistolets, tant regrettés par lui.

Qu'on me pardonne tous ces détails! Hélas! dans le mouvement rapide qui nous entraîne à travers les révolutions, nos mœurs changent, s'effacent, s'oublient, pour faire place à d'autres mœurs aussi mobiles que celles qu'elles remplacent. La révolution française avait imprimé à nos armées un cachet tout particulier; je le retrouve et j'en garde l'empreinte, comme on fait d'une médaille précieuse qui va se perdant sous la rouille, et dont on veut faire connaître le prix à ses contemporains, et le caractère à la postérité.

D'ailleurs, nous jugerions mal tous les hommes de la République, si nous les jugions par ceux qui ont survécu, et que nous avons connus sous l'Empire. L'Empire était une époque de vigoureuse pression, et c'était un rude batteur de monnaie que l'empereur Napoléon. Il fallait que toute monnaie fût frappée à son image, et que tout bronze fût fondu à sa fournaise; lui-même avait, en quelque sorte, donné l'exemple de la transfiguration. Rien ne ressemble moins au premier consul Bonaparte que l'empereur Napoléon, au vainqueur d'Arcole que le vaincu de Waterloo.

Donc, les hommes qu'il faut mouler quand nous voudrons donner une idée des mœurs républicaines sont ces hommes qui ont échappé au niveau de l'Empire par une mort préma-

---

(1) C'était un officier belge.

turée: c'est Marceau, c'est Hoche, c'est Desaix, c'est Kléber, c'est mon père.

Nés avec la République, ces hommes sont morts avec elle. Rien n'a changé dans ces hommes-là, pas même la forme des habits sous lesquels battaient leurs cœurs si braves, si loyaux, si républicains.

Mon père, Hoche et Marceau se trouvèrent un jour réunis à la même table. tous trois commandaient en chef; mon père était le plus vieux, il avait trente et un ans.

Les deux autres en avaient, l'un vingt-quatre, l'autre vingt-six.

Cela leur faisait soixante et onze ans à eux trois.

Quel avenir! si une balle n'eût pas emporté l'un, et le poison les deux autres.

X

Loyauté de Joubert envers mon père. — Envoyez moi Dumas. — Mon père est nommé gouverneur du Trévisan. — L'agent du Directoire. — Fêtes données à mon père à son départ. — Traité de Campo-Formio. — Retour à Paris. — Le drapeau de l'armée d'Italie. — L'ossuaire de Morat. — Charles le Téméraire. — Bonaparte est nommé membre de l'Institut. — Première idée de l'expédition d'Égypte. — Toulon. — Bonaparte et Joséphine. — Ce qu'on allait faire en Égypte.

Joubert devait à mon père une grande partie des succès de cette belle campagne du Tyrol. Aussi, loyal comme il l'était, fit-il pour son compagnon d'armes ce qu'en pareille circonstance son compagnon d'armes eût fait pour lui. Chaque rapport transmis à Bonaparte mettait sous les yeux du général en chef le nom de mon père entouré des éloges les plus pompeux. A entendre Joubert, tous les succès de la campagne, il les devait à l'activité et au courage de mon père. Mon père, c'était la terreur de la cavalerie autrichienne, c'était Bayard au moyen âge, et, si, ajoutait Joubert, par un de ces miracles qu'amène la révolution des siècles, il y avait alors deux Césars en Italie, le général Dumas en était un.

Il y avait loin de là à la conduite de Berthier, qui portait mon père en observation dans une campagne où il avait trois chevaux tués sous lui.

Aussi peu à peu Bonaparte revint-il sur le compte de mon père, et, Joubert étant allé faire, à Grætz, une visite au général en chef, celui-ci, en le quittant, lui dit ces seules paroles, qui, dans cette circonstance, étaient des plus significatives :

— A propos, envoyez-moi donc Dumas.

De retour à l'armée, Joubert se hâta de s'acquitter de la commission reçue. Mais mon père boudait de son côté, et il fallut toutes les amicales instances de Joubert pour le déterminer à se rendre à l'invitation de Bonaparte. Cependant il partit pour Grætz, mais se promettant, si Bonaparte ne le recevait pas comme il méritait d'être reçu, d'envoyer sa démission au Directoire.

Mon père était créole, c'est-à-dire à la fois plein de nonchalance, d'impétuosité et d'inconstance. Un profond dégoût des choses ardemment désirées le prenait aussitôt que ses désirs étaient accomplis. Alors l'activité qu'il avait déployée pour les obtenir s'éteignait tout à coup ; il tombait dans son insouciance et dans son ennui habituels, et, à la première contrariété, il parlait du bonheur de la vie champêtre comme le poëte antique dont il avait conquis la patrie, et envoyait sa démission au Directoire.

Heureusement, Dermoncourt était là. Dermoncourt, chargé d'envoyer cette démission, la glissait dans le tiroir de son bureau, mettait la clef du tiroir dans sa poche, et attendait tranquillement.

Au bout de huit jours, de quinze jours, d'un mois, la cause du dégoût momentané qui avait pris l'âme de mon pauvre père avait disparu. Une charge brillante, une manœuvre hardie couronnée du succès qu'elle méritait d'obtenir, avait ranimé l'enthousiasme au fond de ce cœur plein d'aspirations vers l'impossible, et, avec un soupir, il laissait tomber ces mots :

— Ma foi ! je crois que j'ai eu tort d'envoyer ma démission.

Ce à quoi Dermoncourt, qui guettait le mot, répondait :

— Soyez tranquille, général ; votre démission...

— Eh bien, ma démission?...

— Elle est là dans le tiroir, toute prête pour la première occasion : il n'y aura que la date à changer.

Ce fut donc en se promettant bien à lui-même d'envoyer directement cette fois sa démission au Directoire, au premier désagrément qu'il éprouverait de la part de Bonaparte, que mon père se présenta devant lui à Grætz.

Mais, en l'apercevant, Bonaparte ouvrit les bras :

— Salut, dit-il, à l'Horatius Coclès du Tyrol!

La réception était trop flatteuse pour que mon père tînt plus longtemps rancune; il tendit les bras de son côté, et l'accolade fraternelle fut donnée et rendue.

— Oh! quand je pense que je l'ai tenu dans mes bras et que je pouvais l'étouffer! disait sept ans après mon père, au moment où Bonaparte se faisait nommer empereur.

Bonaparte avait un but dans tout ce qu'il faisait; son but, en appelant près de lui mon père, était d'organiser dans son armée des divisions de cavalerie dont son armée manquait. Mon père eût été chargé de cette organisation; et, ces divisions établies, il les eût commandées.

En attendant, mon père fut nommé gouverneur de la province du Trévisan, dans laquelle Dermoncourt et lui se rendirent immédiatement.

Le nouveau gouverneur fut admirablement reçu dans cette magnifique province. Les plus beaux palais des plus riches sénateurs de Venise furent mis à sa disposition. Le Trévisan était à Venise ce que l'ancienne Baïa était à Rome, la maison de campagne d'une reine.

La municipalité offrit trois cents francs par jour à mon père pour la dépense de sa table et de sa maison. Mon père établit ses calculs avec Dermoncourt, — j'ai sous les yeux ces calculs, faits sur une carte même du Trévisan, — et reconnut que cent francs lui suffisaient.

Il n'accepta donc que cent francs.

Les pauvres Italiens n'étaient pas habitués à ces façons-là. Aussi ne comprenaient-ils rien à ce désintéressement. Longtemps encore, ils n'osèrent s'y fier. Ils attendaient toujours la promulgation de quelque contribution de guerre, de quelque impôt forcé, de quelque avanie enfin, comme on dit en Orient.

Un jour, ils crurent le moment fatal arrivé, et leur terreur fut grande. La présence d'un agent du gouvernement français, ayant mission de dévaliser les monts-de-piété italiens, avait été signalée : cet agent se présenta chez mon père pour lui faire part de sa mission.

Il n'y trouva que Dermoncourt.

Dermoncourt écouta tranquillement tous les projets de cet agent de rapines, toutes les offres de partage qu'il fit pour être transmises à mon père; puis, quand il eut fini :

— Comment êtes-vous venu ici? lui demanda-t-il.

— Mais en poste.

— Eh bien, si j'ai un conseil à vous donner, c'est de repartir comme vous êtes venu, sans même voir le général.

— Et pourquoi? demanda le voyageur.

— Mais parce qu'il est brutal en diable à l'endroit de certaines propositions.

— Bah! je les lui ferai si belles, qu'il les écoutera.

— Vous le voulez absolument?

— Mais oui.

— Essayez.

Mon père entrait juste à ce moment-là.

L'agent demanda à rester seul avec lui.

Mon père interrogea de l'œil Dermoncourt, qui lui fit stoïquement signe d'accorder l'audience demandée.

Resté seul avec mon père, l'agent du Directoire exposa longuement sa mission ; puis, voyant que mon père l'écoutait sans répondre, il passa de l'exposition au fait et du fait à la péroraison. La péroraison, c'était la part du pillage qui revenait à mon père.

Mais mon père ne le laissa pas achever.

Il le prit au collet, l'enleva à bras tendu, ouvrit la porte au milieu de son état-major, qui, réuni par Dermoncourt, attendait la fin de cette scène.

— Messieurs, dit-il, regardez bien ce petit gueux-là afin de le reconnaître, et, si jamais il se représente à mes avant-postes, dans quelque partie du monde que je me trouve, faites-le fusiller, sans même me déranger pour me dire que justice est faite.

L'agent du Directoire n'en demanda pas davantage; il disparut, et mon père compta un implacable ennemi de plus.

Ces spoliations étaient communes en Italie; mais celles des monts-de-piété étaient, en général, les plus lucratives dans ces temps de gêne et de misère. Presque tous les bijoux, tous les diamants et toute l'argenterie des grands seigneurs italiens étaient au mont-de-piété. Beaucoup même, forcés par les événements politiques de quitter leur pays, y faisaient porter, comme dans un dépôt inviolable, tout ce qu'ils avaient de plus précieux.

Puis arrivait un agent du Directoire qui, avec un pouvoir vrai ou faux, — certains gouverneurs n'y regardaient pas de si près, — faisait rafle complète, établissait d'abord la part du général, la sienne ensuite, puis envoyait le reste au gouvernement.

Un des agents les plus connus de cette époque avait reçu le nom prédestiné de Rapinat. Il exerçait principalement dans la Lombardie.

On avait fait sur lui ces quatre vers :

> Le Milanais, que l'on ruine,
> Voudrait bien que l'on décidât
> Si Rapinat vient de *rapine*
> Ou rapine de *Rapinat*.

Aussi, lorsque, après deux mois de résidence dans le pays, mon père quitta le gouvernement du Trévisan pour aller prendre celui de la Polésine, dont le siége est à Rovigo, trouva-t-il à la porte du palais une excellente voiture attelée de quatre chevaux et le cocher sur le siége qui l'attendait.

C'était un cadeau de la ville de Trévise.

Mon père voulait refuser ; mais ce cadeau était offert de si bonne grâce et avec une telle insistance, qu'il lui fallut accepter.

En outre, les municipalités voisines lui remirent une douzaine d'adresses au milieu desquelles nous en prenons deux au hasard.

« *Au citoyen général Dumas, commandant le Trévisan, les municipalités de Mestre, de Noale, de Castel-Franco et d'Asolo.*

» Les soussignés, représentant les municipalités ci-dessus, sont unanimement et particulièrement chargés de se rendre auprès de vous, citoyen général, pour vous témoigner combien elles sont sensibles et reconnaissantes de la douceur et de la sagesse de votre gouvernement. Plût au ciel que leurs moyens égalassent leur admiration et leur reconnaissance ! Quel bonheur pour elles de pouvoir vous en donner des marques dignes de votre mérite et de vos vertus ! Mais, si, dans l'épuisement et dans la détresse où elles se trouvent, elles ne peuvent suivre les élans de leur âme, elles se flattent néanmoins que votre sensibilité et votre magnanimité agréeront ce faible témoignage qu'elles viennent offrir à leur protecteur et à leur père.

» Continuez, généreux commandant, à nous protéger. Jetez toujours vos yeux paternels sur vos enfants : c'est de votre cœur que nous attendons tous les soulagements possibles.

» Nous sommes avec la plus haute considération,

» Henri-Antoine Reinati, *président et provéditeur;* Jean Allegri, *président de la municipalité de Noale;* François Bellamini, *président de la municipalité d'Asolo;* Philippe de Ricoidi, *vice-président de la municipalité de Mestre.*

» Castel-Franco, le 2 messidor, cinquième année de la République française une et indivisible, et deuxième de la liberté italienne. »

LIBERTÉ — ÉGALITÉ — VERTU.

« *La municipalité d'Adria au citoyen Alexandre Dumas, général de division,*

« Le 9 nivôse 1797, l'an v de la République française une et indivisible, et deuxième de la liberté italienne.

» Cette municipalité, général, ne saurait arriver à vous exprimer toutes les obligations qu'elle vous a, pour les actes de faveur dont vous avez daigné la combler en diverses circonstances, surtout en la soulageant par le retrait des troupes, et encore plus par le remboursement des sommes injustement perçues par le général L***.

» La municipalité, reconnaissante de vos bontés pour elle, saisit cette occasion de vous offrir un cheval, vous priant de l'accepter comme un faible hommage et un gage assuré de toutes les obligations qu'elle vous doit.

» Nous sommes, général, avec une sincère estime...

» Salut et fraternité.

» Lunali, *président;* Lardi, *secrétaire général.* »

Comme on le voit, ce fut un véritable désespoir lorsque mon père quitta le Trévisan; le deuil fut général; la ville de Trévise voulait envoyer une députation au général en chef Bonaparte pour qu'on lui laissât son gouverneur. Quand elle eut perdu tout espoir de le conserver, on lui demanda dix jours, qui furent employés à des fêtes continuelles; puis, l'heure du départ arrivée, tout ce qu'il y avait de distingué dans la ville reconduisit mon père jusqu'à Padoue, où les fêtes recommencèrent.

Pendant huit autres journées, ces adieux furent prolongés. Les huit premières maisons de la ville se chargèrent chacune d'une fête; chaque jour, mon père changeait de domicile, et allait habiter pour toute la journée et toute la nuit chez le sénateur traitant.

Au reste, en arrivant à Rovigo, capitale de son nouveau gouvernement, mon père trouva une réception pareille aux adieux qui l'avaient accompagné à son départ. Les habitants de la Polésine avaient été prévenus par ceux du Trévisan, et savaient d'avance à quoi s'en tenir sur leur nouveau gouverneur.

C'était dans la Polésine, pays fertile en grains, province riche en fourrages, que Bonaparte avait réuni les escadrons de cavalerie dont il voulait former une division, et qu'il chargeait mon père d'organiser.

A son arrivée, mon père régla, comme il l'avait fait dans le Trévisan, la dépense de sa table et de sa maison à cent francs par jour, ordonnant expressément aux municipalités de n'autoriser aucune fourniture et de ne répondre à aucune réquisition sans son approbation.

Mon père habitait depuis quelque temps Rovigo, lorsque, les négociations du congrès traînant en longueur, Bonaparte, pour en finir, résolut de réunir son armée et de se porter sur le Tagliamento. Mon père rejoignit donc sa division et demeura sur le fleuve jusqu'au 18 octobre 1797, époque à laquelle la paix fut signée au village de Campo-Formio.

Huit jours après, mon père revenait à Rovigo.

Par cette paix de Campo-Formio, qui terminait la campagne de 1797, campagne dans laquelle l'expédition du Tyrol faite par mon père et Joubert tient une si glorieuse place, l'Autriche cédait à la France la Belgique avec Mayence, Mannheim et Philipsbourg, et à la république cisalpine la Lombardie autrichienne.

Les États de Venise étaient partagés.

Corfou, Zante, Céphalonie, Sainte-Maure, Cerigo et les îles dépendantes, avec l'Albanie, étaient cédées à la France. L'Istrie, la Dalmatie, les îles de l'Adriatique, la ville de Venise et les États de terre ferme jusqu'à l'Adige, au Tarano et au Pô, étaient abandonnés à l'empereur d'Autriche, qui se trouvait ainsi maître du golfe Adriatique.

Le reste des États de terre ferme était donné à la république cisalpine, reconnue par l'empereur.

Pauvre municipalité d'Adria, qui, dans son adresse à mon père, datait de l'an II de la liberté italienne!

Pendant ce séjour sur le Tagliamento, séjour qui, comme nous l'avons dit, avait pour but de presser les négociations autrichiennes, mon père allait dîner trois fois par semaine au quartier général de Bonaparte.

Ce fut là qu'il fit connaissance plus sérieuse avec Joséphine, qu'il avait déjà rencontrée à Milan, et qui lui conserva, même après sa disgrâce, une vive amitié, une amitié de créole à créole.

D'un autre côté, on se réunissait une fois par semaine à Udine. C'était Bernadotte qui commandait dans cette ville; après le spectacle, on établissait, comme nous faisons en France, un plancher dans la salle, et l'on dansait toute la nuit.

Bonaparte, comme on le comprend bien, dansait peu; mais mon père, mais Murat, mais Clarke, mais les jeunes aides de camp dansaient beaucoup.

Le lendemain de la signature du traité de Campo-Formio, le bal fut ouvert par un quadrille composé de Joséphine dansant avec Clarke; de madame Pauline Bonaparte, dansant avec Murat; de mademoiselle Caroline Bonaparte, dansant avec Dermoncourt, et de madame César Berthier, dansant avec mon père.

Le traité de Campo-Formio signé, Bonaparte partit pour Paris, et descendit dans sa petite maison de la rue de la Victoire, qu'il venait d'acheter à Talma.

C'est là que fut rêvée et mise à exécution la campagne d'Égypte.

Bonaparte, avec plus de succès que le héros carthaginois, venait de faire en Italie à peu près ce qu'avait fait Annibal. Il lui restait à faire en Orient ce qu'y avaient fait Alexandre et César.

Mais, auparavant, Bonaparte avait acquitté envers mon père et envers Joubert une dette de reconnaissance.

Il avait présenté mon père au Directoire exécutif comme l'*Horatius Coclès du Tyrol*, et il avait chargé Joubert d'offrir aux chefs du gouvernement *le drapeau de l'armée d'Italie.*

Ce drapeau de l'armée d'Italie était plus qu'un drapeau ; c'était un monument, monument fabuleux de cette fabuleuse campagne.

Sur une de ses faces étaient inscrits ces mots :

A L'ARMÉE D'ITALIE LA PATRIE RECONNAISSANTE.

L'autre face portait l'énumération des combats livrés et des places prises ; puis des inscriptions abrégées, simples et magnifiques, de la campagne qui venait de s'accomplir.

En passant à Mantoue, Bonaparte s'y était arrêté. Il avait visité le monument que le général Miollis élevait à Virgile, et avait fait célébrer une fête militaire en l'honneur de Hoche, qui venait de mourir, selon toute probabilité, empoisonné.

Bonaparte traversa la Suisse ; en sortant de Moudon, où on lui avait fait une réception brillante, sa voiture s'était brisée.

Il continua sa route à pied ; et, près de l'ossuaire de Morat, qui n'était pas encore détruit par Brune :

— Où était le champ de bataille du duc de Bourgogne ? demanda cet autre Téméraire, qui, lui aussi, devait avoir son ossuaire.

— Là, général, lui dit un officier suisse en lui montrant ce qu'il désirait voir.

— Combien avait-il d'hommes ?

— Soixante mille, sire.

— Comment a-t-il été attaqué ?

— Par les Suisses descendus des montagnes voisines, et qui, à la faveur d'un bois qui existait alors, ont tourné les Bourguignons.

— Comment ! s'écria-t-il, Charles le Téméraire avait soixante mille hommes, et il n'a pas occupé ces montagnes ?

Et le vainqueur de l'Italie haussa les épaules.

— Les Français d'aujourd'hui combattent mieux que cela, dit Lannes.

— Dans ce temps-là, dit brusquement Bonaparte, les Bourguignons n'étaient pas Français.

Et, comme on lui amenait en ce moment sa voiture raccommodée, il monta dedans et s'éloigna avec rapidité.

Bonaparte n'était pas sans inquiétude sur la position qu'il s'était faite lui-même par une suite de victoires inouïes. Il avait bien été accueilli à Paris en triomphateur; toute la salle du Théâtre-Français s'était bien levée en criant : « Vive Bonaparte ! » quand on avait su qu'il assistait à la seconde représentation d'*Horatius Coclès ;* mais toutes ces ovations ne l'aveuglaient pas.

Le même soir, il disait à Bourienne :

— On ne conserve à Paris le souvenir de rien. Si je reste longtemps sans rien faire, je suis perdu : une renommée dans cette grande Babylone en remplace une autre. On ne m'aura pas plus tôt vu trois fois au spectacle, comme on m'y a vu ce soir, que l'on ne me regardera plus.

Quelques jours après, il fut nommé membre de l'Institut, classe des sciences et des arts : cette nomination lui fut très-sensible.

Toutes ces ovations aux spectacles, toutes ces réceptions à l'Institut étaient bonnes pour distraire un esprit aussi actif que celui de Bonaparte ; mais elles ne pouvaient pas lui suffire.

Aussi en revint-il à son idée favorite : l'Orient.

— L'Europe est une taupinière, disait-il un jour en se promenant avec Bourienne, César Berthier et mon père à Pancriano ; il n'y a jamais eu de grands empires et de grandes révolutions qu'en Orient, où vivent six cents millions d'hommes.

Déjà, dans le mois d'août 1797, il écrivait au Directoire :

« Le temps n'est pas éloigné où nous sentirons que, pour détruire véritablement l'Angleterre, il faudrait nous emparer de l'Égypte. »

Cependant, — soit pour cacher son dessein, soit qu'il crût réellement à la possibilité d'une descente en Angleterre, — le

10 février 1798, il partit pour le Nord, où il visita Boulogne, Ambleteuse, Calais, Dunkerque, Furnes, Nieuport, Ostende et l'île de Walcheren ; mais, en revenant de cette tournée, il disait à Bourienne :

— C'est un coup de dé trop chanceux ; je ne le hasarderai pas.

L'idée de l'expédition d'Égypte était-elle venue d'elle-même à Bonaparte, ou avait-il retrouvé dans les cartons du duc de Choiseul la proposition que ce ministre fit à Louis XV d'un projet pareil? C'est ce qu'il est impossible de préciser. Au reste, le Directoire ne mit aucune opposition au désir de cet autre Cambyse. Il était jaloux de sa gloire, et il sentait que l'ombre projetée sur lui par le vainqueur d'Arcole et de Rivoli était mortelle comme celle de l'upas.

Le 12 avril 1798, Bonaparte fut nommé général en chef de l'armée d'Orient.

— Combien de temps resterez-vous en Égypte, général? lui demanda son secrétaire en le félicitant sur sa nomination.

— Six mois, ou six ans, répondit Bonaparte ; tout dépend des événements. Je coloniserai ce pays ; je ferai venir des artistes, des ouvriers de tout genre, des femmes, des acteurs, des poëtes. Je n'ai que vingt-neuf ans, j'en aurai trente-cinq ; ce n'est pas un âge. Ces six ans me suffisent, si tout me réussit, pour aller dans l'Inde aussi loin qu'Alexandre.

Le 19 avril, Bonaparte annonça son départ pour Toulon.

Le 4 mai, il quitta Paris, accompagné de Joséphine.

Le 8, il arriva à Toulon.

Sept régiments de la division de mon père avaient été dirigés sur Toulon. Arrivé dans cette ville avant Kléber et avant Bonaparte, mon père prit le commandement en chef des troupes de l'expédition, commandement qu'il rendit à Kléber, comme à son ancien, lorsque Kléber arriva à son tour.

Toulon était pour Bonaparte une ville de souvenirs : c'était de Toulon que l'aigle avait pris son vol. Le jour de son arrivée, il alla faire une promenade au bord de la mer et visita le Petit-Gibraltar.

A peine avait-il eu le temps de voir mon père; mais, dans ce peu de temps, il lui avait dit :

— Venez me voir demain matin d'aussi bonne heure que vous voudrez.

A six heures du matin, le lendemain, mon père traversait la place d'armes pour se rendre chez Bonaparte, quand il rencontra Dermoncourt.

— Où diable allez-vous donc si matin, général? demanda celui-ci.

— Viens avec moi, lui répondit mon père, et tu le sauras.

Tous deux se mirent en route.

En approchant du lieu de la destination :

— Ce n'est pas chez Bonaparte que vous allez, général? demanda Dermoncourt.

— Si fait.

— Mais il ne vous recevra pas.

— Pourquoi donc?

— Parce qu'il est de trop bonne heure.

— Oh! cela ne fait rien.

— Vous le trouverez couché.

— C'est probable.

— Couché avec sa femme : il l'aime comme un bourgeois.

— Tant mieux! Cette bonne Joséphine, je serai heureux de la revoir.

Et mon père entraîna Dermoncourt, moitié désireux, moitié craintif de voir ce qui allait se passer.

En somme, il se doutait bien que mon père avait audience particulière. Il le suivit.

En effet, mon père prit un escalier, suivit un couloir, ouvrit une petite porte, poussa un paravent et se trouva, avec Dermoncourt qui le suivait toujours, dans la chambre de Bonaparte.

Celui-ci était couché avec Joséphine, et, comme il faisait très-chaud, tous deux n'étaient couverts que d'un seul drap qui dessinait leurs corps.

I. 8.

Joséphine pleurait; Bonaparte, d'une main, lui essuyait les yeux, et, de l'autre, battait en riant une marche militaire sur la partie du corps de Joséphine qui était tournée vers la ruelle.

— Ah! pardieu! Dumas, dit-il en apercevant mon père, vous arrivez bien; vous allez m'aider à faire entendre raison à cette folle. Ne veut-elle pas venir en Égypte avec nous? Est-ce que vous emmenez votre femme, vous?

— Ma foi, non, dit mon père; et je crois qu'elle m'embarrasserait fort.

— Eh bien, tu vois; tu ne diras pas que Dumas est un mauvais mari, qu'il n'aime pas sa femme et sa fille! Écoute: ou je serai de retour dans six mois, ou nous serons là-bas pour quelques années.

Les pleurs de Joséphine redoublèrent.

— Si nous sommes là pour quelques années, la flotte reviendra nécessairement prendre une vingtaine de mille hommes sur les côtes d'Italie. Retourne à Paris, préviens madame Dumas, et, de ce convoi-là, par exemple, vous en serez. Cela vous va-t-il, Dumas?

— Parfaitement, répondit mon père.

— Une fois là-bas, ma bonne Joséphine, Dumas, qui ne fait que des filles, et moi qui n'en fais même pas, nous ferons tout ce que nous pourrons pour faire chacun un garçon; si nous faisons un garçon, il en sera le parrain avec sa femme; s'il fait un garçon, j'en serai le parrain avec toi. Allons, c'est dit, ne pleure plus et laisse-nous causer d'affaires.

Puis, se tournant vers Dermoncourt.

— Monsieur Dermoncourt, lui dit Bonaparte, vous venez d'entendre prononcer un mot qui vous indique le but de notre expédition. Ce but personne ne le connaît; que le mot *Égypte* ne sorte donc pas de votre bouche; vous comprenez, en pareille circonstance, l'importance d'un secret.

Dermoncourt fit signe qu'il serait muet comme un disciple de Pythagore.

Joséphine se consola, et même, s'il faut en croire Bourienne, se consola trop.

En sortant de chez Bonaparte, mon père rencontra Kléber qui allait y entrer.

— Tu ne sais pas ce que nous allons faire là-bas ? dit-il.

— Nous allons faire une colonie.

— Non. Nous allons refaire une royauté.

— Oh ! oh ! dit Kléber, il faudra voir.

— Eh bien, tu verras.

Et, là-dessus, les deux amis se quittèrent.

Le 19 mai, on mit à la voile.

XI

Traversée. — Débarquement. — Prise d'Alexandrie. — *Le Chant du Départ* et le concert arabe. — Les prisonniers... épargnés. — Marche sur le Caire. — Le rhum et le biscuit. — Les pastèques de mon père. — L'Institut scientifique. — Bataille des Pyramides. — Mise en scène de la victoire. — Lettre de mon père rétablissant la vérité.

Bonaparte montait *l'Orient,* magnifique bâtiment de cent vingt canons.

En sortant du port, *l'Orient,* qui, par son énorme chargement, tirait trop d'eau, toucha le fond ; ce qui occasionna un instant de trouble dans la flotte.

Le contre-maître du *Guillaume-Tell,* bâtiment sur lequel était monté mon père, secoua tristement la tête : ce contre-maître se nommait Boyer.

— Qu'y a-t-il donc, Boyer ? demanda mon père.

— Il y a, général, qu'il arrivera malheur à la flotte.

— Et pourquoi cela ?

— Parce que le bâtiment amiral a touché ; voyez-vous, cela, c'est immanquable !

Mon père haussa les épaules.

Deux mois après, la flotte était détruite à Aboukir.

On connaît tous les détails de la traversée : on prit Malte en passant, Malte l'imprenable !

Aussi, en visitant les fortifications avec Bonaparte, Caffarelli ne put s'empêcher de lui dire :

— Ma foi, général, vous êtes bien heureux qu'il y ait eu quelqu'un dans la citadelle pour vous en ouvrir les portes.

Bonaparte mit en liberté les prisonniers turcs : c'était une avance faite au Grand Seigneur.

La flotte quitta Malte le 19 juin, et fit voile vers Candie.

Nelson était à Messine avec la flotte anglaise : il y apprit la prise de Malte. Convaincu que Bonaparte faisait voile pour l'Égypte, il se dirigea tout droit vers Alexandrie.

Pendant la nuit du 22 au 23 juin, la flotte anglaise passa à six lieues à peu près de la flotte française. Elle ne vit rien, et, tandis que nous appuyions au nord, elle, appuyant au sud, arriva trois jours avant nous à Alexandrie.

Voyant qu'il n'y avait pas trace de notre passage, et ayant appris qu'aucun bâtiment n'avait été signalé, Nelson pensa que notre expédition était destinée à conquérir l'Asie, et se dirigea rapidement vers Alexandrette de Syrie.

Cette erreur sauva l'expédition, qui, arrivée à hauteur de Candie, prit les vents étésiens, et marcha directement vers le sud.

Le 1er juillet, au point du jour, on aperçut la terre, et, s'élançant au-dessus des ruines et des maisons blanches, la colonne de Septime Sévère.

Bonaparte comprenait à quel danger il venait d'échapper : c'était par miracle que nous n'avions pas été vus de la flotte anglaise. Il donna l'ordre de débarquer sans retard.

La journée fut employée à cette importante opération, et, quoique la mer fût houleuse, elle s'exécuta sans accident grave.

Seulement, en arrivant à terre, une vingtaine d'hommes, ayant cru apercevoir une fontaine, se mirent à courir dans l'intérieur du pays, et furent entourés par une tribu bédouine.

Leur capitaine fut tué.

C'était un mauvais début ! Aussi Bonaparte fit-il un ordre du jour des plus sévères contre les traînards, tout en promettant une récompense de cent piastres à chaque Arabe qui ramènerait un prisonnier.

Cent piastres turques, on le sait, font vingt-cinq francs à peine; mais Bonaparte pensait qu'il ne fallait pas gâter les Bédouins.

Comme on le verra plus tard, il avait raison.

La cavalerie n'avait pu débarquer, à cause du gros temps; Bonaparte résolut de ne pas l'attendre, et, vers trois heures du matin, on se mit en marche pour Alexandrie, avec les trois divisions Kléber, Bon et Moreau.

Mon père, son fusil de chasse à la main, se mit à la tête des carabiniers de la 4e demi-brigade légère.

On ne trouva aucun obstacle sur la route jusqu'au moment où l'on vint se heurter aux murs d'Alexandrie, défendus par les Turcs.

Un des premiers coups fut pour Kléber : au moment où il commandait l'attaque, une balle l'atteignit à la tête.

La résistance d'Alexandrie ne fut pas sérieuse : au bout d'une heure de combat, la ville était prise.

Mon père était entré un des premiers à Alexandrie, et sa grande taille et son teint brun, à peu près de la nuance de celui des Arabes, avaient fait une vive impression sur les indigènes. On raconta ce fait à Bonaparte, et, comme il tirait parti de tout, il fit venir mon père.

— Général, lui dit-il, prenez une vingtaine de mes guides, et portez-vous avec eux au-devant de la tribu arabe qui me ramène les prisonniers. Je tiens à ce que vous soyez le premier général qu'ils voient, le premier chef à qui ils aient affaire.

Mon père partit au galop, et rencontra ceux qu'il cherchait à un quart de lieue à peu près de la ville. Il leur annonça aussitôt, par l'organe de son drogman, qu'ils pouvaient se présenter chez le général en chef, qui les verrait avec plaisir et les récompenserait selon la promesse faite.

Bonaparte ne s'était pas trompé : mon père devint à l'instant même l'objet de l'admiration de ces hommes de la nature, et, comme il ne cherchait point à les écarter, il entra pêle-mêle avec eux dans Alexandrie.

Bonaparte les reçut tous dans un grand salon donnant sur la mer, leur fit distribuer ses proclamations traduites en arabe, et leur offrit un repas dans la préparation duquel on eut soin de ne blesser en rien les coutumes du pays.

Ils acceptèrent avec satisfaction, s'accroupirent et commencèrent à tirer à pleines mains, chacun de son côté.

Au milieu du repas, la musique réunie de trois régiments d'infanterie fit éclater tout à coup *le Chant du Départ*.

Quoique l'explosion fût à la fois terrible et inattendue, pas un des Arabes ne tressaillit, et chacun continua de manger, malgré l'effroyable tintamarre que faisaient ces cent vingt musiciens.

Lorsque l'air fut fini, Bonaparte leur demanda si cette musique leur plaisait.

— Oui! répondirent-ils; mais nous avons la nôtre, qui vaut mieux.

Bonaparte désira alors entendre cette musique, si supérieure à la musique française. Trois Arabes quittèrent aussitôt le repas; deux prirent des espèces de tambours, l'un qui ressemblait à la boutique d'un marchand d'oublies, l'autre à un potiron coupé par la moitié; le troisième s'empara d'une espèce de guitare à trois cordes, et le concert arabe commença, faisant gravement concurrence au concert français.

Bonaparte leur adressa de grands compliments sur leur musique, leur fit donner la récompense promise, et, de part et d'autre, on se jura amitié.

Une dizaine d'hommes manquaient à l'appel. Les Bédouins étaient en train de décapiter leurs prisonniers et avaient déjà accompli le tiers de leur besogne, lorsqu'ils apprirent qu'il y avait cent piastres de récompense pour chaque prisonnier ramené vivant. En hommes qui mettent les affaires en première ligne et font passer le commerce avant tout, ils s'interrompirent à l'instant même, et se contentèrent de se livrer sur leurs prisonniers à un autre divertissement moins cruel, mais plus extraordinaire, aux yeux des captifs, que celui qu'ils avaient craint d'abord.

Il en résulta que, lorsque Bonaparte fit venir ces prisonniers devant lui pour les interroger, il fut tout étonné de les voir rougir, se détourner, balbutier comme des jeunes filles honteuses. Enfin, pressé par les instances du général en chef, qui, entendant toujours parler des malheurs arrivés aux captifs, voulait absolument savoir quels étaient ces malheurs, un vieux soldat lui raconta en pleurant de colère qu'il lui était arrivé, à lui et à ses compagnons, ce qui serait arrivé aux anges du Seigneur, entre Sodome et Gomorrhe, si ceux-ci, qui avaient sur nos grenadiers l'avantage d'avoir des ailes, n'étaient pas remontés au ciel sans perdre un instant.

— Imbécile! dit Bonaparte en haussant les épaules, te voilà bien malade... Allons, allons! remercie le ciel d'en être quitte à si bon marché, et ne pleure plus.

Le malheur des prisonniers fit grand bruit dans l'armée et ne servit pas peu à maintenir la discipline, qu'il eût été plus difficile de faire observer si les soldats n'eussent eu à craindre que d'avoir la tête coupée.

Bonaparte resta sept jours à Alexandrie.

Le premier jour, il passa en revue l'armée.

Le second jour, il donna l'ordre à l'amiral Brueys de faire entrer la flotte dans le vieux port d'Alexandrie ou de la conduire à Corfou.

Le troisième jour, il fit sa proclamation aux habitants et donna l'ordre à Desaix de marcher sur le Caire.

Le quatrième jour, il fit graver sur la colonne de Pompée les noms des hommes tués devant Alexandrie, et fit enterrer leurs corps au pied de ce monument.

Le cinquième jour, le général Dugua s'empara d'Aboukir.

Le sixième jour, on prit Rosette, et, tandis qu'on organisait le flottille, l'armée se mit en marche sur le Caire.

Desaix, parti le premier, fut le premier atteint par le découragement. — Je cite Desaix, parce que le dévouement de Desaix à Bonaparte est inattaquable.

Eh bien, le 15 juillet, Desaix écrivait à Bonaparte, du Bakahireh :

« De grâce, ne nous laissez pas dans cette position! la troupe se décourage et murmure ; faites-nous avancer ou reculer à toutes jambes. Les villages ne sont que des huttes absolument sans ressources. »

Au moment du départ, l'armée reçut pour quatre jours de vivres. Malheureusement, on eut l'imprudence d'y ajouter pour quatre jours de rhum. Il résulta de cette adjonction du liquide au solide que, pendant les premières heures de marche dans le désert qui sépare Alexandrie de Damanhour, les soldats, mourant de soif, mais n'éprouvant pas encore les atteintes de la faim, commencèrent par entamer le rhum, et revinrent si souvent au bidon qui le renfermait, qu'à moitié de l'étape, le bidon était vide et le soldat ivre.

Plein de cette confiance dans l'avenir que donne l'ivresse, le soldat se figura qu'il n'aurait plus jamais faim, et commença, pour alléger son sac, à semer son riz et à jeter son biscuit.

Les chefs s'aperçurent de ce qui se passait, et donnèrent ordre de faire halte.

Cette halte de deux heures suffit à dissiper les premières fumées de l'alcool. On se remit en marche, regrettant déjà l'imprudence commise. Vers cinq heures du matin, cette faim qu'on croyait disparue à jamais commença de se faire cruellement sentir. On se traîna péniblement jusqu'à Damanhour, où l'on arriva le 9, à huit heures du matin.

On avait quelque espoir de trouver des vivres dans cette ville ; mais elle était entièrement évacuée. On fouilla toutes les maisons, et, comme la moisson s'achevait, on trouva un peu de froment battu ; mais les moulins à bras, à l'aide desquels les Arabes moulent leur blé, étaient tout disloqués et avaient été avec intention mis hors d'usage. On en monta plusieurs, et l'on parvint à se procurer un peu de farine, mais en si petite quantité, que, si l'on en eût fait la distribution, chaque homme n'en eût pas reçu une demi-once.

Ce fut alors que le découragement commença à se mettre dans l'armée, et que la faim, cette mauvaise conseillère, se hasarda de souffler la rébellion aux soldats et même aux chefs.

On se remit en marche pour Rhamanieh, au milieu du découragement et des murmures. Cependant, comme le soldat ne pouvait s'en prendre qu'à lui puisqu'il s'était dépouillé lui-même, il lui fallut bien patienter. On arriva, mourant de faim, à Rhamanieh.

Là, on apprit que l'on séjournerait le 11 et le 12, pour attendre des vivres commandés dans le Delta, et qui arrivèrent effectivement.

Ces vivres frais, et le voisinage du Nil, dans lequel les soldats se plongeaient au fur et à mesure qu'ils arrivaient, rendirent un peu de courage à l'armée.

Mon père, qui s'était procuré deux ou trois pastèques, avait invité quelques généraux de ses amis à venir les manger sous sa tente. On se rendit à son invitation.

Nous avons vu comme avait mal débuté la campagne et combien on avait déjà souffert depuis le départ d'Alexandrie. L'Égypte, qu'on avait vue de loin comme un large ruban d'émeraude déroulé à travers le désert, apparaissait, non plus avec son abondance antique qui en faisait le grenier du monde, mais avec sa pauvreté moderne, ses populations fuyantes, ses villages déserts et ruinés.

On a entendu les plaintes de Desaix : ces plaintes étaient celles de toute l'armée.

La réunion sous la tente de mon père, réunion qui avait pour but de manger trois pastèques, prit, au bout de quelques instants, et quand chacun eut mis sa mauvaise humeur en commun, un aspect politique.

Que venait-on faire dans ce pays maudit, qui avait successivement dévoré tous ceux qui avaient voulu le conquérir, depuis Cambyse jusqu'à saint Louis? Était-ce une colonie qu'on voulait y fonder? A quel propos quitter la France, son soleil qui réchauffe sans brûler, ses grands bois, ses plaines fertiles, pour ce ciel de feu, pour ce désert sans abri, pour ces plaines brûlées? Était-ce une royauté que Bonaparte voulait se tailler en Orient, à l'instar des anciens proconsuls? Alors fallait-il au moins demander aux autres généraux s'ils voulaient se contenter d'être les chefs de ce nouveau satrape ; de pareils projets pouvaient réussir avec les armées antiques, composées d'affranchis ou d'esclaves, et non avec des patriotes de 1792, qui étaient, non pas les satellites d'un homme, mais les soldats de la nation.

N'y avait-il dans toutes ces récriminations que de simples murmures arrachés par la souffrance? ou était-ce déjà un commencement de rébellion contre la future ambition de l'homme du 18 brumaire? C'est ce qu'il eût peut-être été difficile de dire à ceux-là mêmes qui prirent part à cette réunion, mais c'est ce qui fut dénoncé à Bonaparte comme une grave atteinte à son autorité, par un général qui avait crié plus haut que tous les autres pour trouver les pastèques de mon père très-bonnes et les intentions du général en chef très-mauvaises.

Quoi qu'il en soit, ce fut à Rhamanieh, et sous la tente de mon père, que commença cette opposition à laquelle Kléber donna tant de force en s'y ralliant.

Le 12, la flottille, commandée par le chef de division Perrée, arriva de Rosette.

Perrée montait *le Cerf*.

Bonaparte plaça sur le bâtiment monté par Perrée tous les membres de la commission scientifique : Monge, Fourrier, Costa, Berthollet, Dolomieu, Tallien, etc.

Ils devaient remonter le Nil parallèlement à l'armée française ; leurs chevaux servaient à compléter un petit corps de cavalerie.

On sait comment cette flottille, poussée par le vent, marcha plus rapidement que l'armée, fut attaquée par la flottille turque et fusillée des deux côtés du Nil par les fellahs. L'ordonnateur Sussy, qui fut depuis le comte de Sussy, eut, dans ce combat, le bras cassé par une balle.

Attiré par le canon, Bonaparte intervint à temps, et, après avoir passé sur le corps de quatre mille mamelouks à Chebréys, il sauva la flottille d'une destruction totale.

Huit jours plus tard, Bonaparte livrait la bataille des Pyramides.

Quatre jours après la bataille des Pyramides, c'est-à-dire le

25 juillet, à quatre heures du soir, Bonaparte faisait son entrée au Caire.

Nul mieux que Bonaparte ne connaissait cette mise en scène de la victoire, qui double dans le monde le bruit qu'elle doit faire répéter d'écho en écho; nul mieux que Bonaparte ne trouvait, à tête reposée, ces mots sublimes qui sont censés avoir été dits avant, pendant ou après le combat, et dont un des plus célèbres est celui-ci :

— Soldats, du haut de ces monuments, quarante siècles vous contemplent !

Veut-on savoir maintenant le degré d'exagération apporté par le bulletin du général en chef? Veut-on se faire une idée juste de l'impression produite par ce combat, sur ceux-là mêmes qui y avaient assisté, et y avaient joué des rôles qui n'étaient pas tout à fait secondaires?

Qu'on me permette de transcrire cette lettre de mon père adressée à Kléber, demeuré, comme on sait, à Alexandrie, en qualité de gouverneur, et surtout pour s'y remettre de sa blessure :

« A Boulak, près le Caire, le 9 thermidor an VI.

» Nous sommes enfin arrivés, mon ami, au pays tant désiré. Qu'il est loin, bon Dieu ! de ce que l'imagination la plus raisonnable se l'était représenté. L'horrible *villasse* du Caire est peuplée d'une canaille paresseuse, accroupie tout le jour devant des huttes infâmes, fumant et prenant du café ou mangeant des pastèques et buvant de l'eau.

» On peut se perdre aisément tout un jour dans les rues puantes et étroites de cette fameuse capitale. Le seul quartier des mamelouks est habitable; le général en chef y demeure dans une assez belle maison de bey. J'ai écrit au chef de brigade Dupuis, actuellement général et commandant au Caire, pour qu'il t'y fît réserver une maison... Je n'ai pas encore sa réponse.

» La division est à une espèce de ville appelée Boulak, près du Nil, à une demi-lieue du Caire. Nous sommes tous logés dans des maisons abandonnées et fort vilaines ; Dugua seul l'est passablement.

» Le général Lannes vient de recevoir l'ordre d'aller prendre le commandement de la division Menou, à la place de Vial, qui va à Damiette avec un bataillon ; il m'assure qu'il refusera. La 2ᵉ légère et le général Verdier sont en position près des Pyramides, sur la rive gauche du Nil, jusqu'à ce que le poste qu'ils occupent soit fortifié pour y placer un poste de cent hommes.

» On doit établir un pont vis-à-vis de Gizeh ; cet endroit est en ce moment occupé par la réserve d'artillerie et du génie. La division Régnier est au-devant du Caire, à deux ou trois lieues ; celle de Desaix va venir au vieux Caire ; celle de Bon est à la citadelle, et celle de Menou en ville.

» Tu n'as pas idée des marches fatigantes que nous avons faites pour atteindre le Caire : arrivant toujours à trois ou quatre heures après midi, après avoir souffert toute la chaleur ; la plupart du temps sans vivres, étant obligés de glaner ce que les divisions qui précédaient avaient laissé dans les horribles villages qu'elles avaient souvent pillés ; harcelés pendant toute la marche par cette horde de voleurs nommés Bédouins, qui nous ont tué des hommes et des officiers à vingt-cinq pas de la colonne. L'aide de camp du général Dugua, nommé Géroret, a été assassiné avant-hier de cette façon en allant porter un ordre à un peloton de grenadiers à une portée de fusil du camp : c'est une guerre, ma foi, pire que celle de la Vendée.

» Nous avons eu combat, le jour de notre arrivée sur le Nil, à la hauteur du Caire. Les mamelouks, qui sont pleins d'esprit, ont eu celui de passer de la rive droite sur la rive gauche du Nil. Il va sans dire qu'ils ont été rossés et que nous leur avons f.. le c... dans le fleuve. Cette bataille se nommera, je crois, celle des Pyramides. Ils ont perdu sept à huit cents hommes, sans exagération aucune ; une grande partie de ce nombre se noya en voulant passer le Nil à la nage.

» Je désire bien savoir comment tu te portes et quand tu seras en état de venir prendre le commandement de la division, qui est en de bien faibles mains. Tout le monde t'y désire, et chacun s'y relâche singulièrement du service. Je fais ce que je puis pour retenir chaque partie liée entre elles, mais cela va très-mal. Les troupes ne sont ni payées ni nourries, et tu devines aisément combien cela attire de murmures. Ils sont peut-être encore plus forts de la part des officiers que de celle des soldats. On nous fait espérer que, d'ici à huit jours, les administrations seront assez bien organisées pour faire exactement les distributions ; mais cela sera bien long.

» Si tu viens bientôt, — ce que je souhaite ardemment, — fais-toi escorter, même sur ta barque, par deux carabiniers qui puissent répondre aux attaques des Bédouins, qui ne manqueraient certainement pas de se présenter sur la rive du Nil pour te fusiller au passage.

» Le commissaire ordonnateur Sussy a eu le bras cassé sur la flottille en remontant du Caire. Tu pourrais peut-être revenir avec les chaloupes canonnières et les djermes qui sont allés chercher les effets des troupes à Alexandrie.

» Arrive! arrive, arrive!

» Tout à toi.

» DUMAS.

» *P.-S.* Amitiés à Auguste et aux collègues. »

XII

Témoignages du général Dupuis et de l'adjudant général Boyer. — Les mécontents. — Nouvelle discussion entre Bonaparte et mon père. — Bataille d'Aboukir. — Mon père trouve un trésor. — Sa lettre à ce sujet.

Peut-être pensera-t-on que la méchante humeur de mon père, l'ennui de ne pas avoir de division à commander, son esprit de républicanisme, enfin, lui font envisager les choses d'un mauvais côté ; soit. Cherchons dans la correspondance de l'armée d'Égypte, interceptée par l'escadre de Nelson, une lettre du général Dupuis.

Celui-ci n'a pas à se plaindre : il commande le Caire, et il va reconnaître, dès les premières lignes de sa dépêche, que la position est bien au-dessus de ses mérites.

Dupuis, général de brigade commandant la place, à son ami Carlo:

» Au grand Caire, 11 thermidor an vi.

» Sur mer comme sur terre, en Europe comme en Afrique, je suis sur les épines. Oui, mon cher, à notre arrivée devant Malte, je fus en prendre possession et détruire la chevalerie. A notre arrivée à Alexandrie, et après l'avoir prise d'assaut, je fus nommé au commandement de la place. Aujourd'hui, après vingt-deux jours d'une marche des plus pénibles dans les déserts, nous sommes arrivés au grand Caire, après avoir battu les mamelouks, c'est-à-dire après les avoir mis en fuite, car ils ne sont pas dignes de notre colère.

» Me voilà donc, mon ami, revêtu d'une nouvelle dignité que je n'ai pu refuser, lorsque l'on m'y a joint le commandement du Caire. Cette place était trop belle pour moi, pour que je pusse refuser le nouveau grade que Bonaparte m'a offert.

» La conduite de la brigade, à l'affaire des Pyramides, est unique : elle seule a détruit quatre mille mamelouks à cheval, pris quarante pièces de canon qui étaient en batterie, tous leurs retranchements, leurs drapeaux, leurs magnifiques chevaux, leurs riches bagages, puisqu'il n'est pas de soldat qui n'ait sur lui cent louis ; sans exagérer, plusieurs en ont cinq cents.

» Enfin, mon cher, j'occupe aujourd'hui le plus beau sérail du Caire, celui de la sultane favorite d'Ibrahim-Bey, soudan d'Égypte. J'occupe son palais enchanté, et je respecte, au milieu des nymphes du Nil, la promesse que j'ai faite à ma bonne amie d'Europe.

» Cette ville est abominable ; les rues y respirent la peste par leurs immondices ; le peuple est affreux et abruti. Je prends de la peine comme un cheval, et ne puis encore parvenir à me reconnaître dans cette immense cité, plus grande que Paris, mais bien différente.

» Où sont mes amis ? où est la respectable Manita ? Je pleure sur notre séparation... Mais j'espère les rejoindre bientôt, oui, bientôt, car je m'ennuie diablement loin d'eux !

» Notre passage du désert et nos diverses batailles ne nous ont presque rien coûté. L'armée se porte bien ; on l'habille en ce moment. Je ne sais si nous irons en Syrie : nous sommes prêts. J'ai eu le malheur de perdre ma... (1) à la prise d'assaut d'Alexandrie.

» Donnez-moi de vos nouvelles, je vous en prie.

» Jugez de la lâcheté de ce grand peuple tant vanté : je me suis emparé de cette immense cité, le 5 du mois, avec deux compagnies de grenadiers seulement.

» Cette ville a six cent mille âmes de population.

» Adieu, mon bon ami ! j'embrasse mille fois Marcelin, sa mère, son père, son papa Carlo et nos amis.

» Croyez-moi, pour la vie, le plus dévoué des vôtres.

» Dupuis.

» J'écris par ce courrier à Pépin et à Spinola. Dites à Pépin qu'il est bien heureux d'avoir été exilé ; plût à Dieu que je l'eusse été aussi ! Je l'embrasse, lui et sa famille. Mes amitiés au pauvre Pietto. J'embrasse Honoria, votre frère et votre oncle. »

Ainsi, qu'on juge par cette lettre de l'enthousiasme général. Voilà un homme qui était gouverneur du Caire et qui reconnaissait la place bien supérieure à ses mérites, et il eût mieux aimé être exilé que de jouir de l'honneur qu'on lui faisait !

» Sans doute un gouverneur est un grand personnage, disait Sancho ; mais, plutôt que d'être gouverneur de Barataria, j'eusse mieux aimé rester dans mon village et garder mes chèvres. »

Une lettre de l'adjudant général Boyer, dont nous mettons

---

(1) Hâtons-nous de dire que, le mot étant illisible, à ce qu'il paraît, les Anglais n'ont pu l'imprimer ; ce qui nous laisse dans le doute sur la chose importante que le général Dupuis avait eu le malheur de perdre.

un fragment sous les yeux de nos lecteurs, achèvera de peindre la situation.

« ... Remontons à Alexandrie. Cette ville n'a plus de son antiquité que le nom. Figurez-vous des ruines habitées par un peuple impassible, prenant tous les événements comme ils viennent, que rien n'étonne, qui, la pipe à la bouche, n'a d'autre occupation que de demeurer sur son cul devant sa porte, sur un banc, et qui passe ainsi sa journée, se souciant fort peu de sa famille et de ses enfants; des mères qui errent, la figure couverte d'un haillon noir, et offrent aux passants de leur vendre leurs enfants; des hommes à moitié nus, dont le corps ressemble à du bronze, la peau dégoûtante, fouillant dans des ruisseaux bourbeux, et qui, semblables à des cochons, rongent et dévorent tout ce qu'ils y trouvent; des maisons hautes de vingt pieds au plus, dont le toit est une plate-forme, l'intérieur une écurie, l'extérieur l'aspect de quatre murailles!

» Ajoutez qu'autour de cet amas de misère et d'horreur, sont les fondements de la cité la plus célèbre de l'antiquité, les monuments les plus précieux de l'art.

» Sorti de cette ville pour remonter le Nil, vous trouvez un désert nu comme la main, où, de cinq lieues en cinq lieues, vous rencontrez un mauvais puits d'eau saumâtre. Figurez-vous une armée obligée de passer au travers de ces plaines arides, qui n'offrent pas même au soldat un asile contre les chaleurs insupportables qui y règnent. Le soldat, portant pour cinq jours de vivres, chargé de son sac, habillé de laine, au bout d'une heure de marche, accablé par le chaud et la pesanteur des effets qu'il porte, se décharge et jette les vivres, ne songeant qu'au présent sans penser au lendemain. Arrive la soif, et il ne trouve pas d'eau. C'est ainsi qu'à travers les horreurs que présente ce tableau, on a vu des soldats mourir de soif, d'inanition, de chaleur; d'autres, voyant les souffrances de leurs camarades, se brûler la cervelle; d'autres se jeter avec armes et bagages dans le Nil, et périr au milieu des eaux.

» Chaque jour nos marches nous offraient un pareil spectacle, et, chose inouïe et que personne ne croira! c'est que l'armée entière, pendant une marche de dix-sept jours, n'a pas eu de pain. Le soldat se nourrissait de citrouilles et de quelques légumes qu'il trouvait dans le pays. Telle a été la nourriture de tous, depuis celle du général jusqu'à celle du dernier soldat. Souvent même le général a jeûné pendant dix-huit, vingt et vingt-quatre heures, parce que le soldat, arrivant le premier dans les villages, livrait tout au pillage, et que souvent il fallait se contenter de son rebut ou de ce que son intempérance abandonnait.

» Il est inutile de vous parler de notre boisson; nous vivons tous ici sous la loi de Mahomet : elle défend le vin ; mais, par contre, elle fournit abondamment l'eau du Nil.

» Faut-il vous parler du pays situé sur les deux rives du Nil? Pour vous en donner une idée juste et précise, il faut entrer dans la marche topographique de ce fleuve.

» Deux lieues au-dessous du Caire, il se divise en deux branches : l'une descend à Rosette, l'autre à Damiette. L'entre-deux de ces eaux est le Delta, pays extraordinairement fertile qu'arrose le Nil. Aux extrémités des deux branches, du côté des terres, est une lisière de pays cultivé qui n'a qu'une lieue de large, tantôt plus, tantôt moins; passez au delà, vous entrez dans les déserts, les uns aboutissant à la Libye, les autres aux plaines qui vont à la mer Rouge. De Rosette au Caire, le pays est très-habité : on y cultive beaucoup de riz, des lentilles, du blé de Turquie. Les villages sont les uns sur les autres ; leur construction est exécrable : ce n'est autre chose que de la boue travaillée avec les pieds, et entassée, avec des trous pratiqués dessus. Pour vous en donner une plus juste idée, rappelez-vous les tas de neige que font les enfants chez nous : les fours qu'ils construisent ressemblent parfaitement aux palais des Égyptiens. Les cultivateurs, appelés communément *fellahs*, sont extrêmement laborieux : ils vivent de très-peu de chose et dans une malpropreté qui fait horreur. J'en ai vu qui buvaient le surplus de l'eau que mes chameaux et mes chevaux laissaient dans l'abreuvoir.

» Voilà cette Égypte si renommée par les historiens et les voyageurs!

» A travers toutes ces horreurs, à travers les maux qu'on endure, je conviens cependant que c'est le pays le plus susceptible de donner à la France une colonie dont les profits seront incalculables ; mais il faut du temps et des hommes. Je me suis aperçu que ce n'est point avec des soldats que l'on fonde des colonies, avec les nôtres surtout! Ils sont terribles dans les combats, terribles peut-être après la victoire, sans contredit les plus intrépides du monde; mais, peu faits pour des expéditions lointaines, ils se laissent rebuter par un propos; inconséquents et lâches, ils en tiennent eux-mêmes. On en a entendu qui disaient, en voyant passer les généraux :

» — Les voilà, les bourreaux des Français !

» Le calice est versé, je le boirai jusqu'à la lie; j'ai pour moi la constance, ma santé, un courage qui, je l'espère, ne m'abandonnera pas, et, avec cela, je pousserai jusqu'au bout.

» J'ai vu hier le divan que forme le général Bonaparte : il est composé de neuf personnes. J'ai vu neuf automates habillés à la turque, de superbes turbans, de magnifiques barbes et des costumes qui me rappellent les images des douze apôtres que papa tient dans l'armoire. Quant à l'esprit, aux connaissances, au génie et au talent, je ne vous en dis rien, le chapitre est toujours en blanc en Turquie. Nulle part autant d'ignorance, nulle part autant de richesses, nulle part aussi mauvais et aussi sordide usage temporel.

» En voilà assez sur ce chapitre; j'ai voulu vous faire ma description, j'en ai sans contredit omis bien des articles ; le rapport du général Bonaparte y suppléera.

» Ne soyez pas exigeant pour mon compte; je souffre, mais c'est avec toute l'armée. Mes effets me sont parvenus; j'ai, dans mes adversités, tous les avantages de la fortune. Soyez tranquilles, je jouis d'une bonne santé.

» Ménagez la vôtre. J'aurai, j'espère, le bonheur de vous embrasser avant un an. Je sais l'apprécier d'avance, je vous le prouverai.

» J'embrasse bien tendrement mes sœurs, et suis avec respect votre très-soumis fils.

» BOYER. »

Comme on le voit, l'opinion sur l'expédition était unanime : chacun souffrait, chacun se plaignait, chacun demandait la France.

Le souvenir de ces plaintes, la mémoire de ces rébellions prêtes à éclater, poursuivaient Bonaparte à Sainte-Hélène.

« Un jour, raconte-t-il, gagné par l'humeur, je me précipitai dans un groupe de généraux mécontents, et, m'adressant à l'un d'eux de la plus haute stature :

» — Vous avez tenu des propos séditieux, lui dis-je avec véhémence. Prenez garde que je ne remplisse mon devoir. Vos cinq pieds six pouces ne vous empêcheraient pas d'être fusillé dans deux heures. »

Ce général de haute stature, auquel il s'adressait, c'était mon père.

Seulement, Bonaparte n'était souvent pas plus exact dans ses récits que dans ses bulletins.

Nous allons raconter à notre tour comment la chose se passa.

Après la bataille des Pyramides, à laquelle mon père, toujours son fusil de chasse à la main, prit part en simple soldat faute de cavalerie, il alla voir Bonaparte à Gizeh. Il s'était aperçu que, depuis la réunion de Damanhour, le général en chef le boudait, et il voulait avoir une explication.

L'explication ne fut pas difficile à obtenir. En le voyant, Bonaparte fronça le sourcil, et, enfonçant son chapeau sur sa tête :

— Ah ! c'est vous ? dit-il. Tant mieux ! Passons dans ce cabinet.

Et, en disant ces mots, il ouvrit une porte.

Mon père passa le premier ; Bonaparte le suivit, et derrière lui ferma la porte au verrou.

— Général, dit-il alors, vous vous conduisez mal avec moi : vous cherchez à démoraliser l'armée ; je sais tout ce qui s'est passé à Damanhour.

Alors mon père fit un pas en avant, et, posant sa main sur le bras que Bonaparte appuyait sur la garde de son sabre :

— Avant de vous répondre, général, lui dit-il, je vous demanderai dans quelle intention vous avez fermé cette porte, et dans quel but vous voulez bien m'accorder l'honneur de ce tête-à-tête.

— Dans le but de vous dire qu'à mes yeux le premier et le dernier de mon armée sont égaux devant la discipline, et que je ferai, l'occasion s'en présentant, fusiller un général comme un tambour.

— C'est possible, général ; mais je crois cependant qu'il y a certains hommes que vous ne feriez pas fusiller sans y regarder à deux fois.

— Non, s'ils entravent mes projets !

— Prenez garde, général : tout à l'heure vous parliez de discipline ; maintenant, vous ne parlez plus que de vous... Eh bien, à vous je veux bien donner une explication... Oui, la réunion de Damanhour est vraie ; oui, les généraux, découragés dès la première marche, se sont demandé quel était le but de cette expédition ; oui, ils ont cru y voir un motif non pas d'intérêt général, mais d'ambition personnelle ; oui, j'ai dit que, pour la gloire et l'honneur de la patrie, je ferais le tour du monde ; mais que, s'il ne s'agissait que de votre caprice, à vous, je m'arrêterais dès le premier pas. Or, ce que j'ai dit ce soir-là, je vous le répète, et, si le misérable qui vous a rapporté mes paroles vous a dit autre chose que ce que je vous dis, c'est non-seulement un espion, mais pis que cela, un calomniateur.

Bonaparte regarda un instant mon père ; puis, avec une certaine affection :

— Ainsi, Dumas, lui dit-il, vous faites deux parts dans votre esprit : vous mettez la France d'un côté et moi de l'autre. Vous croyez que je sépare mes intérêts des siens, ma fortune de la sienne.

— Je crois que les intérêts de la France doivent passer avant ceux d'un homme, si grand que soit cet homme... Je crois que la fortune d'une nation ne doit pas être soumise à celle d'un individu.

— Ainsi, vous êtes prêt à vous séparer de moi ?

— Oui, dès que je croirai voir que vous vous séparez de la France.

— Vous avez tort, Dumas..., dit froidement Bonaparte.

— C'est possible, répondit mon père ; mais je n'admets pas les dictatures, pas plus celle de Sylla que celle de César.

— Et vous demandez ?....

— A retourner en France par la première occasion qui se présentera.

— C'est bien ! je vous promets de ne mettre aucun obstacle à votre départ.

— Merci, général; c'est la seule faveur que je sollicite de vous.

Et, s'inclinant, mon père marcha vers la porte, tira le verrou et sortit.

En se retirant, il entendit Bonaparte murmurer quelques mots dans lesquels il crut entendre ceux-ci :

— Aveugle, qui ne croit pas en ma fortune !

Un quart d'heure après, mon père racontait à Dermoncourt ce qui venait de se passer entre lui et Bonaparte, et vingt fois, depuis, Dermoncourt m'a raconté à son tour, sans y changer un seul mot, cette conversation qui eut une si grande influence sur l'avenir de mon père et sur le mien.

Le 1er août eut lieu la bataille d'Aboukir, dans laquelle la flotte française fut détruite. Il ne fut donc plus, momentanément du moins, question de retour pour personne, pas plus pour mon père que pour les autres.

Cette fatale bataille d'Aboukir eut un terrible retentissement dans l'armée. Au premier moment, Bonaparte lui-même en fut atterré, et, comme Auguste s'écriant : « Varus ! qu'as-tu fait de mes légions ? » Bonaparte s'écria plus d'une fois : « Brueys ! Brueys ! qu'as-tu fait de nos vaisseaux ? »

Ce qui tourmentait surtout Bonaparte, c'était cette incertitude sur son retour en France. La flottille détruite, il n'était plus maître de lui-même ; cette perspective, qu'il avait envisagée froidement, de rester six ans en Égypte, lui était devenue insupportable. Un jour que Bourrienne voulait le consoler et lui disait de compter sur le Directoire :

— Votre Directoire ! s'écria-t-il ; mais vous savez bien que c'est un tas de jeans-f..... qui m'envient et me haïssent... Ils me laisseront périr ici. Et puis ne voyez-vous point toutes ces figures? C'est à qui ne restera pas.

Cette dernière boutade était suscitée par les rapports qu'on faisait à Bonaparte du mécontentement général. Dans ces rapports, Kléber n'était pas plus épargné que ne l'avait été mon père. Il sut que Bonaparte parlait de lui comme d'un opposant, et, le 22 août 1798, il lui écrivit la lettre suivante :

« Vous seriez injuste, citoyen général, si vous preniez pour une marque de faiblesse ou de découragement la véhémence avec laquelle je vous ai exposé mes besoins. Il m'importe peu où je dois vivre, où je dois mourir, pourvu que je vive pour la gloire de nos armes et que je meure comme j'aurai vécu. Comptez donc sur moi dans tout concours de circonstances, ainsi que sur tous ceux à qui vous ordonnez de m'obéir. Je vous l'ai déjà mandé, l'événement du 14[1] n'a produit sur les soldats qu'indignation et désir de vengeance. »

Bonaparte répondit :

« Croyez au prix que j'attache à votre estime et à votre amitié. Je crains que nous ne soyons un peu brouillés... Vous seriez injuste, à votre tour, si vous doutiez de la peine que j'en éprouverais... Sur le sol de l'Égypte, les nuages, quand il y en a, passent en six heures; de mon côté, s'il y en avait, ils seraient passés en trois.

» L'estime que j'ai pour vous est au moins égale à celle que vous m'avez témoignée quelquefois. »

Il y a loin de ces froides lettres à cet enthousiasme qui aurait fait dire à Kléber posant sa main sur l'épaule de Bonaparte :

— Général, vous êtes grand comme le monde!

On a beau dire, ce sont les poëtes qui font l'histoire, et l'histoire qu'ils font est la plus belle de toutes les histoires.

Rayez le mot de Bonaparte aux Pyramides, rayez le mot de

---

(1) 14 thermidor (1ᵉʳ août).

Kléber à Bonaparte, et vous supprimez le cadre d'or qui enferme cette grande expédition d'Égypte, la plus folle et la plus inutile des expéditions, si elle n'en est pas la plus gigantesque et la plus poétique.

Cependant, une abondance relative dans les vivres avait succédé à la famine, et faisait oublier momentanément aux soldats, rentrés dans un certain bien-être matériel, les souffrances du commencement de la campagne. Malheureusement, en échange, le numéraire manquait absolument.

Ce fut alors que Bonaparte écrivit à Kléber la lettre suivante, qui doit prendre date avant celle que nous venons de citer, et qui va nous servir à expliquer cette fameuse insurrection du Caire, dans la répression de laquelle mon père joua le principal rôle.

Bonaparte, général en chef, au général de division Kléber.

« Au quartier général du Caire,
le 9 thermidor an VI.

» Nous avons au Caire, citoyen général, une très-belle monnaie. Nous avons besoin de tous les lingots que nous avons laissés à Alexandrie, en échange de quelque numéraire que les négociants nous ont donné. Je vous prie donc de faire réunir les négociants auxquels ont été remis lesdits lingots, et de les leur redemander. Je leur donnerai en place des blés et du riz, dont nous avons une quantité immense. Notre pauvreté en numéraire est égale à notre richesse en denrées, ce qui nous oblige absolument à retirer du commerce le plus de lingots et d'argent que nous pouvons, et à donner en échange des denrées.

» Nous avons essuyé *plus de fatigues que beaucoup de gens n'avaient le courage d'en supporter.* Mais, dans ce moment-ci, nous nous reposons au Caire, qui ne laisse pas de nous offrir beaucoup de ressources : toutes les divisions y sont réunies.

» L'état-major vous aura instruit de l'événement militaire qui a précédé notre entrée au Caire... Il a été assez brillant :

nous avons jeté deux mille mamelouks des mieux montés dans le Nil.

» Envoyez-nous les imprimeries arabes et françaises. Veillez à ce que l'on embarque tous les vins, eaux-de-vie, tentes, souliers ; envoyez tous ces objets par mer à Rosette, et, vu la croissance du Nil, ils remonteront facilement jusqu'au Caire.

» J'attends des nouvelles de votre santé ; je désire qu'elle se rétablisse promptement et que vous veniez bientôt nous rejoindre.

» J'ai écrit à Louis de partir pour Rosette avec tous mes effets.

» A l'instant même, je trouve, dans un jardin des mamelouks, une lettre de Louis datée du 21 messidor, ce qui prouve qu'un de vos courriers a été intercepté par les mamelouks.

» Salut.

» BONAPARTE. »

Vers le temps où la pénurie du numéraire se faisait sentir à ce point, que Bonaparte ne craignait pas de redemander aux négociants des lingots d'or et d'argent qui étaient pour eux le gage de l'argent prêté, leur offrant en échange des grains qui, dans le pays, n'avaient aucune valeur, — mon père, en faisant des embellissements dans la maison qu'il occupait et qui avait appartenu à un bey, trouva un trésor. Ce trésor, que le propriétaire de la maison, dans sa fuite rapide, n'avait pas eu le temps d'emporter, fut estimé à près de deux millions.

Mon père écrivit à l'instant même à Bonaparte :

« Citoyen général,

» Le léopard ne change pas de peau, l'honnête homme ne change pas de conscience.

» Je vous envoie un trésor que je viens de trouver, et que l'on estime à près de deux millions.

» Si je suis tué, ou si je meurs ici de tristesse, souvenez-vous que je suis pauvre, et que je laisse en France une femme et un enfant.

» Salut et fraternité.

» ALEX. DUMAS. »

Cette lettre, imprimée officiellement dans la correspondance de l'armée d'Égypte, fit, au milieu de certaines accusations qui pesaient sur certains chefs, un très-grand effet. Reproduite par les journaux de New-York et de Philadelphie, elle eut un si grand succès au milieu de cette république naissante, que, cinquante ans après, dans un voyage que je fis, appelé en Hollande par le jeune roi à propos de son couronnement, l'honorable M. d'Areysas, ministre des États-Unis à la Haye, me la répéta mot pour mot.

XIII

Révolte du Caire. — Mon père entre à cheval dans la grande mosquée. — Sa nostalgie. — Il quitte l'Égypte et aborde à Naples. — Ferdinand et Caroline de Naples. — Emma Lyons et Nelson. — Manifeste de Ferdinand. — Commentaire de son ministre Belmonte-Pignatelli.

Cependant ce défaut de numéraire, dont se plaignait Bonaparte, se faisait sentir de plus en plus. On ne savait plus comment on pourrait payer l'armée sans recourir aux avances. C'était un moyen odieux qui eût rappelé le mode de perception de ces fameux mamelouks qu'on était, disait-on, venu punir enfin de leurs vols et de leurs déprédations. Il était donc impossible d'y avoir recours. Dans cet embarras, Poussielgue, l'administrateur général des finances, proposa au général en chef d'établir le droit d'enregistrement sur toutes les concessions de propriétés qui s'étaient faites depuis l'arrivée en Égypte, ou qui se feraient à l'avenir. Toutes ces concessions étant temporaires, et pouvant être retirées ou renouvelées selon le caprice du général en chef, la ressource était incalculable.

Ce moyen fiscal, inconnu jusqu'alors en Orient, fut considéré comme une avance déguisée ; et, portant préjudice aux grands concessionnaires turcs ou arabes, dont la plus grande partie habitait le Caire, il fit de cette capitale un centre de révolte.

Un des premiers ordres donnés, en arrivant au Caire, avait été de surveiller les crieurs des mosquées. Ces crieurs sont dans l'habitude d'appeler trois fois par jour les fidèles à la prière. Pendant quelque temps, on surveilla ces appels; puis, peu à peu, on s'y habitua et l'on négligea cette surveillance. Voyant cela, les *muezzins* substituèrent aux paroles consacrées des appels à la révolte. Dans leur ignorance de la langue, les Français ne s'aperçurent pas de cette substitution, et les Turcs purent librement conspirer, donner des ordres pour retarder ou avancer l'heure de la conspiration, dont l'explosion fut enfin fixée au matin du 21 octobre.

Le 21 octobre, à huit heures du matin, la conspiration éclata à la fois sur tous les points, depuis Syène jusqu'à Alexandrie.

Mon père était malade et encore couché, lorsque Dermoncourt se précipita dans sa chambre en criant :

— Général, la ville est en pleine insurrection; le général Dupuis vient d'être assassiné ! A cheval ! à cheval !

Mon père ne se fit pas répéter la nouvelle à deux fois. Il connaissait la valeur du temps en pareille circonstance; il sauta, à peu près nu, sur un cheval sans selle, prit son sabre, et s'élança dans les rues du Caire, à la tête de quelques officiers qu'il avait autour de lui.

La nouvelle annoncée était vraie en tous points : le commandant du Caire, le général Dupuis, venait d'être blessé mortellement sous l'aisselle, d'un coup de lance qui lui avait coupé l'artère, et dont l'avait frappé un Turc caché dans une cave. Bonaparte, disait-on, était à l'île de Roudah, et ne pouvait rentrer dans la ville; la maison du général Caffarelli avait été forcée, et tous ceux qui s'y trouvaient, mis à mort. Enfin, les révoltés se portaient en masse chez le payeur général Estève.

Ce fut vers ce point que se dirigea mon père, ralliant à lui tout ce qu'il rencontrait sur son chemin.

Il parvint à se trouver ainsi à la tête d'une soixantaine d'hommes.

On sait l'admiration qu'avait inspirée aux Arabes la beauté herculéenne de mon père. Monté sur un grand cheval de dragon qu'il maniait en cavalier consommé, offrant sa tête, sa poitrine et ses bras nus à tous les coups, s'élançant au milieu des groupes les plus acharnés, avec cette insouciance de la mort qu'il avait toujours eue, mais que redoublait en cette circonstance l'espèce de spleen dont il était atteint, il apparut aux Arabes comme l'ange exterminateur à la flamboyante épée. En un instant, les abords de la Trésorerie furent balayés, les Turcs et les Arabes sabrés, Estève délivré.

Pauvre Estève, je me le rappelle encore, m'embrassant tout enfant, en me disant :

— Rappelle-toi bien ceci, c'est que, sans ton père, la tête qui t'embrasse pourrirait aujourd'hui dans les fossés du Caire.

La journée se passa en luttes continuelles et acharnées. Les membres de l'Institut d'Égypte, qui habitaient la maison de Kassim-Bey, dans un quartier assez éloigné, s'étaient retranchés, et faisaient le coup de fusil comme de simples mortels. Ils se battirent toute la journée, et ce ne fut que vers le soir que mon père parvint jusqu'à eux, avec ses braves dragons, et les délivra.

Vers la même heure, on apprit qu'un convoi de malades appartenant à la division Regnier, et venant de Belbeys, avait été égorgé.

Bonaparte était-il à Roudah, comme le disent toutes les relations officielles ? ou était-il à son quartier général, comme l'affirme Bourrienne ? Se présenta-t-il inutilement à la porte du vieux Caire, à la porte de l'Institut, et ne put-il rentrer, vers six heures du soir, que par la porte de Boulak ? ou se trouva-t-il cerné dans son hôtel sans moyens d'action ? C'est ce qui est resté dans l'obscurité. Mais, ce qu'il y a de clair, de patent, de positif, c'est qu'on ne le vit nulle part dans cette première journée, et, j'en appelle au souvenir des

Égyptiens (1) qui vivent encore, c'est que l'on vit mon père partout.

Les premiers ordres donnés par Bonaparte eurent leur exécution vers cinq heures du soir. Le bruit du canon tonnant dans les rues principales, le bruit d'une batterie d'obusiers établie sur le Mokkan, le bruit du tonnerre enfin, bruit si rare au Caire, qu'il épouvanta les révoltés, annonça que la résistance, jusqu'alors partielle, et pour ainsi dire instinctive, prenait de l'accroissement, et surtout une direction.

La nuit interrompit le combat. C'est un point de religion, chez les Turcs, de ne pas poursuivre la bataille pendant l'obscurité. Bonaparte profita de la nuit pour prendre toutes ses dispositions.

Au lever du soleil, la révolte vivait encore, mais les révoltés étaient perdus.

Bon nombre d'entre eux, et surtout les principaux chefs, s'étaient réfugiés dans la grande mosquée. Mon père reçut l'ordre d'aller les y attaquer, et de frapper ainsi au cœur ce qui restait de l'insurrection.

Les portes furent brisées à coups de canon, et mon père, lançant son cheval au grand galop, entra le premier dans la mosquée.

Le hasard fit qu'en face de la porte, c'est-à-dire sur la route que parcourait dans sa course le cheval de mon père, se trouvait un tombeau élevé de trois pieds, à peu près. En rencontrant cet obstacle, le cheval s'arrêta court, se cabra, et, laissant retomber ses deux pieds de devant sur le tombeau, demeura un instant immobile, les yeux sanglants et jetant la fumée par les naseaux.

— L'ange! l'ange! crièrent les Arabes.

Leur résistance ne fut plus que la lutte du désespoir chez quelques-uns, mais chez la plupart la résignation au fatalisme.

Les chefs crièrent :

(1) On nomme ainsi tous ceux qui firent partie de l'expédition d'Égypte.

— *Aman* (pardon)!

Mon père alla rendre compte à Bonaparte de la prise de la mosquée. Celui-ci connaissait déjà les détails; il reçut parfaitement mon père, avec lequel l'envoi du trésor avait commencé de le raccommoder.

— Bonjour, Hercule! lui dit-il; c'est toi qui as terrassé l'hydre.

Et il lui tendit la main.

— Messieurs, continua-t-il en se retournant vers ceux qui l'entouraient, je ferai faire un tableau de la prise de la grande mosquée. Dumas, vous avez déjà posé pour la figure principale.

Le tableau fut en effet commandé à Girodet; mais à ce tableau, on se le rappelle, il n'y a, pour figure principale, qu'un grand hussard blond, sans nom et presque sans grade; c'est lui qui tint la place de mon père, qui, huit jours après l'insurrection du Caire calmée, se brouilla de nouveau avec Bonaparte, en insistant plus que jamais pour revenir en France.

En effet, tiré un instant, par l'insurrection du Caire, de cette nostalgie à laquelle il s'était laissé aller, mon père y retomba bientôt. Un dégoût profond de toute chose s'était emparé de lui avec le dégoût de la vie, et, malgré les conseils de ses amis, il insista obtinément pour que Bonaparte lui accordât son congé.

Dans une dernière entrevue qu'il eut avec mon père, Bonaparte tenta un dernier effort pour le déterminer à rester; il alla même jusqu'à lui dire qu'un jour ou l'autre lui-même passerait en France, et lui promettre de le ramener avec lui. Rien ne put calmer ce désir de départ, devenu une véritable maladie.

Malheureusement, Dermoncourt, le seul homme qui eût quelque influence sur mon père, était retourné à son régiment et stationnait à Belbeys. Lorsqu'il apprit que le départ de son général était arrêté, il accourut au Caire et se rendit chez lui. Il trouva l'appartement démeublé, et mon père faisant une vente des objets qui lui étaient inutiles.

Avec l'argent de cette vente, mon père acheta quatre mille livres de café moka, onze chevaux arabes dont deux étalons et neuf juments, et fréta un petit bâtiment nommé *la Belle-Maltaise.*

Le défaut de nouvelles, toutes interceptées par les croisières anglaises, faisait qu'on ignorait complétement ce qui s'était passé en Europe.

Disons, pour l'intelligence des faits qui vont suivre, un mot des événements de Rome et de Naples. Nous serons aussi succinct que possible.

Ferdinand et Caroline régnaient à Naples. Caroline, seconde Marie-Antoinette, avait en haine les Français, qui venaient de tuer sa sœur. C'était une femme ardente à toutes les passions de la haine et de l'amour, luxurieuse à la fois de plaisirs et de sang.

Ferdinand était un lazzarone; à peine savait-il lire, à peine savait-il écrire; jamais il n'a connu d'autre langue que le patois napolitain. Il avait, dans ce patois, fait une petite variante au *panem et circenses* antique. Il disait:

— Les Napolitains se gouvernent avec trois *F: Forca, — Festa, — Farina;* — Fourche (potence), — Fête, — Farine.

On comprend qu'un traité arraché par la terreur à de pareils souverains, ne pouvait avoir son exécution que tant qu'ils demeureraient sous l'empire de cette terreur. Cette terreur, c'était Bonaparte qui la leur avait particulièrement inspirée. Or, non-seulement Bonaparte était en Égypte, mais encore on venait d'apprendre la nouvelle que la flotte française avait été détruite à Aboukir, et, à la suite de cette destruction, on tenait Bonaparte pour perdu, l'armée française pour anéantie.

Déjà, au moment où l'escadre anglaise s'apprêtait à arrêter notre marche vers le but encore inconnu de notre expédition, la flotte anglaise, au mépris de nos traités avec Ferdinand, avait été reçue dans le port de Naples avec des démonstrations non équivoques de sympathie. Ce fut bien autre chose après la bataille d'Aboukir.

A peine la flotte de Nelson eut-elle été signalée en vue de

Naples, traînant à la remorque les débris de nos vaisseaux, que le roi, la reine, l'ambassadeur d'Angleterre Hamilton, et la belle Emma Lyons, sa femme, s'embarquèrent sur des vaisseaux splendidement décorés, et s'avancèrent à la rencontre du vainqueur.

O belle et fatale Emma Lyons! quel sera l'historien qui osera se faire le Tacite de votre vie? quel sera le poëte qui osera faire le journal de vos passions? Favorite de Caroline! maîtresse de Nelson! quel sera le bourreau qui osera additionner le chiffre de vos victimes?

Toute cette splendide cour se rendit donc au-devant de Nelson : le roi pour lui offrir une épée, la reine pour lui offrir une maîtresse. Le soir, la ville fut illuminée, et il y eut bal au palais.

Nelson parut avec Ferdinand au balcon royal, et l'on cria :

— Vive Ferdinand! vive Nelson!

Et tout cela se passait en face de notre ambassadeur, Garat, qui assistait à la chute de notre influence et à l'accroissement de l'influence anglaise.

Aussi se plaignit-il.

Mais il lui fut répondu que la flotte anglaise n'avait été reçue dans le port de Naples qu'à la suite de la menace qu'avait faite l'amiral Nelson de bombarder la ville.

La réponse était illusoire, et cependant notre ambassadeur dut s'en contenter.

C'est ainsi qu'il vit s'organiser une armée de soixante mille hommes, à la tête de laquelle on mit le général autrichien Mack, auquel ses défaites successives acquirent une certaine célébrité.

Dès cette heure, la guerre contre la France fut résolue.

L'armée napolitaine, sous le commandement du général autrichien, fut divisée en trois camps.

Vingt-deux mille soldats furent envoyés à San-Germano; seize mille occupèrent les Abruzzes; huit mille campèrent dans la plaine de Sessa; six mille s'enfermèrent dans les murs de Gaete.

Cinquante-deux mille hommes s'apprêtaient aussi à envahir les États romains et à nous chasser de Rome, que nous occupions.

Cependant, quoique résolue, la guerre n'était pas encore déclarée; l'ambassadeur demanda une seconde fois au gouvernement de Naples compte de ce qui se passait.

Le gouvernement répondit qu'il désirait plus que jamais la continuation des bonnes relations entre le gouvernement napolitain et le gouvernement français, et que les soldats dont se préoccupait M. Garat n'étaient dans leurs camps respectifs que pour s'instruire.

Mais, quelques jours après, c'est-à-dire le 22 novembre, parut un manifeste dans lequel le roi Ferdinand rappelait *les désordres révolutionnaires de la France; les changements politiques de l'Italie; le voisinage des ennemis de la monarchie et de la tranquillité générale; l'occupation de Malte, fief du royaume de Sicile; la fuite du pape, et les périls de la religion*. Puis, à la suite de cet exposé de griefs, il déclarait que, par ces nombreux et puissants motifs, il conduirait une armée dans les États romains, *afin de rendre à ce peuple son légitime souverain, le chef de la sainte Église, et le repos aux peuples de son royaume*. Il ajoutait que, ne déclarant la guerre à aucun monarque, il engageait les armées étrangères à ne point contrarier la marche des troupes napolitaines, qui n'avaient d'autre but que de pacifier Rome et le territoire du saint-siége.

En même temps, des lettres particulières des ministres du roi de Naples aux ministres étrangers excitaient ceux-ci à faire aux Français, non pas une guerre de bataille rangée, mais une guerre d'assassinats et d'empoisonnements.

C'est incroyable, n'est-ce-pas? c'est impossible même! Lisez la lettre du prince Belmonte-Pignatelli, ministre du roi de Naples, au chevalier Riocca, ministre du roi de Piémont.

La voici :

« Nous savons que, dans le conseil de votre roi, plusieurs ministres circonspects, pour ne pas dire timides, *frémissent à l'idée du parjure* et *du meurtre*, comme si le dernier traité d'alliance entre la France et la Sardaigne était un acte politique à respecter. N'a-t-il pas été dicté par la force oppressive du vainqueur? n'a-t-il pas été accepté sous l'empire de la nécessité? De pareils traités ne sont que des injustices du plus fort à l'égard de l'opprimé, qui, en les violant, s'en dédommage à la première occasion que lui offre la faveur de la fortune.

» Quoi ! en présence de votre roi prisonnier dans sa capitale, entouré de baïonnettes ennemies, vous appelleriez parjure de ne point tenir les promesses arrachées par la nécessité, désapprouvées par la conscience? vous appelleriez assassinat l'extermination de vos tyrans? Non, les bataillons français, pleins de confiance et de sécurité dans la paix, sont disséminés dans le Piémont; excitez le patriotisme et la fureur, de sorte que tout Piémontais aspire à abattre à ses pieds un ennemi de la patrie. Les *meurtres partiels* profiteront plus au Piémont que des victoires remportées sur le champ de bataille, et jamais la postérité équitable ne donnera le nom de trahison à ces actes énergiques de tout un peuple, qui passe sur les cadavres de ses oppresseurs pour reconquérir sa liberté... Nos braves Napolitains, sous la conduite du brave général Mack, donneront les premiers le signal de mort contre l'ennemi des trônes et des peuples, et peut-être seront-ils déjà en marche quand cette lettre vous parviendra. »

Or, c'était aux mains d'un gouvernement qui écrivait de pareilles lettres que mon père, général républicain, quittant l'Égypte à cause de son dévouement à la République, qu'il voyait menacée par l'ambition de Bonaparte, allait tomber, et dans quel moment? Au moment où battu de tous côtés par une poignée de Français, chassé de son royaume du continent, le chef de ce gouvernement était forcé de se retirer à Palerme, avec ce cortége de haines, de colères et de vengeances qui accompagnent les défaites et conseillent aux vaincus les résolutions désespérées et fatales.

Aussi, allons-nous voir le prince Belmonte-Pignatelli mettre en pratique, sur mon père et ses malheureux compagnons, les préceptes exposés par lui à son collègue, le chevalier Riocca, ministre du roi de Piémont.

Je laisserai mon père lui-même raconter cette terrible captivité, et, après quarante-cinq ans, une voix sortira du tombeau, qui, comme celle du père d'Hamlet, dénoncera au monde le crime et les meurtriers.

XIV

Rapport fait au gouvernement français par le général de division Alexandre Dumas, sur sa captivité à Tarente et à Brindes, ports du royaume de Naples.

« Parti du port d'Alexandrie, dans la soirée du 17 ventôse an VII, sur le bâtiment *la Belle-Maltaise*, avec le général Manscourt, le citoyen Dolomieu et beaucoup d'autres Français, militaires ou employés de l'armée d'Égypte, tous munis de congés du général Bonaparte, j'espérais, à la faveur d'un vent favorable et grâce à la renommée d'excellent voilier qu'avait notre bâtiment, échapper à la flotte anglaise, et arriver en dix ou douze jours dans un port de France. Cet espoir était d'autant mieux fondé que le capitaine maltais qui la commandait — ce capitaine se nommait Félix — m'avait assuré qu'avec quelques réparations de peu d'importance, son navire pouvait tenir la mer dans les plus mauvais temps. Nous avions débattu ensemble le prix de ces réparations : il était fixé à soixante louis, je lui en avais donné cent. J'avais donc tout lieu de croire que ces réparations avaient été consciencieusement faites ; malheureusement, il n'en était rien.

» Il faut dire aussi qu'à peine sortis du port, la mer se déclara contre nous. Dès la première nuit, un grand vent nous assaillit, et, quand, le lendemain, après une nuit de tempête, le jour parut, nous nous aperçûmes que notre bâtiment faisait eau.

» Nous étions déjà à quarante lieues d'Alexandrie ; il nous était impossible, vu le vent contraire, de remettre le cap sur l'Égypte; nous résolûmes de continuer notre route en livrant au vent le plus de voiles possible.

» Mais plus nous allions vite, plus nous fatiguions le bâtiment, plus les voies d'eau devenaient considérables, et plus enfin il devenait impossible de les combattre.

» Le troisième jour de notre navigation, la situation était presque désespérée.

» Ce jour-là, on jeta successivement à la mer les dix pièces de canon qui armaient notre bâtiment et faisaient notre défense.

» Le lendemain, on y jeta neuf de mes chevaux arabes, puis tous les ballots de café, et jusqu'à nos malles et à celles des autres passagers.

» Malgré cet allégement, le navire s'enfonçait de plus en plus; on prit hauteur, on s'aperçut qu'on était à l'entrée du golfe Adriatique, et, dans un conseil tenu par les marins et les officiers qui se trouvaient à bord, il fut décidé que l'on gagnerait, sans perdre un seul instant, la terre la plus proche et le port le plus voisin.

» Cette terre, c'était la Calabre; ce port, c'était Tarente.

» Le dixième jour, on eut connaissance de la terre. Il était temps! vingt-quatre heures de navigation de plus, et le navire sombrait sous voiles.

» Je donnai l'ordre de mouiller à une petite île qui gisait à une lieue de la ville, à peu près. Comme nous venions d'Égypte, nous avions une quarantaine à faire, et, croyant le pays de Naples un pays ami, je tenais à me conformer aux lois sanitaires et à n'inspirer aux populations de la Calabre aucune crainte de peste.

» A peine fûmes-nous mouillés, que j'envoyai le patron du bâtiment avec une lettre adressée au gouverneur de la ville. Cette lettre lui disait qui nous étions, lui exprimait notre détresse, et réclamait de son humanité tous les secours qu'il pouvait avoir à sa disposition, secours dont nous avions le plus pressant besoin.

» Deux heures après, le capitaine était de retour; il rapportait une réponse verbale du gouverneur. Cette réponse nous invitait à débarquer en toute confiance. La seule condition qui fût mise à notre débarquement était de faire quarantaine.

» Cette condition allait d'elle-même. Personne de nous ne songea à la combattre, et nous nous réjouîmes de cet heureux dénoûment à une situation si précaire.

» Entrés dans le port, on nous fit descendre les uns après les autres et fouiller par quatre capitaines napolitains, dont les bâtiments avaient été brûlés devant Alexandrie, et à qui j'avais donné passage sur *la Belle-Maltaise*, par pure humanité.

« Ce premier traitement nous parut étrange. Cependant nous étions si loin de concevoir des soupçons, que nous l'attribuâmes à la rigueur des lois sanitaires, et que nous ne fîmes aucune résistance à ce qu'il s'exécutât.

» A la suite de cette visite, on nous entassa confusément, généraux, officiers, passagers, matelots, dans une chambre si étroite, que personne de nous n'osa, en se couchant, empiéter sur les droits de son voisin.

» Nous passâmes ainsi le reste de la journée et la nuit.

» Le lendemain, on mit à terre ce qui restait de nos effets et de nos équipages, et l'on s'empara de nos lettres, de nos papiers et de nos armes.

» Mes deux chevaux ne furent pas oubliés dans la confiscation, quoique pendant deux mois on m'en fit payer la nourriture, en me laissant croire qu'ils me seraient rendus.

» Quarante-huit heures s'écoulèrent encore, pendant lesquelles nous demeurâmes entassés dans notre chambre. Enfin, le troisième jour, sur mes réclamations et à prix d'argent, on nous donna, au général Manscourt, à Dolomieu et à moi, une chambre particulière pour y achever notre quarantaine.

» Sur ces entrefaites, on nous annonça la visite du fils du roi de Naples.

» Introduite près de nous, l'altesse royale s'informa de la santé des généraux Bonaparte et Berthier, et de la situation de l'armée d'Égypte.

» Puis elle nous quitta brusquement sans nous dire adieu.

» Ces étranges façons, jointes au mauvais italien qu'il parlait, nous donnèrent quelques doutes sur son identité.

» Huit jours après, les membres du gouvernement vinrent nous annoncer que, par l'ordre du prince François, nous étions déclarés prisonniers de guerre.

» Nous ne nous étions pas trompés.

» Voici ce qu'était ce prétendu prince François :

» Quatre aventuriers corses avaient résolu de soulever les populations en faveur des Bourbons; mais, connaissant la lâcheté proverbiale du prince François, ils résolurent d'agir en son nom.

» L'un d'eux devait se donner pour lui.

» C'était un nommé Corbara, vagabond sans aveu, mais brave.

» Les autres, qui se nommaient de Cesare, Boccheciampe et Colonna, devaient passer : Colonna, pour le connétable du royaume; Boccheciampe, pour le frère du roi d'Espagne ; et de Cesare, pour le duc de Saxe.

» Maintenant, qu'étaient ces hommes qui prenaient ces titres pompeux?

» De Cesare, un ancien domestique à livrée;

» Boccheciampe, un ancien soldat d'artillerie, déserteur;

» Et Colonna, une espèce de vagabond, comme Corbara, son ami et son compatriote.

» C'était à Montjari, dans la maison de l'intendant Girunda, que toute cette comédie avait été nouée.

» Girunda, qui, en sa qualité d'intendant, était censé connaître l'héritier de la couronne, avait, lui, pour mission de précéder les quatre aventuriers en les annonçant sous les divers noms et les différents titres qu'ils avaient pris.

» Grâce à ces précautions, le voyage des faux princes fut un triomphe, et, devant eux, derrière eux, autour d'eux, toute la province se souleva.

» En attendant, le prétendu prince François agissait en dictateur, cassant des magistrats, nommant des gouverneurs de ville, levant des contributions, et tout cela, il faut l'avouer, plus intelligemment peut-être et à coup sûr plus hardiment que ne l'eût fait le véritable héritier de la couronne.

» Deux incidents qui eussent dû perdre nos aventuriers contribuèrent, au contraire, à augmenter le crédit dont ils jouissaient.

» D'abord, l'archevêque d'Otrante connaissait personnellement le prince François. L'archevêque d'Otrante, prévenu par Girunda, reçut la fausse altesse royale comme il eût reçu le vrai prince, et, pour Otrante, tout fut dit.

» Ensuite, pendant son séjour à Tarente, les deux vieilles princesses, tantes de Louis XVI, qui venaient de Naples et qui allaient en Sicile, poussées par le gros temps, vinrent relâcher dans le port. Elles apprirent que leur parent était là, et demandèrent naturellement à le voir. Force fut au faux prince de se présenter à ses prétendues tantes; mais les deux vieilles princesses, ayant appris dans quel but Corbara jouait ce personnage, et songeant au bien qui ressortait pour le parti bourbonien de cette comédie, prêtèrent les mains au mensonge et contribuèrent même, par les démonstrations qu'elles donnèrent de leur amitié au prétendu petit-fils de Louis XIV, à le populariser dans l'esprit des Calabrais (1).

» Voilà quel était l'homme qui disposait de notre destinée et qui nous déclarait prisonniers de guerre.

(1) Cette assertion serait presque incroyable, si on ne la trouvait reproduite dans les mêmes termes, à peu près, sous la plume du général Coletta.

« Ces imposteurs se dirigèrent vers la ville de Tarente; mais, lorsqu'ils y furent arrivés, ils virent aborder le vaisseau qui portait de Naples en Sicile les vieilles princesses de France. Nos aventuriers ne se déconcertèrent point, et Corbara, s'étant fait précéder par un message qui révélait aux princesses les effets merveilleux de la crédulité du peuple, se rendit, avec une pompe royale et l'assurance d'un parent, auprès de ces dames. Les princesses, malgré la fierté naturelle à la race des Bourbons, accueillirent en petit-fils cet aventurier obscur, et, croyant servir ainsi la cause du roi, lui donnèrent le titre d'altesse et lui prodiguèrent des témoignages de respect et d'affection. »

(*Histoire de Naples de* 1734 *à* 1825, par Coletta.)

» En nous faisant cette déclaration au nom de la fausse altesse, on nous avait promis positivement que, lors de notre mise en liberté, nos armes, nos chevaux et nos papiers nous seraient fidèlement rendus.

» Avec les intentions que l'on avait sur nous, on pouvait impunément nous promettre tout cela.

» J'insistai pour voir une seconde fois l'altesse royale, et lui demander des explications sur cette captivité à laquelle je ne comprenais rien, ignorant la reprise des hostilités entre Naples et la France; mais il va sans dire que Son Altesse royale ne se prodiguait pas ainsi.

» Je lui écrivis alors; mais, d'après l'explication que je viens de donner, on comprend que ma lettre resta sans réponse.

» Un mois environ après cette visite, et comme, je ne sais dans quel but, on nous faisait espérer notre prochain renvoi en France, arriva une lettre du cardinal Ruffo, dont communication nous fut donnée.

» Cette lettre nous invitait, le général Manscourt et moi, à écrire aux généraux en chef des armées de Naples et d'Italie pour traiter du cartel de notre échange contre il signor Boccheciampe, qui venait d'être fait prisonnier et conduit à Ancône. La lettre ajoutait que le roi de Naples faisait plus de cas de ce signor Boccheciampe, seul, que de tous les autres généraux napolitains, prisonniers de guerre, soit en Italie, soit en France.

» Nous adressâmes, en conséquence, au cardinal les lettres nécessaires; mais le cardinal, ayant appris que Boccheciampe avait été, non pas fait prisonnier, mais tué, la négociation, qui ne pouvait plus avoir le résultat attendu, demeura sans effet.

« Bien plus, un matin, le gouverneur civil et politique de Tarente et le commandant militaire se firent introduire près de nous, et nous déclarèrent qu'ils avaient ordre de nous faire transporter à l'instant même, le général Manscourt et moi, au château.

» Cet ordre reçut immédiatement son exécution.

» Le lendemain, à force d'instances, nous obtînmes que nos domestiques vinssent nous rejoindre.

» Ce fut ainsi que nous fûmes séparés de Dolomieu, qu'attendait une captivité non moins terrible que la nôtre (1).

» A notre arrivée au château, on nous donna à chacun une chambre séparée.

» A peine installés, nous fîmes venir le gouverneur ; nous lui racontâmes la proposition faite par le cardinal Ruffo, et nous lui demandâmes conseil sur ce que nous avions à faire.

» Il nous invita, notre lettre étant restée sans réponse, à en écrire une nouvelle ; ce que nous fîmes à l'instant même : un bâtiment en partance devait s'en charger et la remettre au général d'Anciera, commandant de Messine.

» Il va sans dire que nous n'eûmes pas plus de nouvelles de celle-là que de la première.

» Le surlendemain de mon entrée au château de Brindisi, comme je reposais sur mon lit, la fenêtre ouverte, un paquet d'un certain volume passa à travers les barreaux de ma fenêtre et vint tomber au milieu de ma chambre.

» Je me levai et ramassai le paquet : il était ficelé ; je coupai les cordelettes qui le maintenaient, et je reconnus que ce paquet se composait de deux volumes.

» Ces deux volumes étaient intitulés *le Médecin de campagne*, par Tissot.

» Un petit papier, plié entre la première et la seconde page, renfermait ces mots :

« De la part des patriotes calabrais ; voir au mot *Poison*. »

» Je cherchai le mot indiqué : il était doublement souligné.

» Je compris que ma vie était menacée ; je cachai les deux volumes de mon mieux, dans la crainte qu'ils ne me fussent

---

(1) Transporté dans les prisons de Naples, Dolomieu réclamait de son geôlier quelque adoucissement à sa position.

Le geôlier refusa ce que lui demandait l'illustre savant.

— Prends garde ! lui dit celui-ci, avec de pareils traitements, je sens que je n'ai plus que quelques jours à vivre.

— Que m'importe ! répondit le geôlier, je ne dois compte que de vos os.

Dolomieu mourut deux ans après sa sortie de prison.

enlevés. Je lus et relus si souvent l'article recommandé, que j'en arrivai à connaître à peu près par cœur les remèdes applicables aux différents cas d'empoisonnement que l'on pourrait tenter sur moi.

» Cependant, durant les huit premiers jours, notre situation fut tolérable; nous jouissions de la promenade, devant la porte de notre logement, sur un espace d'environ trente toises. Mais, sous prétexte que les Français venaient de s'emparer de Naples, le gouverneur nous déclara, vers la fin de la première semaine, que la promenade nous était désormais interdite; et, le même jour, nous vîmes des serruriers poser des verrous à toutes nos portes et des maçons exhausser les murs d'une cour de douze pieds de long sur huit de large qui nous restait pour prendre l'air.

» C'est alors que nous nous posâmes vainement ce dilemme : Ou nous sommes prisonniers de guerre, et l'on nous doit le traitement alloué au grade de général prisonnier; ou nous ne sommes pas prisonniers de guerre, et alors on doit nous remettre en liberté.

» Pendant huit mois, nous fûmes obligés de vivre à nos frais, rançonnés par tout le monde et payant chaque objet le double de sa valeur.

» Au bout de huit mois, un ordre du roi nous fut communiqué, par lequel il était accordé à chacun de nous dix carlins par jour.

» Cela faisait quatre francs dix sous, à peu près, de notre monnaie de France; et, sur ces quatre francs dix sous, nous devions défrayer nos domestiques.

» On eût pu cependant doubler notre solde, la détermination étant prise de ne pas nous la payer longtemps.

« J'avais quitté l'Égypte à cause du mauvais état de ma santé. Mes amis, qui voyaient dans mes souffrances une nostalgie pure et simple, criaient à la maladie imaginaire; moi seul me sentais malade réellement et me rendais compte de la gravité de ma maladie.

« Une attaque de paralysie, qui me frappa la joue gauche, vint malheureusement, quelques jours après mon entrée au lazaret, me donner raison contre les incrédules. J'avais alors à grand'peine obtenu d'être visité par un médecin, lequel se contenta de m'ordonner des remèdes tellement insignifiants, que le mal demeura stationnaire.

» Quelques jours après mon entrée au château, ce même médecin me vint visiter, sans être demandé cette fois.

» C'était le 16 juin, à dix heures du matin.

» J'étais au bain; il me conseilla un biscuit trempé dans un verre de vin, et se chargea de m'envoyer des biscuits. Dix minutes après, les biscuits promis arrivaient.

» Je fis comme il avait conseillé; mais, vers les deux heures de l'après-midi, je fus violemment saisi de douleurs d'entrailles et de vomissements qui m'empêchèrent de dîner d'abord, et qui, en redoublant toujours d'intensité, me mirent bientôt à deux doigts de la mort.

» Je me rappelai aussitôt les recommandations des patriotes et le mot *poison* souligné; je demandai du lait. Une chèvre, que j'avais ramenée d'Égypte et qui était une distraction dans ma captivité, m'en fournit par bonheur la valeur d'une bouteille et demie. La chèvre épuisée, mon domestique se procura de l'huile et m'en fit avaler trente ou quarante cuillerées; quelques gouttes de citron, mêlées à cette huile, corrigeaient ce que ce remède avait de nauséabond.

» Dès qu'il me vit en ce fâcheux état, le général Manscourt fit prévenir le gouverneur de l'accident qui venait de m'arriver, le priant d'envoyer chercher à l'instant même le médecin; mais le gouverneur répondit tranquillement que la chose était impossible, attendu que le médecin était à la campagne.

» Ce ne fut que vers huit heures du soir, et lorsque les instances de mon compagnon de captivité prirent le caractère de la menace, qu'il se décida enfin à venir avec lui dans ma prison; il était accompagné de tous les membres du gouvernement et escorté de douze soldats armés.

» Ce fut avec cet appareil militaire, contre lequel Manscourt protesta de toute la hauteur de son courage et de toute la force de sa loyauté, que la consultation me fut donnée.

» Sans doute le médecin, pour se présenter devant moi, avait besoin de toute cette force armée ; car, si bien soutenu qu'il fût en entrant dans ma chambre, il était lui-même pâle comme un mort.

» Ce fut alors moi qui l'interpellai, et si vivement, qu'il balbutia, me répondant à peine, et avec un tel embarras dans ses réponses, qu'il me fut facile de voir que, s'il n'était pas l'auteur du crime, — et c'était probable, car cet homme n'avait aucun intérêt à ma mort, — il en était du moins l'instrument.

» Quant aux remèdes à suivre, il m'en ordonna un seul, qui était de boire de l'eau glacée ou de sucer de la neige.

» A l'empressement que l'on mit à suivre l'ordonnance de ce misérable, je me défiai ; et, en effet, au bout d'un quart d'heure de ce traitement, le mal avait tellement empiré, que je me hâtai d'y renoncer et de revenir à mon huile et à mon citron.

» Ce qui me confirma dans cette croyance que j'étais empoisonné, ce fut, outre les douleurs d'entrailles et les vomissements qui avaient tous les caractères de l'empoisonnement par les matières arsénieuses, ce fut, dis-je, que je me rappelai avoir vu, à travers la porte ouverte, tandis que j'étais au bain et avant qu'il vînt à moi, le médecin s'approcher du général Manscourt, qui lisait dans la chambre voisine, et lui dire mystérieusement qu'il était certain que nous devions être dépouillés comme l'avaient été nos compagnons ; en conséquence, il se mettait à sa disposition, s'engageant, si nous avions quelques objets précieux, à nous les conserver jusqu'à notre sortie de prison, époque à laquelle il s'empresserait de nous les rendre.

» Il avait profité, pour faire cette proposition au général Manscourt, de l'absence d'un canonnier tarentin, nommé Lamarronne, qui était son complice, mais avec lequel il ne se souciait pas de partager nos dépouilles.

» Le lendemain, ma chèvre mourut... Elle m'avait sauvé la vie, il fallait la punir.

» Trois jours après, le médecin mourut. Il avait manqué son coup, il fallait prévenir son indiscrétion.

» Le médecin, le jour où il m'avait rendu visite, avait fait pour le général Manscourt, atteint d'une affection scorbutique, une ordonnance que celui-ci se garda bien de suivre, voyant l'état où m'avaient mis les biscuits envoyés par ce misérable ; sans doute, cette abstention lui sauva la vie.

» Mais sa mort était résolue comme la mienne ; seulement, on eut recours pour lui à un autre moyen.

» Une poudre fut mêlée à son tabac, qui commença dès lors à lui donner de violents maux de tête et ensuite quelques attaques de folie. Le général Manscourt ne savait à quoi attribuer ces accidents, lorsque j'eus l'idée de visiter la boîte dans laquelle il enfermait son tabac. La poudre qu'on y avait mêlée était tellement corrosive, que le fond de la boîte était troué en plusieurs endroits, et que des parcelles de fer-blanc, dans la proportion d'un vingtième à peu près, étaient mêlées au tabac.

» J'eus encore recours à mon *Médecin de campagne :* il recommandait la saignée. Le général Manscourt se fit tirer du sang à trois reprises différentes, et fut soulagé.

» Cependant, à la suite de mon empoisonnement, j'avais été atteint de surdité : un de mes yeux avait perdu complétement la faculté de voir, et la paralysie avait fait des progrès.

» Ce qu'il y avait de remarquable, et ce qui prouve la présence d'un agent destructeur, c'est que tous ces symptômes de caducité me frappèrent à trente-trois ans et neuf mois.

» Quoique l'essai que je venais de faire d'un premier médecin ne me donnât pas une grande confiance dans un second, l'état de marasme où j'étais tombé me força de recourir au gouvernement et de réclamer de nouveau le secours de la science.

» En conséquence, je fis venir ce second docteur et lui demandai si je ne pourrais pas consulter un chirurgien français qui arrivait d'Égypte avec de nouveaux prisonniers ; mais ma demande me fut refusée et force me fut de me contenter du médecin du château.

» Ce médecin s'appelait Carlin, et parlait parfaitement français.

» Son début m'inquiéta : ce fut un déluge de protestations de dévouement, d'assurances de sympathie trop exagérées pour être vraies. Il m'examina avec la plus scrupuleuse attention, déclara que mes soupçons n'étaient pas fondés le moins du monde, et que j'étais atteint d'une maladie de langueur.

» Au reste, il désapprouvait en tous points le traitement que m'avait fait suivre le médecin mort, le traitant d'ignorant et d'imbécile, m'ordonnant des injections dans les oreilles, et me faisant prendre, tous les matins, une demi-once de crème de tartre.

» Au bout de huit jours, ma surdité, qui commençait à disparaître, était revenue, et mon estomac était tellement surexcité, que toute digestion était devenue impossible.

» Carlin me visitait régulièrement, parlait beaucoup, affectait un patriotisme exagéré et une grande sympathie pour les Français ; mais, comme toutes ses démonstrations, au lieu d'exciter ma confiance, me rendaient de plus en plus circonspect, le gouverneur inventa un moyen qu'il crut devoir être efficace : c'était de défendre à Carlin l'entrée de ma prison, sous prétexte qu'il me servait à entretenir des intelligences avec les patriotes italiens.

» J'avoue que je fus dupe de ce stratagème. Mon état empirait chaque jour ; je réclamai Carlin de toutes mes forces ; mais le directeur feignit la plus grande rigueur à son égard, et, le tenant toujours éloigné de moi, m'envoya un autre médecin.

» Celui-là, comme son prédécesseur, désapprouva complétement le régime que je suivais, disant que les injections d'oreilles qu'on me faisait faire, par exemple, n'étaient bonnes qu'à redoubler ma surdité, en irritant la membrane si délicate du tympan. En outre, il me fit préparer lui-même des potions qu'il m'apporta en me venant visiter, et à la suite desquelles j'éprouvai un mieux sensible ; seulement, j'eus l'imprudence d'avouer ce mieux, et, comme ce n'était point ma guérison que l'on voulait, le brave homme fut congédié après sa seconde visite. J'eus beau le redemander, le gouverneur répondit qu'il se refusait obstinément à me venir voir.

» Il me fallut donc me passer de médecin. Grâce au livre de Tissot, je continuai cependant de me traiter tant bien que mal. Mon œil seul allait empirant. Enfin Manscourt se rappela, dans des conditions à peu près pareilles, avoir vu une guérison opérée avec du sucre candi réduit en poudre et soufflé dans l'œil sept ou huit fois par jour. Nous nous procurâmes du sucre candi et nous commençâmes ce traitement, qui avait au moins l'avantage de n'être pas difficile à suivre. J'en éprouvai une amélioration sensible, et, aujourd'hui, je n'ai plus sur cet œil qu'une légère taie qui, je l'espère, finira par disparaître tout à fait.

» Malheureusement, ma surdité et mes douleurs d'estomac allaient empirant sans cesse. Force me fut donc de redemander Carlin, qui ne me fut rendu qu'à la condition que, dans nos conversations, il ne prononcerait pas un seul mot de français, et, dans ses visites, serait toujours accompagné du gouverneur.

» Carlin, en me revoyant, me trouva si mal, qu'il demanda une consultation. Depuis longtemps, je désirais moi-même cette consultation et l'avais inutilement demandée. Elle me fut accordée enfin, et se composa de Carlin, d'un médecin de la ville, du chirurgien du château et d'un chirurgien français que j'obtins à force d'instances auprès du marquis de Valvo, ministre napolitain en mission à cette époque à Tarente.

» A la porte, et au moment d'entrer, le gouverneur arrêta le chirurgien français :

» — Vous allez voir votre général Dumas, lui dit-il ; prenez bien garde de laisser échapper un seul mot français, ou sinon vous êtes perdu !

» Puis, tirant les six verrous qui nous tenaient prisonniers :

» — Vous voyez bien cette porte, dit-il, elle s'ouvre devant vous pour la première et la dernière fois !

» Alors tous entrèrent dans ma chambre et se réunirent

autour de mon lit. Je cherchai des yeux le médecin français, ayant hâte de voir un compatriote, et, presque malgré moi, je fus forcé de reconnaître ce malheureux dans un pauvre diable exténué, à moitié nu et se présentant lui-même à moi avec l'aspect de la souffrance et de la misère.

» Je lui adressai la parole; mais, à mon grand étonnement, il ne me répondit pas. J'insistai; même silence. J'interrogeai le gouverneur; celui-ci balbutia quelques paroles sans suite.

» Pendant ce temps, le médecin français disait tout bas et vivement au général Manscourt:

» — Il m'est défendu, sous peine de mort, de parler au prisonnier!

» Carlin expliqua alors à ses confrères la cause et les développements de ma maladie, ainsi que le traitement qu'il avait jugé à propos de me faire suivre ; puis, après une légère discussion dans laquelle intervint à peine le médecin français, tant à cause de son ignorance de la langue italienne que de l'intimidation, suite naturelle des menaces du gouverneur, il fut convenu que je suivrais le traitement primitif, auquel on ajouterait seulement des pilules et des vésicatoires sur les bras, sur le cou et derrière les deux oreilles.

» Je me soumis à ce traitement; mais, au bout d'un mois, il avait fait sur moi de tels ravages, que je fus obligé de l'abandonner. Pendant ce mois, j'avais été atteint d'une insomnie continuelle; j'étais empoisonné une seconde fois.

» J'appelai le médecin : je lui exposai tous les symptômes; je les lui rendis si visibles, si patents, que le gouverneur, présent à l'entretien, n'osait me regarder et détournait la tête; mais l'imperturbable Carlin tint bon, affirma que le traitement seul qu'il me faisait suivre pouvait me sauver, et, mes trente pilules étant épuisées, il m'en ordonna de nouvelles.

» Alors je fis semblant de me rendre, je promis de me conformer à l'ordonnance, et, le lendemain, je reçus dix nouvelles pilules que je garde soigneusement pour les soumettre à l'analyse.

» Celles-là, sans doute, devaient opérer plus activement que les autres; car, en me quittant, il m'annonça qu'il partait pour la campagne, et me dit adieu, sous prétexte que, selon toute probabilité, j'aurais quitté moi-même Tarente à son retour.

» Huit jours après, quoique j'eusse complétement abandonné ce traitement fatal, je me sentis tout à coup frappé comme d'un coup de foudre, et je tombai sans connaissance au milieu de ma chambre.

» Je venais d'être atteint d'une violente attaque d'apoplexie.

» Le général Manscourt fit à l'instant même prévenir le gouverneur de l'accident qui venait de m'arriver, en réclamant le secours du chirurgien du château; mais le gouverneur, sans daigner se déranger de son repas, répondit tranquillement que le chirurgien était à la campagne, et qu'à son retour on me l'enverrait.

» J'attendis ainsi près de quatre heures.

» Pendant ce temps, la nature, abandonnée à elle-même, avait lutté, et j'avais repris quelque connaissance. Il est vrai que c'était juste ce qu'il en fallait pour sentir que je m'en allais mourant.

» En conséquence, rassemblant le peu de forces qui me restaient, j'ordonnai à une vieille femme qui faisait nos provisions d'aller dire au gouverneur que je savais parfaitement que le chirurgien n'était pas à la campagne, et que, s'il n'était pas près de moi dans dix minutes, je le prévenais que je me traînerais jusqu'à la fenêtre et crierais à toute la ville que j'étais empoisonné; ce qui n'étonnerait personne sans doute, mais ce qui du moins mettrait au grand jour son infamie.

» Cette menace eut son effet : cinq minutes après, ma porte s'ouvrit, et ce chirurgien, qui ne pouvait venir parce qu'il était à la campagne, entra.

» J'avais eu recours à mon Tissot, et j'avais vu que, pour le cas où je me trouvais, une abondante émission de sang était le seul remède. J'ordonnai donc impérieusement au médecin de me saigner.

» Mais, comme s'il ne devait obéir qu'à des ordres supérieurs, il se retourna vers le commandant du château, comme pour lui en demander la permission. Sans doute il l'obtint, car il tira de sa poche un instrument de chirurgie; seulement, au lieu que cet instrument fût une lancette, c'était une flamme à saigner les chevaux.

» Je haussai les épaules.

» — Pourquoi pas un poignard tout de suite? lui dis-je. Ce serait plus tôt fait.

» Et j'étendis mon bras.

» Mais sans doute la première incision n'était pas suffisante, car ce ne fut qu'à la troisième ouverture que ce misérable me fit dans le bras, qu'il atteignit enfin la veine et que le sang vint.

» Cette première attaque d'apoplexie fut, trois jours après, suivie d'une seconde pour laquelle le même chirurgien, appelé de nouveau, me fit, avec le même instrument, une seconde saignée. Seulement, celle-là, il jugea à propos de me la faire au pied, et si maladroitement ou si adroitement (car on craignait toujours que, grâce au secours des patriotes, nous ne nous évadassions), qu'un nerf fut attaqué et que, pendant plus de trois mois, ma jambe enflait démesurément au bout de dix pas que je faisais.

» Cependant, comme le craignait le gouverneur, le bruit de ces infâmes traitements s'était répandu dans la ville. Un jour, une pierre tomba dans ma chambre, enveloppée d'un morceau de papier. Sur ce papier étaient écrits ces mots :

« On veut vous empoisonner, mais vous avez dû recevoir
» un livre dans lequel nous avons souligné le mot *poison*.
» Si vous avez besoin de quelque remède que vous ne puis-
» siez pas vous procurer dans votre prison, laissez pendre
» une ficelle à votre fenêtre, et, au bout de la ficelle, on
» accrochera ce que vous demanderez. »

» Entre le papier et la pierre était roulée une longue ficelle armée d'un hameçon.

» Dès la nuit suivante, je laissai pendre la ficelle en demandant du kina pour me traiter, et du chocolat pour me nourrir.

» Dès la nuit suivante, j'eus ma provision faite de l'un et de l'autre.

» Grâce à ce traitement et à cette nourriture, le mal cessa de faire des progrès, et les attaques d'apoplexie disparurent ; seulement, je restai estropié de la jambe droite, sourd de l'oreille droite, paralysé de la joue gauche et ayant l'œil droit presque perdu.

» En outre, j'étais en proie à de violents maux de tête et à de continuels bourdonnements.

» J'assistais enfin sur moi-même à cet étrange spectacle d'une nature vigoureuse pliant sous la lutte d'une destruction obstinée.

» Il y avait près de quinze mois que nous étions prisonniers à Tarente, et notre importance faisait qu'on s'occupait de nous dans la ville. On en arriva à reculer devant le scandale de notre mort. Toutes ces tentatives d'empoisonnement ne s'étaient pas faites sans transpirer dans la ville ; les patriotes parlaient tout haut des infâmes traitements auxquels j'étais en butte. Il fut donc décidé, entre le marquis de la Squiave et les agents du roi de Naples à Tarente, de nous transférer au château maritime de Brindisi. Cette singulière disposition nous fut cachée avec soin ; mais, si secrète qu'elle eût été tenue, les patriotes en avaient été avertis, et trois ou quatre d'entre eux, en passant devant nos fenêtres, nous faisaient comprendre, par leurs gestes, que nous devions être transférés dans une autre prison, et que, sur la route, nous serions assassinés.

» J'appelai Manscourt, pour lui faire part de la nouvelle qui nous était transmise ; mais nous crûmes à un faux bruit, et nous ne nous inquiétâmes point autrement de cet avis.

» Le même soir, vers onze heures, nous étions couchés, quand tout à coup ma porte s'ouvrit à grand fracas, et le marquis de la Squiave, avec une cinquantaine de sbires, entra et nous intima l'ordre de partir sur-le-champ pour Brindisi. Alors cet avertissement qui m'avait été donné dans la journée me revint à l'esprit; et, pensant que, puisque la première partie de cet avertissement qui concernait la translation était vraie, la seconde, qui concernait l'assassinat, devait être aussi vraie que la première, je trouvai que tout autant valait mourir tout de suite; que, d'ailleurs, mourir en résistant, mourir dans une lutte, mourir dans un combat, était préférable à mourir lentement, heure par heure, minute par minute. Je déclarai donc que je ne bougerais pas; qu'on m'enlèverait par force, mais que je me défendrais jusqu'à la dernière extrémité.

» A cette réponse, le marquis tira son sabre et s'avança vers moi.

» J'avais au chevet de mon lit une canne, avec un lourd pommeau d'or massif, qu'on m'avait sans doute laissée parce qu'on prenait ce pommeau pour du cuivre. Je saisis ma canne, et, sautant à bas de mon lit, je tombai sur le marquis et sur toute cette canaille d'une si rude façon, que le marquis lâcha son sabre et s'enfuit, et que tous ces misérables coquins, jetant couteaux et poignards, le suivirent en poussant de grands cris, et cela, si vivement, qu'en moins de dix secondes ma chambre fut complétement évacuée.

» Je ne sais, du reste, comment eût tourné pour nous cet acte de rébellion, si l'armistice conclu à Foligno n'était venu mettre un terme à ce long supplice, auquel nous devions nécessairement finir par succomber. Mais, comme le gouvernement napolitain devait être infâme pour nous jusqu'au dernier moment, on se garda bien de nous annoncer la fin de notre captivité. Tout au contraire, avec des menaces nouvelles, avec un appareil formidable, et comme si on nous réunissait là pour nous y faire périr tous ensemble, on nous transféra à Brindisi tous tant que nous étions de Français à Tarente et dans ses environs.

» Ce fut seulement au moment d'être embarqués que nous sûmes l'armistice conclu et le cartel d'échange arrêté; nous étions libres.

» Seulement, notre liberté, selon toute probabilité, ne serait pas de longue durée.

» On nous embarquait à Brindisi pour Ancône, et, cela, sur une mer couverte de voiles ennemies. L'Angleterre allait donc, selon toute probabilité, hériter de nous, et nous ne faisions que changer notre ancienne captivité contre une nouvelle.

» Je fis toutes ces observations au marquis de la Squiave, et protestai, en mon nom et au nom de mes compagnons, contre cet embarquement.

» Mes protestations furent inutiles : on nous entassa sur une felouque, et l'on fit voile pour Ancône.

» Il va sans dire qu'au moment de l'embarquement, je réclamai mes papiers, mes armes, mes chevaux, tous les objets qui m'avaient été volés enfin, et surtout mon sabre, auquel je tenais beaucoup, attendu qu'il m'avait été donné à Alexandrie par le général Bonaparte.

» A toutes ces réclamations, il me fut banalement répondu qu'on en référerait à Sa Majesté.

» J'ai su depuis qu'en effet cette réclamation avait été transmise au roi Ferdinand ; mais, comme il chassait tous les jours avec mes fusils et mes chevaux, comme il trouvait que les fusils partaient bien et que les chevaux étaient bons coureurs, fusils et chevaux, il garda tout.

» Nous arrivâmes à Ancône, ayant par miracle échappé aux Anglais et aux Barbaresques.

» A Ancône, nous trouvâmes le général Watrin, qui, nous voyant dénués de tout (nous avions vendu, pour vivre, tout ce que nous possédions), nous offrit sa bourse.

» Cette bourse nous servit à nous vêtir d'abord et ensuite à donner cent piastres au capitaine napolitain qui nous avait transportés, et qui n'eut pas honte de venir nous réclamer cette somme pour sa *buona mano*.

» Tel est le récit exact de ces vingt mois de captivité, pendant lesquels on essaya sur moi trois tentatives d'empoisonnement et une d'assassinat.

» Au reste, quoique ma vie ne doive pas être longue maintenant, je remercie le Ciel de me l'avoir conservée jusqu'à cette heure, puisque, tout mourant que je suis, il me reste encore assez de force pour dénoncer au monde une série de traitements tels, que les peuples les moins civilisés rougiraient de les faire souffrir à leurs plus cruels ennemis.

» Fait au quartier général de l'armée d'observation du Midi, à Florence, le 15 germinal an IX de la République.

» ALEX. DUMAS. »

XV

Mon père est échangé contre le général Mack. — Ce qui s'était passé pendant sa captivité. — Il demande en vain à être compris dans la répartition des cinq cent mille francs d'indemnité accordés aux prisonniers. — L'arriéré de sa solde lui est également refusé. — On le met en non-activité, malgré ses énergiques réclamations.

Mon père venait d'être échangé contre le fameux général Mack, prêté par l'empereur d'Autriche aux Napolitains, le même qui plus tard devait, pour la troisième fois, être repris à Ulm, et sur lequel on fit ce quatrain :

En loyauté comme en vaillance,
Mack est un homme singulier :
Retenu sur parole, il s'échappe de France ;
Libre dans Ulm, il se rend prisonnier.

Pendant la captivité de mon père, qui avait duré du 27 ventôse an VII (17 mars 1799) au 15 germinal an IX (5 avril 1801), de grands événements s'étaient passés.

Bonaparte, après avoir échoué devant Saint-Jean-d'Acre, voyant ses projets gigantesques sur l'Orient échouer devant une bicoque, Bonaparte, sans nouvelles d'Europe depuis dix mois, apprend tout à coup par une gazette égarée nos revers d'Italie, la reprise de Mantoue, la bataille de Novi, la mort de Joubert; il quitte l'Égypte, arrive à Fréjus, après une traversée de quarante jours à bord de *la Muiron*, arrive à Paris le

16 octobre 1799, renverse le Directoire un mois après, dans la fameuse journée du 18 brumaire, se fait nommer premier consul, marie sa sœur Caroline à Murat, part pour l'Italie le 6 mai 1800, passe le mont Saint-Bernard avec son armée dans les journées du 19 et du 20, et bat les Autrichiens à Marengo, le 14 juin 1800, le même jour où Kléber est assassiné au Caire par Soliman.

Le 12 janvier 1801, Murat avait quitté Milan pour envahir Naples et délivrer Rome.

Le 18 février, l'armistice dont nous avons parlé, et auquel mon père devait sa liberté, avait été conclu entre la France et le roi de Naples.

Enfin, comme nous l'avons vu, mon père était arrivé le 5 avril au quartier général de Florence, d'où il avait expédié au premier consul le rapport qu'on vient de lire, et que j'ai copié sur le manuscrit écrit de sa main, signé de son nom.

En arrivant à Ancône, le 23 germinal an IX, mon père s'était empressé d'écrire aux consuls la lettre suivante :

« Citoyens consuls,

» J'ai l'honneur de vous informer que nous sommes arrivés hier dans cette ville, avec quatre-vingt-quatorze prisonniers, tant officiers, sous-officiers que soldats et marins, pour la plupart aveugles ou estropiés. Nous nous bornons, dans ce moment, à vous dire que les traitements que nous avons éprouvés du gouvernement de Naples le déshonorent aux yeux de l'humanité et de toutes les nations, puisqu'il a, pour se débarrasser de nous, employé les moyens les plus affreux, même celui du poison.

» J'aurai, du reste, l'honneur de vous envoyer au quartier général de Florence le rapport détaillé de toutes les infamies dont le gouvernement napolitain s'est rendu coupable à notre égard.

» Agréez, citoyens consuls, l'assurance de nos respects. »

Le mois de juillet suivant, il écrivait à Murat :

« Si plus tôt, mon cher Murat, je n'ai pu m'entretenir avec toi, cherches-en la cause dans ma misérable santé, qui, toujours chancelante, me rappelle cruellement et continuellement les traitements affreux que le roi de Naples m'a fait souffrir.

» J'aurais désiré, mon cher Murat, savoir quelque chose de positif sur les cinq cent mille francs que tu m'as dit que le gouvernement napolitain était forcé de payer, par forme d'indemnité, à ceux des prisonniers de guerre qui ont survécu au séjour qu'ils ont fait dans ses prisons. Je me suis adressé à beaucoup de personnes à ce sujet; mais aucune ne m'a pu dire ce qui existait réellement à propos de cette indemnité. Toi seul, mon cher Murat, es probablement chargé d'en traiter avec le roi de Naples, et je ne doute nullement, en ce cas, que tu ne penses à moi pour cette double raison : de l'intérêt que tu as paru prendre à mes malheurs, et de l'amitié éternelle que nous nous sommes mutuellement vouée depuis longtemps. Je te prie de ne pas oublier la réclamation des objets qui m'ont été volés par ce roi, ainsi que le portent les déclarations qui m'ont été remises par ses agents, lors de mon départ de Brindisi, et qui sont dans les pièces que je t'ai laissées. Presse donc la remise de tous ces objets, s'ils ne sont déjà en ton pouvoir, et surtout celle de mes deux chevaux. Tu sais combien je suis attaché à la jument que tu m'as donnée, puisque, faisant jeter neuf chevaux sur onze à la mer, j'ai gardé celle-là.

» Le premier consul a été indigné, m'a-t-on dit, de la conduite tenue par le roi de Naples à mon égard, et m'a promis de me faire restituer tous les objets qui m'ont été enlevés, et particulièrement le sabre qu'il m'a donné à Alexandrie, et qui est entre les mains de ce misérable de Cesare.

» Je désire beaucoup que tu l'aies devancé.

» Tout à toi. »

Mais cette réclamation de mon père, toute juste qu'elle parut d'abord au premier consul lui-même, n'allait pas toute seule, ainsi que le prouve cette lettre, adressée à Bonaparte lui-même :

« Le général Lannes m'a fait part que vous ne pouviez m'accorder d'indemnité, avant que vous sachiez si le général Murat avait réellement exigé du gouvernement napolitain cette même indemnité. Personne cependant ne connaît mieux que vous les souffrances que j'ai éprouvées, et combien a été complète la spoliation de mes effets.

» Le général Murat m'écrit que le ministre des relations extérieures est chargé de la répartition d'une somme de cinq cent mille francs, que le gouvernement napolitain s'est obligé de payer aux Français qui ont été victimes de sa barbarie. Je me contenterai donc, citoyen, de vous prier de vouloir bien donner des ordres pour que je sois compris dans l'état de répartition de cette somme.

» J'espère que vous voudrez bien vous intéresser, dans cette juste demande, à un homme à qui vous avez donné tant d'assurances verbales et tant de témoignages écrits de votre estime et de votre amitié. »

On le voit, les nuages de l'Égypte, ces nuages qui, au dire de Bonaparte, ne duraient que six heures, avaient passé la Méditerranée et s'épaississaient sur la tête de mon pauvre père.

Il l'avait cependant dit lui-même : il n'avait pas longtemps à vivre, et ne devait pas tarder à débarrasser Napoléon d'un de ces derniers généraux républicains que Bonaparte avait rencontrés sur sa route.

Hoche était mort empoisonné ; Joubert avait été tué à Novi ; Kléber avait été assassiné au Caire ; mon père éprouvait les premières atteintes d'un cancer à l'estomac, suite naturelle de l'arsenic qui lui avait été donné.

Il va sans dire que mon père ne fut pas compris dans cette répartition des cinq cent mille francs, accordés comme indemnité aux prisonniers.

Mon père, alors, avait au moins compté sur sa solde pendant ces deux ans de captivité.

Il s'était adressé à ce sujet à Bonaparte ; cette lettre fut la dernière, je crois, qu'il lui écrivit : c'était quelques jours après ma naissance.

« 7 vendémiaire an x.

» Je croyais, ainsi que vous me fîtes l'honneur de me le dire, être rappelé de mes appointements arriérés à compter du 30 pluviôse an VII. Les revues ont établi le décompte de ce qui m'était dû pour ce temps. J'ai été soldé des trois premiers trimestres de l'an IX ; mais le ministre de la guerre me dit, par sa lettre du 29 fructidor dernier, que je ne puis recevoir ce qui me revient pour une partie de l'an VII et de l'an VIII, en entier, attendu que l'arrêté que vous avez pris en ma faveur porte textuellement que je ne serai rappelé que pour ce que la loi m'accorde, c'est-à-dire deux mois de traitement d'activité.

» Mais, général consul, vous connaissez les malheurs que je viens d'éprouver ! vous savez mon peu de fortune ! vous vous rappelez le trésor du Caire !

» J'espère donc assez en votre amitié pour croire que vous voudrez bien ordonner que je sois soldé de ce qui me reste de l'an VII et de l'an VIII. C'est tout ce que je demande.

» Les empoisonnements successifs que j'ai subis dans les prisons de Naples ont tellement délabré ma santé, qu'à trente-six ans, j'éprouve déjà des infirmités que je n'aurais dû ressentir que dans un âge plus avancé.

» J'espère donc, général consul, que vous ne permettrez pas que l'homme qui partagea vos travaux et vos périls languisse au-dessous de la mendicité, quand il est en votre pouvoir de le mettre au-dessus du besoin en lui accordant un témoignage de la générosité nationale dont vous êtes l'organe.

» J'éprouve un autre chagrin, général consul, et qui, je l'avoue, m'est plus terrible encore que ceux dont je me suis plaint. Le ministre de la guerre m'a prévenu, par une lettre du 29 fructidor dernier, que, pour l'an X, j'étais porté au nombre des généraux en non-activité. Eh quoi! je suis, à mon âge et avec mon nom, frappé d'une espèce de réforme ! Mes services passés devaient m'en garantir... Cependant, en 93, je commandais en chef les armées de la République... Je suis le plus ancien officier général de mon grade; j'ai pour moi des faits d'armes qui ont puissamment influé sur les événements; j'ai toujours conduit à la victoire les défenseurs de la patrie. Dites! qui, plus que moi, reçut de votre part des témoignages d'estime? Et voilà mes cadets de toute manière qui sont employés, et moi, je me trouve sans activité!... Voyons, général consul, j'en appelle à votre cœur; permettez que j'y dépose mes plaintes et que je remette entre vos mains ma défense contre les ennemis que je puis avoir. »

Huit jours auparavant, mon père avait écrit au ministre de la guerre :

« J'ai reçu votre lettre du 29 du mois dernier, qui m'annonce que, me trouvant sans destination, je suis compris au nombre des officiers généraux en non-activité, et que je jouirai du traitement de sept mille cinq cents francs, à partir du 1er vendémiaire an X.

» Les services que j'ai rendus à la nation me font croire sans peine que le gouvernement s'empressera de m'employer à la première occasion qui se présentera, lorsque vous lui mettrez sous les yeux le tableau de ces mêmes services.

» Je ne parle pas des malheurs récents que je viens d'éprouver : Français, je les ai cependant supportés pour la France ! et, à ce titre, ces malheurs devraient me donner des droits à la reconnaissance nationale. On sait, d'ailleurs, que j'ai successivement passé par tous les grades militaires, depuis celui de soldat jusqu'à celui de général en chef, après les avoir tous gagnés à la pointe de mon épée, sans que l'intrigue y ait eu aucune part.

» Le mont Cenis, le mont Saint-Bernard, la défense opiniâtre du 27 nivôse an VII devant Mantoue, où j'ai eu deux chevaux tués sous moi; le passage de la Weiss, qui a été mis sur le compte des généraux Baraguey-d'Hilliers et Delmas, et qui m'appartient; le trait d'Horatius Coclès renouvelé dans le Tyrol, et qui m'a valu l'honneur d'être présenté sous ce nom au Directoire exécutif par le général Bonaparte, et qui, dans ce temps, avait fait jeter les yeux sur moi pour commander l'armée du Tyrol; enfin, l'insurrection du Caire, que j'ai apaisée en votre absence à tous, vous le savez bien, citoyen ministre, voilà mes droits imprescriptibles aux égards de mes anciens compagnons d'armes et à la reconnaissance de mon pays.

» Dès 1793, citoyen ministre, j'ai commandé en chef les armées de la République. Dans ces temps malheureux et difficiles, je n'ai jamais été vaincu; au contraire, la victoire a constamment couronné mes entreprises.

» Maintenant, je suis le plus ancien officier général de mon grade; compagnon du général consul dans presque toutes les guerres en Italie et en Égypte, nul plus que moi n'a concouru à ses triomphes et à la gloire de nos armes; ses lettres, lettres que je possède, font foi de son estime, quand elles ne font plus foi de son amitié. Vous-même, à mon retour des prisons napolitaines, vous m'avez prodigué les marques du plus vif intérêt, et voilà que maintenant je subis une espèce de réforme!

» Citoyen ministre, je ne devais pas m'y attendre; je vous prie, en conséquence, de faire part de cette lettre au premier consul, et de lui dire que j'attends de son ancienne amitié des ordres pour être employé.

» L'honneur a toujours guidé mes démarches; la franchise et la loyauté sont les bases de mon caractère, et l'injustice est pour moi le plus cruel supplice. »

J'ai sous les yeux le registre de la correspondance de mon père; le registre s'arrête là et n'offre plus que des pages blanches.

Ces deux lettres, au ministre de la guerre et au premier consul, sont les dernières qu'il ait écrites.

Sans doute, elles étaient restées sans réponse.

Alors le découragement l'a pris; il s'est affaissé sur lui-même, et, enseveli dans l'ombre de sa non-activité, comme dans cette chambre des morts où les condamnés faisaient une dernière halte avant que de marcher à l'échafaud, il a attendu, dans un engourdissement mêlé d'accès de désespoir, ce moment suprême que la plupart de ses compagnons d'armes, plus heureux que lui, ont vu venir couchés sur le champ de bataille.

XVI

Lettre de mon père au général Brune sur ma naissance. — Le post-scriptum. — Mon parrain et ma marraine. — Premiers souvenirs d'enfance. — Topographie du château des Fossés, et silhouettes de quelques-uns de ses habitants. — La couleuvre et la grenouille. — — Pourquoi je demandais à Pierre s'il savait nager. — Suite à *Jocrisse*.

Je naquis, comme je l'ai dit au commencement de ces Mémoires, le 5 thermidor an x (24 juillet 1802), à quatre heures et demie du matin.

Je me présentais à la vie avec de grandes apparences de force et de vigueur, s'il faut en croire une lettre que mon père écrivait le lendemain de ma naissance à son ami le général Brune.

La lettre est étrange et possède même un post-scriptum assez excentrique; mais ceux qui ont eu la patience de lire ces Mémoires jusqu'ici connaissent déjà le genre d'esprit de mon père, esprit tout de boutade et de verve, comme on peut voir.

D'ailleurs, ceux qui ne voudront pas avoir sur moi les détails que mon père donnait à Brune peuvent passer par-dessus cette lettre, sans la lire, ni elle ni son post-scriptum.

Telle quelle, la voici :

« Ce 6 thermidor an x.

» Mon cher Brune,

» Je t'annonce avec joie que ma femme est accouchée hier matin d'un gros garçon, qui pèse neuf livres et qui a dix-huit pouces de long. Tu vois que, s'il continue à grandir à l'extérieur comme il a fait à l'intérieur, il promet d'atteindre une assez belle taille.

» Ah çà! tu sauras une chose : c'est que je compte sur toi pour être parrain. Ma fille aînée, qui t'envoie mille tendresses au bout de ses petits doigts noirs, sera ta commère. Viens vite, quoique le nouveau venu en ce monde ne paraisse pas avoir envie d'en sortir de sitôt; viens vite, car il y a longtemps que je ne t'ai vu, et j'ai une bonne grosse envie de te voir.

» Ton ami,

» ALEX. DUMAS.

» *P.-S.* Je rouvre ma lettre pour te dire que le gaillard vient de pisser par-dessus sa tête. C'est de bon augure, hein! »

Qu'on passe quelque chose à l'amour-propre de mon père. Il avait tant désiré ce garçon, depuis dix ans qu'il était marié, qu'il crut que sa naissance, comme celle d'Auguste, devait être précédée, accompagnée et suivie de présages dignes d'intéresser le monde.

En tout cas, ces présages, si satisfaisants pour mon père, parurent, à ce qu'il paraît, moins positifs à Brune; car voici la lettre qu'il lui répondit, poste pour poste, comme on voit :

Au général Dumas.

« Paris, le 10 thermidor an x de la République.

» Mon cher général, un préjugé que j'ai m'empêche de me rendre à tes désirs. J'ai été parrain cinq fois, mes cinq *fillots* sont morts! Au décès du dernier, j'ai promis de ne plus nommer d'enfants. Mon préjugé te paraîtra peut-être fantasque. Mais je serais malheureux d'y renoncer. Je suis ami de ta famille, et cette qualité m'autorise à compter sur ton indulgence. Il m'a fallu être bien ferme dans ma résolution pour refuser le compérage avec ta charmante fille. Fais-lui agréer mes regrets ainsi qu'à ta charmante femme, et agrée l'assurance de mon sincère attachement.

» BRUNE.

» P.-S. Je te fais passer quelques boîtes pour la petite marraine et sa maman. »

Malgré ce premier refus et les craintes qu'il exprimait, mon père insista. Je ne connais pas la seconde lettre; mais sans doute les présages s'étaient succédé plus heureux encore et plus convaincants que les premiers, car, de cette insistance de mon père, il résulta un *mezzo termine :* c'est que Brune ne me tiendrait pas de sa personne sur les fonts de baptême, mais que mon père, muni d'une procuration en bonne forme, m'y tiendrait en son lieu et place.

Quant à la commère, à laquelle cette cérémonie avait déjà valu force bonbons, et devait en valoir davantage encore, et qui, par conséquent, s'en faisait une fête, rien ne fut changé à son endroit.

Brune, par procuration, et Aimée-Alexandrine Dumas, ma sœur, âgée alors de neuf ans, furent donc mes parrain et marraine.

Au moment du départ pour l'Égypte, il avait été convenu, on s'en souvient, que, si jamais ma mère mettait au monde un garçon, les parrain et marraine du susdit garçon devaient être Bonaparte et Joséphine. Mais les choses étaient tellement changées depuis ce temps, que mon père n'eut pas même l'idée de rappeler au premier consul la promesse du général en chef.

Bonaparte — et il l'a prouvé cruellement à ma mère — n'était pas de ces Louis XII qui oublient les haines du duc d'Orléans.

La première lueur qui se répand dans cette première obscurité de ma vie pour y éclairer un souvenir date de l'année 1805. Je me rappelle la topographie partielle d'un petit château que nous habitions et qui s'appelait *les Fossés.*

Cette topographie se borne à la cuisine et à la salle à manger, les deux endroits que je fréquentais sans doute avec le plus de sympathie.

Je n'ai pas revu ce château depuis 1805, et cependant je puis dire que l'on descendait dans cette cuisine par une marche; qu'un gros bloc était en face de la porte; que la table de cuisine venait immédiatement après lui; qu'en face de cette table de cuisine, à gauche, était la cheminée, cheminée immense, à l'intérieur de laquelle était presque toujours le fusil favori de mon père, monté en argent, avec un coussinet de maroquin vert à la crosse, fusil auquel on me défendait, sous les peines les plus sévères, de toucher jamais, et auquel je touchais éternellement, sans qu'une seule fois ma bonne mère ait, malgré ses terreurs, réalisé aucune de ses menaces à mon endroit.

Enfin, au delà de la cheminée, était la salle à manger, à laquelle on montait par trois marches, qui était parquetée en sapin, et lambrissée de bois peint en gris.

Quant aux commensaux de cette maison, à part mon père et ma mère, ils se composaient, et je les classe ici selon l'importance qu'ils avaient prise dans mon esprit, — ils se composaient :

1° D'un gros chien noir nommé *Truffe*, qui avait le privilége d'être bien venu partout, attendu que j'en avais fait ma monture ordinaire;

2° D'un jardinier nommé Pierre, qui faisait pour moi, dans le jardin, provision de grenouilles et de couleuvres, sorte d'animaux dont j'étais fort curieux;

3° D'un nègre, valet de chambre de mon père, nommé Hippolyte, espèce de Jocrisse noir, dont les naïvetés étaient passées en proverbe, et que mon père gardait, je crois, pour compléter une série d'anecdotes qu'il eût pu opposer avec avantage aux jeannoteries de Brunet;

4° D'un garde nommé Mocquet, pour lequel j'avais une profonde admiration, attendu que, tous les soirs, il avait à raconter de magnifiques histoires sur son adresse, histoires qui s'interrompaient aussitôt que paraissait le général, le général n'ayant point de cette adresse une idée aussi haute que le narrateur;

5° Enfin d'une fille de cuisine, nommée Marie.

Cette dernière se perd complétement dans les brouillards crépusculaires de ma vie. C'est un nom que j'ai entendu donner à une forme restée indécise dans mon esprit, mais qui, autant que je puis me rappeler, n'avait rien de poétique.

Truffe mourut de vieillesse vers la fin de 1805; Mocquet et Pierre l'ensevelirent dans un coin du jardin. Ce fut le premier enterrement auquel j'assistai, et je pleurai bien sincèrement le vieil ami de ma première jeunesse.

Maintenant, mes autres souvenirs sont épars et brillants dans une demi-obscurité, sans ordre et sans chronologie.

Un jour que je jouais dans le jardin, Pierre m'appela, je courus à lui. Quand Pierre m'appelait, c'est qu'il avait fait quelque trouvaille digne de mon attention. En effet, il venait de pousser, d'une espèce de pré dans un chemin, une couleuvre qui avait une grosse bosse au ventre. D'un coup de bêche, il coupa la couleuvre en deux, et, de la couleuvre, sortit une grenouille, un peu engourdie par le commencement de digestion dont elle était l'objet, mais qui bientôt revint à elle, détira ses pattes l'une après l'autre, bâilla démesurément, et se mit à sauter doucement d'abord, puis plus vivement, puis enfin comme s'il ne lui était absolument rien arrivé.

Ce phénomène, que je n'ai jamais eu l'occasion de voir se reproduire depuis, me frappa singulièrement et est resté si présent à mon esprit, qu'en fermant les yeux, je revois, au moment où j'écris ces lignes, les deux tronçons mouvants de la couleuvre, la grenouille encore immobile, et Pierre appuyé sur sa bêche et souriant d'avance à mon étonnement, comme si Pierre, la grenouille et la couleuvre étaient encore là devant moi.

Seulement, le visage de Pierre est à demi effacé par le temps, comme un daguerréotype mal venu.

Je me souviens encore que, vers la moitié de l'année 1805, mon père, souffrant et se trouvant mal partout, quitta notre château des Fossés pour une maison ou un château situé à Antilly, — de ce séjour, je n'ai aucun souvenir, — et que mon déménagement à moi se fit sur le dos de Pierre. Or, il avait beaucoup plu la veille et la surveille, et mon étonnement était grand de voir Pierre, sans se déranger, traverser les flaques d'eau qui coupaient le chemin.

— Tu sais donc nager, Pierre? lui demandais-je.

Il faut que l'impression que m'a faite le courage de Pierre, traversant ces flaques d'eau, soit bien vive, puisque ces paroles sont les premières que je me rappelle avoir prononcées, et, comme celles de M. de Crac, qui avaient gelé en hiver et qui dégelaient au printemps, je les entends bruire à mon oreille avec l'accent lointain et presque perdu de ma voix enfantine.

Cette interrogation à Pierre : « Pierre, tu sais donc nager? » venait d'un événement arrivé chez nous, et qui avait laissé une impression profonde dans ma jeune imagination. Trois jeunes gens, dont l'un nommé Dupuis, et que j'ai revu depuis bijoutier à Paris, trois jeunes gens de Villers-Cotterets étaient venus au château des Fossés, entouré d'eau, pour demander la permission de se baigner dans l'espèce de canal qui l'entourait. Mon père avait accordé cette permission, avait demandé aux jeunes gens s'ils savaient nager, et, sur leur réponse négative, leur avait assigné un endroit où ils devaient avoir pied, et où, par conséquent, ils ne courraient aucun danger. Nos baigneurs s'étaient d'abord tenus là; puis, peu à peu, ils s'étaient enhardis, de sorte que tout à coup nous entendîmes de grands cris du côté du canal et qu'on y courut; c'étaient nos trois baigneurs qui étaient tout simplement en train de se noyer.

Heureusement, Hippolyte était là, et Hippolyte nageait comme un poisson. En un tour de main, il fut à l'eau, et, quand mon père arriva au bord du canal, il était déjà en bonne voie de sauver le premier. Mon père, admirable nageur des colonies, se jeta à l'eau à son tour, et sauva le second. Hippolyte sauva le troisième.

Toute cette pêcherie fut l'affaire de cinq minutes, et cependant l'un des trois baigneurs avait déjà perdu connaissance, de sorte que, le voyant couché, les yeux fermés et sans souffle, je le crus mort. Ma mère, qui savait qu'il n'était qu'évanoui, et à qui mon père assurait qu'il ne courait aucun danger de la vie, profita de ce spectacle, qui m'impressionnait profondément, pour me faire un sermon plein d'éloquence sur le danger d'aller jouer sur les bords du canal. Jamais sermon n'eut un auditoire plus attentif, jamais prédicateur n'eut un converti plus fervent.

À partir de ce moment, on ne m'eût pas, pour tous les trésors de l'enfance, chevaux galopants, moutons bêlants, chiens aboyants, on ne m'eût pas fait cueillir une fleur sur les bords du canal.

Une chose m'avait frappé encore, c'étaient les formes merveilleuses de mon père, ces formes pour lesquelles on semblait avoir fondu dans un même moule les statues d'Hercule et d'Antinoüs, comparées aux formes grêles et pauvres d'Hippolyte.

Il en résulte que je vois mon père, quand je le vois, nu, ruisselant d'eau, et souriant d'un divin sourire, comme un homme qui vient d'accomplir un acte qui l'égale à Dieu, c'est-à-dire qui vient de sauver un autre homme.

Voilà pourquoi je demandais à Pierre s'il savait nager. C'est que, le voyant s'aventurer dans des flaques d'eau de deux pouces de profondeur, je songeais à ce jeune homme évanoui sur le gazon du canal, et que je ne voyais là, pour nous sauver, ni mon père ni Hippolyte.

Hippolyte, excellent nageur, coureur dératé, assez bon cavalier, était loin d'avoir, comme je l'ai déjà dit, des facultés intellectuelles correspondantes à ses qualités physiques. Deux exemples donneront une idée de son intelligence.

Un soir que ma mère craignait une gelée de nuit, et qu'elle voulait en préserver quelques belles fleurs d'automne placées sur un petit mur d'appui, et dont la vue égayait les fenêtres de la salle à manger, elle appela Hippolyte.

Hippolyte accourut et attendit l'ordre qu'on allait lui donner, ses gros yeux écarquillés et ses grosses lèvres ouvertes.

— Hippolyte, lui dit ma mère, vous rentrerez ces pots-là ce soir, et vous les mettrez dans la cuisine.

— Oui, madame, répondit Hippolyte.

Le soir, ma mère trouva effectivement les pots dans la cuisine, mais empilés les uns sur les autres, afin de prendre le moins de place possible sur les terres de Marie.

Une sueur froide perla au front de ma pauvre mère, car elle comprenait tout.

Hippolyte avait obéi à la lettre. Il avait vidé les fleurs et rentré les pots.

Les fleurs brisées, entassées les unes sur les autres et toutes brillantes de gelée, furent retrouvées le lendemain au pied du mur.

On appela Pierre, leur médecin. Pierre en sauva quelques-unes; mais la plus grande partie se trouva perdue.

Le second fait est plus grave. Je l'avais offert à Alcide Tousez, pour qu'il le plaçât dans *la Sœur de Jocrisse;* mais il n'osa l'utiliser.

J'avais un charmant petit friquet que Pierre avait attrapé. Le pauvre petit, volant à peine, avait voulu s'aventurer comme Icare à suivre son père, et était passé de son nid dans une cage, où il avait grossi et où son aile avait pris tout le développement nécessaire.

C'était Hippolyte qui était chargé spécialement de donner du grain à mon friquet et de nettoyer la cage.

Un jour, je trouvai la cage ouverte et mon friquet disparu.

De là, cris, douleurs, trépignements, et enfin intervention maternelle.

— Qui a laissé cette porte ouverte? demanda ma mère à Hippolyte.

— C'est moi, madame, répondit celui-ci, joyeux comme s'il avait fait l'action la plus adroite du monde.

— Et pourquoi cela?

— Dame! pauvre petite bête, sa cage sentait le renfermé.

Il n'y avait rien à répondre à cela. Ma mère n'ouvrait-elle pas elle-même les fenêtres et les portes des chambres qui sentaient le renfermé, et ne recommandait-elle pas aux domestiques d'en faire autant en pareille circonstance?

On me donna un autre friquet, et l'on enjoignit à Hippolyte de nettoyer la cage assez souvent pour qu'elle ne sentît pas le renfermé.

Je ne me rappelle pas s'il obéit bien ponctuellement. D'ailleurs, un autre événement préoccupait la maison.

XVII

Le cauchemar de Mocquet. — Son brûle-gueule. — La mère Durand. — Les bêtes *fausses* et le *pierge*. — M. Collard. — Le remède de mon père. — Guérison radicale de Mocquet.

Mocquet avait le cauchemar.

Savez-vous ce que c'est que le cauchemar? Oui, car vous avez vu ce monstre aux gros yeux, assis sur la poitrine d'un homme endormi et haletant.

De qui est la lithographie? Je ne m'en souviens pas; mais je l'ai vu comme vous l'avez vu.

Seulement, le cauchemar de Mocquet, ce n'était pas un singe aux gros yeux, monstre fantastique éclos dans l'imagination d'Hugo, et reproduit par le pinceau de Delacroix, par le crayon de Boulanger ou par le ciseau de Feuchères; non, c'était une petite vieille, habitant le village d'Haramont, distant d'un quart de lieue de notre château des Fossés, et que Mocquet tenait pour son ennemie personnelle.

Mocquet entra un jour, dès le matin, dans la chambre de mon père, encore couché, et s'arrêta devant son lit :

— Eh bien, Mocquet, demanda mon père, qu'y a-t-il? et pourquoi cet air funèbre?

— Il y a, mon général, répondit gravement Mocquet, que je suis *cauchemardé*.

Mocquet, sans s'en douter, avait enrichi la langue d'un verbe actif.

— Tu es *cauchemardé?* Oh! oh! fit mon père en se soulevant sur le coude.

— Oui, général.

Et Mocquet tira son brûle-gueule de sa bouche, ce qu'il ne faisait que rarement et dans les circonstances graves.

Ce brûle-gueule était devenu non pas un accessoire de Mocquet, mais une partie intégrante de Mocquet.

Jamais nul ne pouvait dire avoir vu Mocquet sans son brûle-gueule. Quand, par hasard, il ne le tenait pas à la bouche, il le tenait à la main.

Ce brûle-gueule, destiné à accompagner Mocquet au milieu des fourrés les plus épais, devait présenter le moins de prise possible aux corps solides, qui pouvaient amener son anéantissement.

Or, l'anéantissement d'un brûle-gueule bien culotté était pour Mocquet une perte que les années seules pouvaient réparer.

Aussi, la tige du brûle-gueule de Mocquet ne dépassait jamais cinq ou six lignes, et encore pouvait-on toujours, sur les cinq ou six lignes, parier pour moitié en tuyau de plume.

Cette habitude de ne pas quitter sa pipe, laquelle avait creusé son étau entre les incisives de Mocquet, avait amené chez lui une autre habitude, qui était celle de parler les dents serrées, ce qui donnait un caractère d'entêtement particulier à tout ce qu'il disait; car alors rien n'empêchait plus ses dents de se rejoindre.

— Et depuis quand es-tu *cauchemardé,* mon pauvre Mocquet? demanda mon père.

— Depuis huit jours, général.

— Et par qui?

— Oh! je sais bien par qui, dit Mocquet, les dents plus serrées que jamais.

— Mais, enfin, peut-on le savoir?

— Par cette vieille sorcière de mère Durand, général.

— Par la mère Durand d'Haramont?

— Oui, par elle.

— Diable! Mocquet, il faut faire attention à cela!

— Je fais attention aussi, et elle me le payera, la vieille taupe.

La vieille taupe était une expression de haine que Mocquet avait empruntée à Pierre, lequel, n'ayant pas de plus grand ennemi que les taupes, donnait le nom de taupe à tout ce qu'il détestait.

« Il faut faire attention à cela, Mocquet, » avait dit mon père.

Ce n'est pas que mon père crût au cauchemar de Mocquet, ce n'est pas même qu'en admettant l'existence de ce cauchemar, il crût que c'était la mère Durand qui *cauchemardait* son garde. Non; mais mon père connaissait les préjugés de nos paysans; il savait que la croyance aux *sorts* est encore fort répandue dans les campagnes. Il avait entendu raconter quelques exemples terribles de vengeance de la part d'ensorcelés, qui avaient cru rompre le charme en tuant celui ou celle qui les avait *charmés*, et Mocquet, lorsqu'il était venu dénoncer la mère Durand à mon père, avait mis dans sa dénonciation un tel accent de menace, il avait serré la crosse de son fusil de telle façon, que mon père avait cru devoir abonder dans le sens de Mocquet, afin de prendre sur lui cette influence, qu'il ne fit rien sans le consulter.

— Mais, avant qu'elle te paye, mon cher Mocquet, lui dit mon père, il faut bien t'assurer qu'on ne peut pas te guérir de ton cauchemar.

— On ne peut pas, général.

— Comment, on ne peut pas?

— Non, j'ai fait l'impossible.

— Qu'as-tu fait?

— D'abord, j'ai bu un grand bol de vin chaud avant de me coucher.

— Qui t'a conseillé ce remède-là? Est-ce M. Lécosse?

M. Lécosse était le médecin en renom de Villers-Cotterets.

— M. Lécosse! fit Mocquet, est-ce qu'il connaît quelque chose aux *sorts*, lui? Non pardieu pas! ce n'est pas M. Lécosse.

— Qui est-ce donc?

— C'est le berger de Longpré.

— Mais un bol de vin chaud, animal, tu as dû être ivre mort après l'avoir bu?

— Le berger en a bu la moitié.

— Je comprends l'ordonnance, alors. Et le bol de vin chaud n'a rien fait?

— Mon général, elle est venue piétiner sur ma poitrine cette nuit-là, comme si je n'avais absolument rien pris.

— Et qu'as-tu fait encore?

— J'ai fait ce que je fais quand je veux prendre une bête *fausse*.

Mocquet avait une phraséologie qui lui était particulière. Jamais on n'avait pu lui faire dire une bête fauve. Toutes les fois que mon père disait *une bête fauve*, Mocquet reprenait :

— Oui, général, *une bête fausse*; parce que, général, sauf votre respect, vous vous trompez.

— Comment, je me trompe?

— Oui, on ne dit pas une bête fauve, on dit une bête fausse.

— Et pourquoi cela?

— Parce que bête fauve, cela ne veut rien dire.

— Et que veut dire bête fausse?

— Cela veut dire une bête qui ne va que la nuit; ça veut dire une bête qui trompe, ça veut dire une bête *fausse* enfin.

La définition était si logique, qu'il n'y avait rien à répondre. Aussi mon père ne répondit-il rien, et Mocquet, triomphant, continua d'appeler les *bêtes fauves* des *bêtes fausses*.

Voilà pourquoi à la question de mon père : « Et qu'as-tu fait encore? » Mocquet répondit :

— J'ai fait ce que je fais quand je veux prendre une bête fausse.

— Et que fais-tu, Mocquet.

— Je préparé un *pierge*.

C'était la façon de Mocquet de prononcer le mot *piége*.

— Tu as préparé un piége pour prendre la mère Durand?

Mocquet n'aimait pas qu'on prononçât les mots autrement que lui.

Il reprit :

— J'ai préparé un *pierge* pour la mère Durand.

— Et où l'as-tu mis? À ta porte?

— Ah bien, oui, à ma porte! est-ce qu'elle passe à ma porte, la vieille sorcière? Elle entre dans ma chambre à coucher, je ne sais pas seulement par où!

— Par la cheminée, peut-être?

— Il n'y en a pas. Et, d'ailleurs, je ne la vois que lorsque je la sens quand elle me piétine sur la poitrine: vlan! vlan! vlan!

— Enfin, où as-tu mis le piége?

— Le *pierge?* Je l'ai mis sur mon estomac, donc.

— Et quel piége as-tu mis?

— Oh! un fameux *pierge*, avec une chaîne de fer que j'ai passée à mon poignet. Il pesait bien dix livres. Oh! oui, dix à douze livres au moins.

— Et cette nuit-là?

— Oh! cette nuit-là, ç'a été bien pis. Ordinairement, c'était avec des galoches qu'elle me pétrissait la poitrine; cette nuit-là, elle est venue avec des sabots.

— Et elle vient comme cela?...

— Toutes les nuits que le bon Dieu fait. Aussi j'en maigris que je deviens étique; mais, ce matin, j'ai pris mon parti.

— Et quel parti as-tu pris, Mocquet?

— J'ai pris le parti de lui flanquer un coup de fusil, donc.

— C'est un parti sage. Et quand dois-tu le mettre à exécution.

— Oh! ce soir ou demain, général.

— Diable! et moi qui voulais t'envoyer à Villers-Hellon.

— Oh! ça ne fait rien, général. Était-ce pressé, ce que j'allais faire?

— Très-pressé.

— Eh bien, je peux aller à Villers-Hellon, il n'y a que quatre lieues, et être revenu ce soir. Ça fait huit lieues dans la journée. Nous en avons avalé bien d'autres en chassant, général.

— C'est dit, Mocquet. Je vais te donner une lettre pour M. Collard, et tu partiras.

— Et je partirai, oui, général.

Mon père se leva et écrivit à M. Collard.

Nous dirons plus tard ce que c'était que M. Collard; en attendant, contentons-nous de consigner ici que c'était un des bons amis de mon père.

La lettre était conçue en ces termes :

« Mon cher Collard,

» Je vous envoie mon imbécile de garde, que vous connaissez. Il s'imagine qu'une vieille femme le *cauchemarde* toutes les nuits, et, pour en finir avec son vampire, il veut tout simplement le tuer. Comme la justice pourrait trouver mauvaise cette manière de se traiter soi-même des étouffements, je vous l'envoie sous un prétexte quelconque. Envoyez-le chez Danré de Vouty, qui, sous un autre prétexte, l'enverra chez Dulauloy, lequel, avec ou sans prétexte, l'enverra au diable, s'il veut.

» En somme, il faut que sa tournée dure une quinzaine de jours. Dans quinze jours, nous habiterons Antilly, et alors, comme il ne sera plus dans le voisinage d'Haramont, et que probablement son cauchemar le quittera en route, la mère Durand pourra dormir tranquille, ce que je ne lui conseillerais pas de faire, si Mocquet demeurait dans les environs.

» Il vous porte une douzaine de bécassines et un lièvre que nous avons tués hier en chassant dans les marais de Walue.

» Mille tendres souvenirs à votre belle Herminie, et mille baisers à votre chère petite Caroline.

» Votre ami,

» ALEX. DUMAS.

» *P.-S.* Nous avons reçu hier des nouvelles de votre filleule Aimée, qui se porte bien; quant à Berlick, il grandit d'un pouce par mois, et court toujours sur la pointe des pieds.

» Les sabots n'y ont rien fait. »

Mocquet partit une heure après la lettre écrite, et, trois semaines écoulées, vint nous rejoindre à Antilly.

— Eh bien, lui demanda mon père, le voyant gaillard et bien portant, et la mère Durand ?

— Eh bien, général, elle m'a quitté, la vieille taupe. Il paraît qu'elle n'avait de pouvoir que dans le canton (1).

Maintenant, le lecteur a le droit de me demander une explication sur le post-scriptum de mon père, et d'exiger que je lui dise ce que c'était que ce Berlick qui grandissait d'un pouce par mois, et qui courait sur la pointe des pieds sans que les sabots y fissent rien.

XVIII

Ce que c'était que Berlick. — La fête de Villers-Cotterets. — Faust et Polichinelle. — Les sabots. — Voyage à Paris. — Dollé. — Manette. — La pension de madame de Mauclerc. — Madame de Montesson. — *Paul et Virginie.* — Madame de Saint-Aubin.

Berlick, c'était moi.

Voici à quelle circonstance je devais ce charmant sobriquet :

Pendant la grossesse de ma mère, avait eu lieu, comme d'habitude, le jour de la Pentecôte, la fête de Villers-Cotterets; fête charmante, sur laquelle je reviendrai, qui se passe sous les feuillées nouvelles, au milieu des fleurs qui s'ouvrent, des papillons qui voltigent, des fauvettes qui chantent; fête qui autrefois avait sa réputation; fête à laquelle on venait de vingt lieues à la ronde, et qui, comme toutes les fêtes, à commencer par la Fête-Dieu, n'existe plus guère que sur le calendrier.

Donc, à cette fête où venait tant de monde, était venu un homme portant sur son dos une baraque comme l'escargot porte sa coquille.

Cette baraque contenait le spectacle essentiellement national de Polichinelle, spectacle auquel Goethe a emprunté son drame de *Faust.*

En effet, qu'est-ce que Polichinelle? Un libertin usé, blasé, rusé, qui enlève les femmes, qui bafoue les frères et les ma-

(1) Voir, pour le développement de l'histoire de Mocquet, *un Voyage à la lune,* dans le tome deuxième des *Causeries.*

ris, qui rosse le commissaire, et qui finit par être emporté par le diable.

Qu'est-ce que Faust, sinon un libertin usé, blasé, peu rusé, c'est vrai, qui enlève Marguerite, qui tue son frère, qui rosse les bourgmestres, et qui finit par être emporté par Méphistophélès?

Je ne me hasarderai pas à dire que Polichinelle est plus poétique que Faust, mais j'oserai soutenir qu'il est aussi philosophe et plus amusant.

Notre homme à la baraque avait établi son spectacle sur la pelouse, et donnait, par jour, trente ou quarante représentations de cette sublime farce qui nous a tous fait rire, enfants, et fait réfléchir, hommes.

Ma mère, enceinte de sept mois, alla voir Polichinelle. Notre homme à la baraque était un homme d'imagination. Au lieu d'appeler son diable tout simplement le diable, il lui avait donné un nom.

Il l'appelait Berlick.

L'apparition de Berlick frappa singulièrement ma mère.

Berlick était noir comme un diable. Berlick avait une langue et une queue écarlates. Berlick ne parlait que par une espèce de grognement, qui ressemblait au bruit que fait un siphon d'eau de Seltz au moment où la bouteille achève de se vider; bruit inconnu à cette époque où ces siphons n'étaient pas inventés, mais, par cela même, d'autant plus effrayant.

Ma mère resta préoccupée de cette figure fantastique, au point qu'au sortir de la baraque, elle s'appuya sur sa voisine en disant :

— Ah! ma chère, je suis perdue; j'accoucherai d'un Berlick!

Sa voisine, qui était enceinte comme elle, et qui s'appelait madame Duez, lui répondit :

— Alors, ma chère, si tu accouches d'un Berlick, moi qui étais avec toi, j'accoucherai d'un Berlock.

Les deux amies rentrèrent à la maison en riant; mais, chez ma mère, le rire n'était pas franc, et elle demeura convaincue qu'elle mettrait au monde un enfant qui aurait un visage noir, une queue rouge et une langue de feu.

Le jour de l'accouchement arriva.

Plus ce jour approchait, plus la croyance de ma mère prenait d'intensité. Elle prétendait que je faisais dans son ventre des bonds comme un diable seul pouvait en faire, et que, quand je lui donnais des coups de pied, elle sentait les griffes dont mes pieds étaient armés.

Enfin arriva le 24 juillet. La demie sonna après quatre heures du matin, et je naquis.

Mais, en venant au monde, il paraît qu'à force de me tourner et retourner, je m'étais pris le cou dans le cordon ombilical, de sorte que j'apparus violet et à moitié étranglé.

La femme qui assistait ma mère poussa un cri.

— Oh! mon Dieu! murmura ma mère; noir, n'est-ce pas?

La femme n'osa répondre : du violet, au noir, il y avait si peu de différence, que ce n'était pas la peine de la démentir.

En ce moment, je voulus crier, comme fait en entrant dans la vie cette créature, destinée à la douleur, que l'on appelle l'homme.

Le cordon me serrait le cou, je ne pus faire entendre qu'une espèce de grognement, analogue à un bruit qui n'était que trop présent à l'oreille de ma mère.

— Berlick! s'écria-t-elle désespérée, Berlick!...

Heureusement, l'accoucheur se hâta de la rassurer; il me dégagea le cou, et ma face reprit sa couleur, et mon cri fut un vagissement enfantin et non un grognement diabolique.

Mais je n'en étais pas moins baptisé du nom de Berlick, et le nom m'en resta.

Quant au second paragraphe du post-scriptum : « Il court toujours sur la pointe de ses pieds, et les sabots n'y ont rien fait; » ce second paragraphe avait trait à une particularité de mon organisation qui fit que, jusqu'à l'âge de quatre ans, je marchai ou plutôt je courus, — car je ne marchais jamais et je courais toujours, — je courus, dis-je, sur l'extrême pointe des pieds.

Ellsler, près de moi, eût paru danser sur les talons.

Il résultait de cette manière toute particulière de me mouvoir, que, quoique je ne tombasse pas plus souvent qu'un autre enfant, ma mère avait plus qu'une autre mère, la crainte de me voir tomber, et demandait conseil à tout le monde afin de me faire marcher d'une façon plus chrétienne.

Je crois que c'était M. Collard qui avait donné à ma mère le conseil de me mettre des sabots.

Un jour, je renonçai à marcher sur la pointe du pied, et je marchai comme tout le monde. Il va sans dire que je ne donnai jamais aucune raison ni du caprice ni de la cause qui m'avaient fait y renoncer.

Seulement, ce fut une grande joie pour la maison, et l'on fit part de cet heureux événement aux amis et aux connaissances.

M. Collard fut un des premiers informés.

Cependant la santé de mon père allait empirant. On lui parla d'un médecin de Senlis, qui avait une certaine réputation dans les environs, et que l'on nommait M. Duval. Nous allâmes à Senlis.

Ce voyage n'a laissé aucun souvenir dans mon esprit, et je n'en trouve d'autre trace qu'une lettre de ma mère qui recommande, pendant l'absence qu'elle va faire, un procès à son avoué.

M. Duval donna, à ce qu'il paraît, à mon père le conseil d'aller à Paris pour consulter Corvisart. Mon père comptait faire ce voyage depuis longtemps. Il voulait voir Brune; il voulait voir Murat; il espérait obtenir par eux l'indemnité qui lui était due comme prisonnier à Brindisi, et, de plus, se faire ordonnancer le payement de sa solde arriérée de l'an VII et de l'an VIII.

Nous partîmes pour Paris.

Oh! ce voyage, c'est autre chose, je me le rappelle parfaitement; non pas précisément le voyage dans sa partie de locomotion, au contraire, je me vois tout arrivé à Paris. C'était vers le mois d'août ou de septembre 1805. Nous étions descendus rue Thiroux, chez un nommé Dollé, ami de mon père. C'était un petit vieillard, portant redingote grise, culottes de velours, bas de coton chinés, souliers à boucles; il était coiffé en ailes de pigeon, et avait une petite queue serrée d'un ruban noir et terminée par un pinceau blanc. Le collet de sa redingote faisait remonter cette queue vers le ciel de la façon la plus menaçante.

Sa femme avait dû être très-jolie, et je soupçonne mon père d'avoir été l'ami de la femme avant d'être l'ami du mari.

On l'appelait Manette.

Je cite tous ces détails pour prouver combien ma mémoire est sûre et combien je puis compter sur elle.

Notre première visite fut pour ma sœur. Elle restait dans une excellente pension, tenue par une madame Mauclerc et une demoiselle de Ryan, Anglaise, qui nous prit, depuis, toute une petite fortune dont nous devions hériter. Cette pension était située rue de Harlay, au Marais. C'était un de nos cousins, l'abbé Conseil, ancien gouverneur des pages de Louis XVI, qui avait fait entrer ma sœur dans cette pension.

J'arrivai au moment de la récréation. Toutes les jeunes filles étaient dehors, se promenant, causant, jouant dans une grande cour. A peine m'eurent-elles aperçu avec mes longs cheveux blonds qui, à cette époque, bouclaient au lieu de créper, à peine eurent-elles su que j'étais le frère de leur amie, que, pareil à un vol de colombes, tout le pensionnat s'abattit autour de moi. Malheureusement, la société de Pierre et de Mocquet m'avait mal civilisé. J'avais peu vu le monde aux Fossés et à Antilly. Toutes ces dispositions amicales, mais bruyantes, doublèrent ma sauvagerie habituelle, et je me mis, en échange des caresses dont m'accablaient tous ces sylphes charmants, à distribuer des coups de pied et des coup de poing dont toutes celles qui eurent l'imprudence de m'approcher reçurent leur part. Les mieux rétribuées furent mademoiselle Pauline Masseron, qui épousa depuis le comte d'Houdetot, pair de France, et mademoiselle Destillères, dont l'hôtel, sous le nom d'hôtel d'Osmond, fait aujourd'hui la convoitise de tous ceux qui passent sur le boulevard des Capucines.

Peut-être mon peu de galanterie naturelle était-il encore augmenté de cette idée qu'une opération, que je tenais pour fort désagréable, m'attendait en sortant de la pension.

C'était la grande mode des boucles d'oreilles à cette époque, et l'on devait profiter de notre présence sur le boulevard pour orner chacun de mes cartilages auditifs d'un petit anneau d'or. Je fis, le moment venu, de grandes difficultés pour me laisser faire ; mais un énorme abricot que mon père alla chercher leva tous les obstacles, et je m'acheminai vers la rue Thiroux, riche d'un ornement de plus.

Vers le tiers de la rue du Mont-Blanc, mon père se sépara de ma mère, me prit avec lui et m'emmena dans un grand hôtel, desservi par des valets en livrée rouge. Mon père dit son nom. On nous fit attendre un instant, puis on nous introduisit, à travers des appartements qui me parurent fort somptueux, jusqu'à une chambre à coucher où se tenait étendue sur une chaise longue une vieille dame qui tendit à mon père la main, avec un geste plein de dignité. Mon père, de son côté, baisa respectueusement cette main et s'assit près de cette dame.

Comment se fit-il que, moi qui venais d'être si prodigue de gros mots et de gestes si familiers avec toutes les charmantes jeunes filles qui voulaient m'embrasser, comment se fait-il que, quand cette vieille dame m'appela vers elle, je lui tendis avec empressement mes deux joues? C'est que, dans cette vieille dame, il y avait quelque chose qui attirait et commandait en même temps.

Mon père demeura une demi-heure à peu près avec cette dame, demi-heure pendant laquelle je me tins, moi, assis immobile à ses pieds. Après quoi, nous la quittâmes, et elle dut demeurer convaincue que j'étais l'enfant le mieux élevé qu'il y eût au monde.

A la porte, mon père s'arrêta, et, me prenant dans sa main pour me mettre à hauteur de son visage, ce qu'il faisait toutes les fois qu'il avait quelque chose de sérieux à me communiquer.

— Mon enfant, me dit-il, pendant que j'étais à Florence, j'ai lu l'histoire d'un sculpteur qui raconte qu'un jour qu'il avait ton âge à peu près, ayant montré à son père une salamandre qui jouait dans le feu, son père lui donna un grand soufflet en lui disant : « Mon fils, ce soufflet-là que je te donne n'est pas pour te châtier, c'est pour que tu te rappelles non-seulement ce que peu d'hommes de notre génération ont vu, mais encore ce que verront peu d'hommes de ta génération à toi, c'est-à-dire une salamandre. » Eh bien, moi, je ferai comme le père du sculpteur florentin ; seulement, je te donnerai non pas un soufflet, mais cette pièce d'or, pour que tu te souviennes qu'aujourd'hui tu as été embrassé par une des meilleures et une des plus grandes dames qui aient jamais existé, par madame la marquise de Montesson, veuve de Louis-Philippe d'Orléans, mort il y a juste vingt ans.

Je ne sais pas ce qu'aurait fait sur mon souvenir un soufflet donné de la main de mon père ; mais je sais que cette douce recommandation, accompagnée de cette pièce d'or, grava toute cette scène dans ma mémoire, de telle sorte que je me vois encore aujourd'hui, assis près de cette gracieuse vieille femme qui, tout en causant avec mon père, s'amusait doucement à jouer avec mes cheveux.

Madame la marquise de Montesson mourut le 6 février, et mon père le 26 février 1806.

Ainsi j'avais vu, moi qui écris ces lignes en 1850, — car près de trois ans se sont écoulés depuis que ces Mémoires ont été commencés, puis abandonnés, puis repris ; — ainsi j'ai vu Charlotte-Jeanne Béraud de la Haie de Riou, marquise de Montesson, veuve du petit-fils du régent.

Au reste, mon père n'avait-il pas, lui, connu M. de Richelieu, qui avait été mis à la Bastille par Louis XIV pour avoir été trouvé caché sous le lit de madame la duchesse de Bourgogne ?

Réunissez les souvenirs des deux générations, et les événements d'un siècle vous sembleront être accomplis d'hier.

Le soir, mon père et ma mère allèrent au spectacle et me conduisirent avec eux.

C'était à l'Opéra-Comique : on jouait *Paul et Virginie*, et les deux principaux rôles étaient remplis par Méhu et madame de Saint-Aubin.

Dernièrement, je retrouvai cette bonne petite madame de Saint-Aubin, qui avait quelque chose comme trente-huit ans à cette époque, et qui, par conséquent, en a aujourd'hui quatre-vingt-deux ou quatre-vingt-trois, et je lui rappelai tous les détails de cette soirée du mois d'août 1805, et, parmi tous ces détails, un qui lui était personnel : c'est que Virginie était grosse à pleine ceinture.

La pauvre Saint-Aubin n'en pouvait revenir.

C'est qu'aussi cette soirée m'avait produit une vive impression : les changements à vue, qui amenaient devant la maison de madame Latour des orangers chargés de fruits d'or, cette mer furieuse, cette foudre qui allait frapper et anéantir *le Saint-Géran*, sont encore aujourd'hui parfaitement présents à mon souvenir.

XIX

Brune et Murat. — Retour à Villers-Cotterets. — L'hôtel de l'*Épée*. — La princesse Pauline. — La chasse. — La permission du grand veneur. — Mon père s'alite pour ne plus se relever. — Délire. — La canne à pomme d'or. — L'agonie.

Le lendemain, Murat et Brune déjeunaient à la maison.

On déjeuna dans une chambre au premier ; de la fenêtre de cette chambre, on voyait Montmartre, et je me rappelle que je suivais des yeux un immense cerf-volant nageant gracieusement dans l'air au-dessus des moulins à vent, lorsque mon père m'appela, me mit le sabre de Brune entre les jambes et le chapeau de Murat sur la tête, et, me faisant faire en galopant le tour de la table :

— Mon enfant, me dit-il, n'oublie pas plus aujourd'hui que tu as fait le tour de cette table, le sabre de Brune entre les jambes et le chapeau de Murat sur la tête, que tu n'oublieras que tu as embrassé hier madame de Montesson, veuve du duc d'Orléans, petit-fils du régent.

Vous le voyez, mon père, je n'ai perdu aucun des souvenirs que vous m'aviez dit de garder. C'est que, depuis que j'ai l'âge de raison, votre souvenir vit en moi comme une lampe sainte, et continue d'éclairer toutes les choses et tous les hommes que vous avez touchés du doigt, quoique le temps ait détruit ces choses, quoique, ces hommes, la mort les ait emportés !

Au reste, à chacun de ces deux hommes, assassinés tous deux dix ans après, à deux mois d'intervalle, j'ai payé mon tribut de souvenir, à l'un à Avignon, à l'autre au Pizzo.

Hélas ! qui eût dit que cet enfant de trois ans, qui tournait joyeusement autour d'eux, raconterait un jour leur mort, après avoir mis, sur le lieu même du meurtre, ses doigts dans le trou même des balles qui ont traversé leur corps et creusé la muraille ?

O mystérieux avenir, presque toujours sombre et parfois sanglant ! au fur et à mesure que tu te déroules, dis donc aux hommes que c'est par pitié pour eux que Dieu a permis que tu leur demeurasses inconnu !

Un dernier mot sur ce déjeuner.

Mon père avait consulté Corvisart, et, quoique Corvisart eût tenté de le rassurer, mon père se sentait mourir. Mon père avait essayé de voir l'empereur, — car le général de l'armée de l'intérieur, Buonaparte, était devenu l'empereur Napoléon, — et l'empereur avait refusé de voir mon père. Celui-ci s'était donc rabattu sur Brune et sur Murat, ses deux amis, qui venaient d'être nommés maréchaux de l'Empire. Il avait trouvé Brune toujours le même, mais Murat tout refroidi. Ce déjeuner avait pour but de nous recommander, ma mère et moi, à Brune et à Murat : ma mère, qui allait être veuve, et moi qui allais être orphelin ; car, mon père mort, sa retraite mourait avec lui, et nous restions sans fortune.

Tous deux lui promirent, le cas échéant, tout ce qui serait en leur pouvoir.

Mon père embrassa Brune, donna une poignée de main à Murat, et quitta Paris le lendemain, la mort dans l'âme et dans e corps tout à la fois.

Nous partîmes de Paris ; — ce retour n'est pas plus présent à ma pensée que l'aller ; — je revenais seulement avec trois ou quatre souvenirs qui, après s'être un peu assoupis dans ma jeunesse et dans mon adolescence, devaient se réveiller flamboyants dans l'âge viril.

Où revînmes-nous? Je n'en sais rien; je crois cependant que c'est à Villers-Cotterets. Je me retrouve comme souvenir, vers le 3 octobre, demeurant rue de Soissons, au fameux hôtel de l'*Écu*, dont mon grand-père était propriétaire lors de la célébration du mariage de sa fille.

Seulement, comme cet écu était l'écu de France, que l'écu de France portait trois fleurs de lis, que les fleurs de lis avaient cessé d'être de mise depuis 1792, l'hôtel de l'*Écu* était devenu l'hôtel de l'*Épée*, et était tenu par un M. Picot, qu'on appelait Picot de l'Épée, pour le distinguer de deux autres Picot, l'un qu'on appelait Picot de Noue, l'autre Picot l'avoué.

J'aurai à revenir sur ces deux derniers, qui sont intimement liés à l'histoire de ma jeunesse.

Je me rappelle que, vers la fin d'octobre, un cabriolet vint nous prendre sous la grande porte; nous y montâmes, mon père et moi, et nous partîmes.

J'étais toujours très-joyeux quand mon père m'emmenait avec lui dans ses courses.

Cette fois, nous traversâmes le parc. Je me rappelle que c'était vers la fin d'octobre, parce que les feuilles s'envolaient comme des bandes d'oiseaux.

Nous arrivâmes à une barrière. La clef en avait été oubliée par mon père. Nous étions déjà à trois quarts de lieue de la maison. C'était trop loin pour retourner. Mon père descendit, prit la barrière dans ses bras, lui imprima une violente secousse, et fit sauter de la borne, dans laquelle elle était scellée, la portion de pierre où était entré le pêné de la serrure.

Nous continuâmes notre route.

Au bout d'une demi-heure, nous étions arrivés au château de Montgobert. Là, la livrée était verte, et non plus rouge comme chez madame de Montesson.

On nous fit, de même que chez madame de Montesson, traverser une file d'appartements, au bout desquels nous entrâmes dans un boudoir tout tendu en cachemire.

Une femme était couchée sur un sofa.

Mais celle-là était jeune et belle, très-jeune et très-belle même; si belle, que moi, enfant, cette beauté me frappa.

Cette femme, c'était Pauline Bonaparte, née à Ajaccio en 1790, veuve du général Leclerc en 1802, femme, en 1803, du prince Aldobrandini Borghèse, et séparée de son mari en 1804.

C'était une charmante créature que celle qui s'offrait à moi, toute petite, toute gracieuse, toute chaste; elle avait de petites pantoufles brodées que lui avait sans doute données la fée, marraine de Cendrillon. Elle ne se leva pas lorsqu'entra mon père. Elle étendit la main et souleva la tête, voilà tout. Mon père voulait s'asseoir à côté d'elle sur une chaise; elle le fit asseoir à ses pieds, qu'elle posa sur ses genoux, jouant du bout de sa pantoufle avec les boutons de son habit.

Ce pied, cette main, cette délicieuse petite femme, blanche et potelée, près de cet Hercule mulâtre, toujours beau et puissant, malgré ses souffrances, faisait le plus charmant tableau qui se puisse voir.

Je regardais en riant. La princesse m'appela et me donna une bonbonnière d'écaille, tout incrustée d'or.

Ce qui m'étonna, c'est qu'elle vida les bonbons qui étaient dedans pour me donner la boîte. Mon père lui en fit l'observation. Elle se pencha à son oreille, lui dit quelques mots tout bas, et tous deux se prirent à rire.

Dans ce moment, la joue blanche et rose de la princesse effleura la joue brune de mon père; lui parut plus brun; elle, plus blanche. Tous deux étaient superbes.

Peut-être ai-je vu cela avec mes yeux d'enfant, — ces yeux pleins d'étonnement de tout; — mais, si j'étais peintre, à coup sûr, je ferais un beau tableau de ces deux personnages.

Tout à coup, on entendit le son du cor dans le parc.

— Qu'est cela? demanda mon père.

— Oh! répondit la princesse, ce sont les Montbreton qui chassent.

— Mais, dit mon père, voici la chasse qui se rapproche; l'animal va passer dans cette allée; venez donc voir, princesse.

— Oh! ma foi non, mon cher général, dit-elle; je suis bien et je ne me dérange pas; cela me fatigue de marcher : portez-moi, si vous voulez.

Mon père la prit dans ses deux mains, comme fait une nourrice d'un enfant, et la porta à la fenêtre.

Il la tint là dix minutes, à peu près. L'animal ne voulait pas débucher. Enfin, il traversa l'allée, puis les chiens vinrent après lui, puis les chasseurs après les chiens.

La princesse fit un signe aux chasseurs avec un mouchoir qu'elle tenait à la main.

Ceux-ci répondirent avec leurs chapeaux.

Puis mon père la reposa sur le canapé, et reprit sa place auprès d'elle.

Je ne sais plus ce qui se passa derrière moi. J'étais tout entier à ce cerf qui venait de franchir cette allée, à ces chiens, à ces chasseurs ; tout cela était autrement intéressant pour moi que la princesse.

Son souvenir cesse donc entièrement pour moi à ce salut fait de sa main blanche et avec son mouchoir blanc.

Je ne l'ai jamais revue depuis ; mais je l'avais si bien vue ce jour-là, que je la vois encore aujourd'hui.

Restâmes-nous à Montgobert ou revînmes-nous le même jour à Villers-Cotterets ? Je n'en sais plus rien.

Ce que je sais, c'est que, peu après, mon père s'affaiblit, qu'il sortit moins souvent, qu'il monta plus rarement à cheval, qu'il garda plus longuement la chambre, qu'il me prit plus tristement sur ses genoux.

Encore, tout cela m'est-il revenu depuis par lueurs, comme des choses qu'on a vues pendant une nuit sombre, à la flamme des éclairs.

Quelques jours avant sa mort, mon père reçut une permission de chasse. C'était le maréchal de l'Empire Alexandre Berthier, grand veneur de la couronne, qui la lui envoyait. Alexandre Berthier était un vieil ennemi de mon père, c'était lui qui l'avait porté en observation au siége de Mantoue. Aussi lui avait-il fait attendre longtemps cette permission, valable du 1er vendémiaire au 15 ventôse, c'est-à-dire du 23 septembre au 6 mars.

Mon père la reçut le 24 février.

Il devait mourir le 26.

Voici la lettre d'envoi de M. Deviolaine, inspecteur de la forêt :

« Je reçois, au moment de partir pour la forêt, une permission de chasse à tir que M. Collard m'adresse pour le général Dumas; je m'empresse de la lui envoyer en lui souhaitant le bonjour et en désirant bien vivement que sa santé lui permette bientôt d'en user.

» Nos amitiés à madame Dumas.

» DEVIOLAINE.

» Ce 24 février 1806. »

En supposant même que mon père se portât bien, on lui envoyait, de manière à ce qu'il la reçût le 24 février seulement, une permission valable jusqu'au 6 mars.

C'étaient donc douze jours de chasse qu'on lui accordait.

Mon père jeta sur une table la lettre et la permission. Ma mère les enferma dans son portefeuille. Quarante-quatre ans après, je viens de les y retrouver l'une dans l'autre.

La veille, mon père, voulant vaincre la douleur, était monté à cheval. Mais, cette fois, le vainqueur avait été vaincu; il avait, au bout d'une demi-heure, été forcé de revenir.

À partir de ce moment, mon père se mit au lit, et ne se releva plus.

Ma mère sortit pour aller chercher le médecin.

Alors mon père resta seul avec une voisine à nous, madame Darcourt, excellente femme, dont j'aurai l'occasion de parler; mon père eut comme un instant de délire et de désespoir.

— Oh! s'écria-t-il, faut-il qu'un général qui, à trente-cinq ans, a commandé en chef trois armées, meure à quarante ans dans son lit, comme un lâche! Ô mon Dieu! mon Dieu! que vous ai-je donc fait pour me condamner si jeune à quitter ma femme et mes enfants?

Puis, après quelques minutes d'affaissement :

— Tenez, ma bonne madame Darcourt, dit-il, voici une canne qui m'a sauvé la vie dans les prisons de Brindisi, quand ces brigands de Napolitains ont voulu m'y assassiner. Veillez à ce qu'elle ne me quitte pas : qu'on l'enterre avec moi! Mon fils ne saurait pas le prix que j'y attache, et elle serait perdue avant qu'il pût s'en servir.

Madame Darcourt, qui voyait bien qu'il y avait un peu de délire dans ces paroles, lui répondit, pour ne point le contrarier, qu'il serait fait comme il le désirait.

— Attendez, dit mon père, la pomme est en or.

— Oui, sans doute.

— Eh bien, comme je ne laisse pas mes enfants assez riches pour les priver de la somme que vaut cet or, si peu considérable qu'elle soit, portez ma canne chez Duguet, l'orfévre en face d'ici; qu'il fonde la pomme, qu'il la fonde en lingot, et qu'il m'apporte ce lingot aussitôt qu'il sera fondu.

Madame Darcourt voulut risquer une observation ; mais il la pria si doucement de faire ce qu'il désirait, qu'elle y consentit, prit la canne, et la porta chez Duguet.

Au bout d'un instant, elle rentra, n'ayant eu que la rue à traverser.

— Eh bien? lui demanda mon père.

— Eh bien, demain à six heures du soir, général, vous aurez votre lingot.

— Demain à six heures du soir, répéta mon père, soit! Il est probable que je ne serai pas encore mort.

Le lendemain, en effet, Duguet apporta le lingot. Le mourant le remit à ma mère : il était très-affaibli déjà; cependant il avait encore toute sa tête, et continuait d'entendre et de parler.

A dix heures du soir, sentant que la mort approchait, il demanda l'abbé Grégoire.

L'abbé Grégoire était non-seulement un bon prêtre, mais encore un excellent ami.

Ce n'était point une confession que le mourant avait à faire. Dans toute sa vie, mon père n'avait pas une mauvaise action à se reprocher; peut-être restait-il au fond de son cœur quelque haine pour Berthier et Napoléon. Mais qu'importaient à ces hommes au faîte de la fortune et de la puissance les dernières douleurs d'un mourant? Du reste, toute haine fut adjurée pendant les deux heures qui précédèrent la mort, et pendant lesquelles celui qui allait quitter ce monde essaya de consoler ceux qui allaient y demeurer après lui.

Une fois, il demanda à me voir; puis, comme on s'apprêtait à m'aller chercher chez ma cousine, où l'on m'avait emporté:

— Non, dit-il. Pauvre enfant! il dort; ne le réveillez pas.

Enfin, après avoir dit adieu à madame Darcourt et à l'abbé, il se retourna vers ma mère, et, gardant pour elle son dernier soupir, il expira entre ses bras, à minuit sonnant.

XX

Mon amour pour mon père. — Son amour pour moi. — On m'emporte chez ma cousine Marianne. — Plan de la maison. — La forge. — Apparition. — J'apprends la mort de mon père. — Je veux monter au ciel pour tuer le bon Dieu. — Notre situation à la mort de mon père. — Haine de Bonaparte.

Cette nuit où mon père mourut, je fus emporté hors de la maison par maman Zine et installé près de mon autre cousine Marianne, qui demeurait chez son père, rue de Soissons. Soit qu'on ne voulût pas mettre mon enfance en contact avec un cercueil, la mort étant prévue, soit qu'on craignît l'embarras que je pourrais causer, cette précaution fut prise vers les cinq heures du soir; puis maman Zine revint à la maison.

Ma pauvre mère avait besoin d'aide pour la nuit qu'elle allait passer.

J'adorais mon père. Peut-être, à cet âge, ce sentiment que j'appelle aujourd'hui de l'amour, n'était-il qu'un naïf étonnement pour cette structure herculéenne et pour cette force gigantesque que je lui avais vu déployer en plusieurs occasions; peut-être encore n'était-ce qu'une enfantine et orgueilleuse admiration pour son habit brodé, pour son aigrette tricolore et pour son grand sabre, que je pouvais à peine soulever; mais tant il y a, qu'aujourd'hui encore le souvenir de mon père, dans chaque forme de son corps, dans chaque trait de son visage, m'est aussi présent que si je l'eusse perdu hier ; tant il y a enfin, qu'aujourd'hui je l'aime encore, je l'aime d'un amour aussi tendre, aussi profond et aussi réel, que s'il eût veillé sur ma jeunesse, et que si j'eusse eu le bonheur de passer de cette jeunesse à l'adolescence, appuyé sur son bras puissant.

De son côté, mon père m'adorait, je l'ai dit et je ne saurais trop le redire, surtout s'il reste des morts quelque chose qui entende ce que l'on dit d'eux ; et, quoique, dans les derniers temps de sa vie, les souffrances qu'il éprouvait lui eussent aigri le caractère au point qu'il ne pouvait supporter dans sa chambre aucun bruit ni aucun mouvement, il y avait une exception pour moi.

Je ne me rappelle point si, en quittant la maison, on me fit embrasser mon père ; ce qui arriva dans la nuit et que je vais raconter, que ce soit ou non un effet de ma jeune imagination, me ferait croire qu'on avait oublié ce soin pieux. Je n'avais, du reste, d'autre idée de la mort que ce que j'en ai dit à propos du gros chien noir et du baigneur évanoui ; il m'eût été, en outre, bien difficile de prévoir celle de mon père, moi qui, trois jours auparavant, l'avais vu monter à cheval. Je ne fis donc aucune difficulté pour sortir de la maison, et, une fois sorti, j'ignore si mon père parla de moi ou me demanda. Un voile est entre mes yeux et cette dernière journée de sa vie ; je ne me souviens bien distinctement que du fait que je vais raconter, et qui est resté dans tous ses détails parfaitement présent à ma pensée.

On m'avait donc installé chez le père de mes deux cousines.

Ce brave homme était serrurier, et se nommait Fortier ; il avait un frère curé de village. Je parlerai plus tard de ce frère, qui était un type assez curieux.

Je restai confié aux soins de ma cousine Marianne.

Qu'on me permette, pour l'intelligence de la situation, de donner un plan exact de la maison. Il y a quarante ans peut-être que je n'y suis entré, et cependant je la vois comme si je venais d'en sortir.

RUE DE SOISSONS.

```
┌─────────────────────────────────────────┐
│              Fenêtre.                   │
│  Porte      │ Etabli.      Etabli.      │
│  donnant                                │
│  sur la rue.                            │
│              Enclume.         Forge.    │
│                                         │
│  Porte.                                 │
│                                         │
│           Cour intérieure.              │
│     Fenêtre.            Porte.          │
│   ┌──┐                          ┌──┐    │
│   │Ar│        Chambre           │Lit│   │
│   │moi│         à               │im │   │
│   │re │      coucher.           │pro│   │
│   │  │                          │visé│  │
│   │Lit│                         │   │   │
│                         Porte.          │
│              Cuisine.                   │
│  Cheminée.                              │
│                         Porte.          │
│                                         │
│        Petit jardin plein de pier-      │
│        res, où poussaient quel-         │
│        ques arbres et beaucoup          │
│              d'herbe.                   │
│           Porte.                        │
└─────────────────────────────────────────┘
```

PLACE DU CHÂTEAU.

La maison, comme on le voit, n'était donc en réalité qu'un boyau, composé de la forge donnant sur la rue de Soissons; d'une cour intérieure venant après la forge; du logis, qui consistait en une chambre à coucher meublée d'ordinaire d'un grand lit à baldaquin de serge verte, d'une grande armoire de noyer, d'une table, de quelques chaises, et surmeublée, pour cette nuit, d'un petit lit qu'on m'avait improvisé sur deux chaises, et qu'on avait placé en face du grand. Après cette chambre à coucher venait la cuisine, demeure habituelle d'un gros chat appelé *le Docteur*, à la griffe duquel je faillis un jour laisser un de mes yeux. Enfin, après la cuisine, un petit jardin ombragé de quelques arbres, et encombré de beaucoup de pierres, jardin qui ne rapportait absolument que des orties, auquel on n'avait jamais songé à faire rapporter autre chose, et qui donnait sur la place du Château.

Il résultait de cette disposition que, du moment où la porte de la forge, donnant sur la rue de Soissons, et la porte du jardin, donnant sur la place du Château, étaient fermées, la maison d'habitation, à moins qu'on ne franchît les murs, était inabordable.

J'étais donc resté chez ma cousine Marianne, sans faire aucune difficulté d'y rester. J'aimais aller à la forge, où un garçon, nommé Picard, s'occupait beaucoup de moi. J'y faisais des feux d'artifice avec de la limaille de fer, et les ouvriers, Picard particulièrement, me racontaient des histoires qui me paraissaient fort intéressantes.

Je restai à la forge assez avant dans la soirée; la forge avait, le soir, des reflets fantastiques et des jeux de lumière et d'ombre qui me plaisaient infiniment. Vers huit heures, ma cousine Marianne vint m'y chercher, me coucha dans le petit lit en face du grand, et je m'endormis de ce bon sommeil que Dieu donne aux enfants, comme la rosée au printemps.

A minuit, je fus réveillé, ou plutôt, nous fûmes réveillés, ma cousine et moi, par un grand coup frappé à la porte. Une veilleuse brûlait sur une table de nuit; à la lueur de cette veilleuse, je vis ma cousine se soulever sur son lit, très-effrayée, mais sans rien dire.

Personne ne pouvait frapper à cette porte intérieure, puisque les deux autres portes étaient fermées.

Mais, moi qui aujourd'hui frissonne presque en écrivant ces lignes, moi, au contraire, je n'éprouvai aucune peur : je descendis à bas de mon lit et je m'avançai vers la porte.

— Où vas-tu, Alexandre? me cria ma cousine ; où vas-tu donc?

— Tu le vois bien, répondis-je tranquillement, je vais ouvrir à papa, qui vient nous dire adieu.

La pauvre fille sauta hors de son lit tout effarée, m'attrapa comme je mettais la main à la serrure, et me recoucha de force dans mon lit.

Je me débattais entre ses bras, criant de toutes mes forces :

— Adieu, papa! adieu, papa!

Quelque chose de pareil à une haleine expirante passa sur mon visage et me calma.

Cependant je me rendormis avec des larmes plein les yeux et des sanglots plein la gorge.

Le lendemain, on vint nous réveiller au jour.

Mon père était mort juste à l'heure où ce grand coup dont je viens de parler avait été frappé à la porte !

Alors j'entendis ces mots, sans trop savoir ce qu'ils signifiaient :

— *Mon pauvre enfant, ton papa, qui t'aimait tant, est mort!*

Quelle bouche prononça sur moi ces mots qui me faisaient orphelin à trois ans et demi?

Il me serait impossible de le dire.

Par qui me fut annoncé le plus grand malheur de ma vie?

Je l'ignore.

— Mon papa est mort, répliquai-je. Qu'est-ce que cela veut dire?

— Cela veut dire que tu ne le verras plus.

— Comment, je ne verrai plus papa?

— Non.

— Et pourquoi ne le verrai-je plus?

— Parce que le bon Dieu te l'a repris.

— Pour toujours?
— Pour toujours.
— Et vous dites que je ne le verrai plus?
— Plus jamais.
— Plus jamais, jamais?
— Plus jamais!
— Et où demeure-t-il, le bon Dieu?
— Il demeure au ciel.

Je restai un instant pensif. Si enfant, si privé de raison que je fusse, je comprenais cependant que quelque chose de fatal venait de s'accomplir dans ma vie. Puis, profitant du premier moment où l'on cessa de faire attention à moi, je m'échappai de chez mon oncle et courus droit chez ma mère.

Toutes les portes étaient ouvertes, tous les visages étaient effarés; on sentait que la mort était là.

J'entrai donc sans que personne me vît ou me remarquât. Je gagnai une petite chambre où l'on enfermait les armes; je pris un fusil à un coup qui appartenait à mon père, et que l'on avait souvent promis de me donner quand je serais grand.

Puis, armé de ce fusil, je montai l'escalier.

Au premier étage, je rencontrai ma mère sur le palier.

Elle sortait de la chambre mortuaire... elle était tout en larmes.

— Où vas-tu? me demanda-t-elle, étonnée de me voir là, quand elle me croyait chez mon oncle.
— Je vais au ciel! répondis-je.
— Comment, tu vas au ciel?
— Oui, laisse-moi passer.
— Et qu'y vas-tu faire, au ciel, mon pauvre enfant?
— J'y vais tuer le bon Dieu, qui a tué papa.

Ma mère me saisit entre ses bras, et, me serrant à m'étouffer:

— Oh! ne dis pas de ces choses-là, mon enfant, s'écria-t-elle; nous sommes déjà bien assez malheureux!

En effet, la mort de mon père, qui n'avait que quatre mille francs de retraite, nous laissait sans autre fortune qu'une trentaine d'arpents de terre que possédait, au village de Soucy, mon grand-père maternel, encore vivant à cette époque.

Il était bien dû à mon père, comme je l'ai dit, un arriéré de vingt-huit mille cinq cents francs pour sa solde de l'an VII et de l'an VIII; mais, depuis notre voyage à Paris, une loi avait établi que l'arriéré ne serait payé qu'à partir de l'an IX.

Quant à l'indemnité de cinq cent mille francs, due par le roi de Naples aux prisonniers français et exigée par Bonaparte, il n'en avait plus été question, et c'est pour cela sans doute que les Français venaient de s'emparer du royaume de Naples.

Il est vrai qu'une maison et un beau jardin, situés sur la place de la Fontaine, devaient nous revenir un jour; mais, en attendant, on en payait la rente viagère à un certain M. Harlay, déjà depuis vingt ans. Au reste, le brave homme justifia jusqu'au bout le proverbe, qui dit qu'une rente viagère est un brevet de longue vie pour celui à qui on la paye: il mourut en 1817, à l'âge de quatre-vingt-douze ou quatre-vingt-treize ans.

Nous avions, à cette époque, payé la maison et le jardin quatre fois leur valeur à peu près. Ainsi, — outre cette perte immense que nous faisions, moi d'un père, ma mère d'un mari, — ma mère et moi perdions encore, ma mère toutes ses ressources, moi cet avenir que la présence d'un père crée seule à son fils.

Murat et Brune essayèrent alors — Brune chaudement, Murat timidement, — de tenir, à ma mère et à moi, la promesse qu'ils avaient faite à mon père. Mais tout fut inutile. Napoléon n'oublia jamais cette réunion qui avait eu lieu chez mon père à la troisième journée de route entre Alexandrie et le Caire, et ma mère, victime bien innocente des sentiments républicains de mon père, ne put, de celui qui s'était offert à être mon parrain avant que je fusse né, obtenir, quoique veuve d'un officier général ayant commandé en chef trois armées, la plus petite pension.

Ce ne fut pas tout: la haine de Napoléon, après avoir frappé mon père dans sa fortune, essaya de le frapper dans sa gloire.

Un tableau avait été commandé, représentant l'entrée de mon père dans la grande mosquée, le jour de la révolte du Caire, que mon père avait apaisée; *en leur absence à tous*, comme il le leur écrivait lui-même. A mon père, on substitua ce grand hussard blond, qui n'est le portrait de personne, et qui, n'ayant rien dit aux yeux des contemporains, ne dira rien à ceux de la postérité.

On verra plus tard que cette haine s'étendit à moi, et que, malgré les démarches qui furent faites en ma faveur par les anciens amis de mon père, je ne pus jamais obtenir mon entrée dans aucune école militaire, ni dans aucun collége civil.

Au reste, mon père, l'homme du camp de Maulde, l'homme du camp de la Madeleine, l'homme du mont Cenis, l'homme du siége de Mantoue, l'homme du pont de Brixen, l'homme de la révolte du Caire, l'homme que Bonaparte avait fait gouverneur du Trévisan et qu'il avait présenté au Directoire comme l'Horatius Coclès du Tyrol, mon père mourait sans avoir été fait simple chevalier de la Légion d'honneur.

Il n'était donc pas étonnant que l'âme de mon père, avant de remonter au ciel, se fût arrêtée une seconde sur son pauvre enfant, qu'il laissait si dépouillé de toute espérance sur la terre.

Que devins-je au milieu de cette tempête de douleur qui soufflait autour de moi? Quelle part prit à la mort cette vie qui commençait à peine? C'est ce que j'ignore complétement; je ne me souviens que du moment où ma mère me prit dans ses bras, comme je l'ai dit, et m'emporta.

Une lettre de M. Deviolaine, qui annonce la mort de mon père au général Pille, son ami, me guide seule dans cette obscurité, et m'apprend que nous nous réfugiâmes à Antilly.

Voici cette lettre :

« Villers-Cotterets, 27 février 1806.

» Mon cher cousin,

» Je ne croyais pas avoir à vous annoncer sitôt la mort du brave et malheureux général Dumas. Il a fini sa carrière hier à onze heures du soir, à Villers-Cotterets, où il était revenu pour suivre les ordonnances des médecins. La maladie qui l'emporte au tombeau est la suite des mauvais traitements qu'il a éprouvés à Naples, à son retour d'Égypte. Il a eu la consolation d'apprendre, le jour de sa mort, que ce pays était conquis par les Français; mais cette satisfaction ne l'a point consolé de la privation d'avoir été à même de terminer ses jours au champ d'honneur. Depuis qu'il n'est plus en activité, comme pendant sa maladie, il n'a cessé de former des vœux pour la prospérité des armes de la France. C'était un spectacle touchant que de lui entendre exprimer, quelques heures avant sa mort, que, pour le sort de sa femme et de ses enfants, il voudrait être enterré dans les champs d'Austerlitz. En effet, mon cher cousin, il les laisse sans aucun moyen d'existence; sa maladie a consommé le peu de ressources qui lui restaient.

» Ma femme est allée reconduire madame Dumas, sa parente, à Antilly, où elle passera quelques jours, tandis que nous allons nous occuper de rendre, autant que possible, au général les honneurs funèbres que les grades qu'il a occupés, sa bravoure et l'amitié de ses concitoyens lui ont mérités.

» En me chargeant de vous annoncer cette triste et malheureuse nouvelle, j'ai dit à madame Dumas que je vous inviterais d'en faire part aux compagnons d'armes de son mari; la part qu'ils voudront bien y prendre adoucira un peu l'amertume de ses chagrins.

» Je vous remercie bien, mon cher cousin, de l'extrait de mort du maréchal des logis Laene. S'il n'est pas suffisamment en règle, j'aurai l'honneur de vous en informer.

» Recevez, mon très-cher cousin, l'assurance de mon dévoué attachement.

» DEVIOLAINE. »

M. Deviolaine n'avait nullement exagéré l'état de détresse où nous nous trouvions. Mon père n'avait pour toute fortune que son traitement de retraite de quatre mille francs; la pension de ma sœur enlevait d'abord *douze cents francs* là-dessus; restaient deux mille huit cents francs pour subvenir aux frais de maladie, aux voyages d'un mourant tourmenté de ce besoin de changement qui poursuit ceux que la mort presse, et à nos besoins, à nous ; c'était bien peu, comme on voit.

Aussi ma pauvre mère mit-elle en campagne tous les anciens amis de mon père, Brune, Murat, Augereau, Lannes, Jourdan, pour obtenir une pension de l'empereur. Tout fut inutile. Les instances les plus pressantes allèrent se briser contre cette haine étrange, et, fatigué d'entendre répéter un nom qui n'était déjà plus qu'un souvenir, Napoléon s'emporta jusqu'à dire à Brune, le plus ardent de nos solliciteurs :

— Je vous défends de jamais me parler de cet homme-là.

Cependant ma mère ne pouvait croire que, veuve d'un homme qui avait commandé en chef trois armées, qui avait été sous les drapeaux pendant vingt ans, à qui ses campagnes faisaient quarante-quatre ans de service, quoiqu'il n'eût que quarante et un ans d'âge, ma mère ne pouvait croire que cette pauvre veuve n'eût pas droit de demander à la France une pension, un secours, un morceau de pain. Une lettre de Jourdan vint lui enlever tout espoir et lui apprendre qu'il ne fallait plus rien attendre que de Dieu.

Voici cette lettre. On ne croirait pas, si je racontais purement et simplement, on ne croirait pas que, dans ce temps de splendeur guerrière, quand Napoléon, installé dans le palais des rois de France, remuait plus de millions que n'en avait jamais remué Louis XIV, on ne croirait pas que ce conquérant, ce vainqueur, ce César, cet *Auguste*, qui posait son pied sur l'Europe et étendait sa main sur le monde, laissât sciemment mourir de faim la femme et les enfants de celui qui avait pris le mont Cenis, fait capituler Mantoue, forcé les gorges du Tyrol et apaisé la révolte du Caire.

Mais, comme il faut qu'on le croie, sire, je citerai la lettre de Jourdan, dût-elle faire tache au manteau impérial de Votre Majesté.

« Naples, 28 avril 1806.

» Madame,

» J'ai l'honneur de vous prévenir que je viens de recevoir de Son Excellence le ministre de la guerre une réponse à la lettre que je lui avais écrite en votre faveur. Il m'annonce, avec regret, que vous ne pouvez obtenir aucune pension ; que la loi du 8 floréal an XI ne permet d'en accorder qu'aux veuves de militaires tués dans les combats ou morts dans les six mois des blessures qu'ils y ont reçues, et que le général Dumas n'était point en activité de service au moment de son décès. Il ne vous reste donc, madame, d'autre moyen de réussir que celui de vous présenter vous-même à Sa Majesté l'empereur et de solliciter ses bienfaits.

» J'ai l'honneur de vous saluer, madame, avec la plus parfaite considération.

» Le maréchal JOURDAN. »

C'était un moyen, en effet. Ma mère partit pour Paris, afin de se présenter elle-même à Sa Majesté l'empereur et de solliciter ses bienfaits. Mais Sa Majesté l'empereur lui refusa l'audience qu'elle demandait, et elle revint à Villers-Cotterets plus pauvre de l'argent qu'elle avait dépensé dans son voyage.

Sire, vous êtes peut-être Annibal, vous êtes peut-être César, vous êtes peut-être Octave ; la postérité, qui n'est pas encore venue pour vous, ou qui peut-être est venue trop tôt, en décidera ; mais, à coup sûr, vous n'êtes pas Auguste ! Auguste plaidait lui-même pour le vieux soldat qui avait servi sous lui à Actium, et vous, vous condamniez à la misère la veuve de celui qui avait servi non-seulement sous vous, mais encore avec vous !

J'ai dit qu'à votre défaut restait Dieu, sire. Voyons ce que Dieu fit de la pauvre famille abandonnée.

XXI

Nous nous réfugions, ma mère et moi, chez mon grand-père. — La maison de madame Darcourt. — Mes premières lectures et mes premières terreurs. — Le parc de Villers-Cotterets. — M. Deviolaine et sa famille. — L'essaim d'abeilles. — Le vieux cloître.

Nous allâmes tous demeurer chez mon grand-père et ma grand'mère, qui vivaient encore. On élargit le foyer, et nous nous y assîmes, ma mère, ma sœur et moi.

Mon grand-père s'était réservé un logement à l'hôtel de l'*Épée*, où était mort mon père. Nous prîmes cette chambre du mort, et nous vécûmes en face de tout ce qui lui avait appartenu.

Maintenant, au milieu de cette obscurité dans laquelle, pareilles à des rêves à moitié effacés, flottent les premières années de ma vie, se détache, avec une grande précision, le souvenir des trois principales maisons dans lesquelles s'écoula toute mon enfance.

Ces trois maisons sont celles de madame Darcourt, de M. Deviolaine et de M. Collard.

On se rappelle que j'ai déjà eu l'occasion de prononcer les noms de madame Darcourt, de MM. Deviolaine et Collard.

Qu'on me permette, ne fût-ce que pour payer une dette de reconnaissance, de parler un peu de ces trois familles. D'ailleurs, les tableaux du genre de ceux que je vais essayer de tracer n'ont de valeur que par les détails.

Madame Darcourt était notre voisine; elle demeurait au rez-de-chaussée de la maison attenante à celle où mon père était mort. C'était la veuve d'un chirurgien militaire assez distingué. Elle avait deux enfants, un fils et une fille. Le fils pouvait avoir vingt-huit ans, et s'appelait Antoine; la fille pouvait en avoir vingt-quatre ou vingt-cinq, et s'appelait Éléonore.

Quant à la mère, Dieu lui a donné une longue et heureuse vie : elle vient de mourir à l'âge de quatre-vingts ans.

J'ai peu connu Antoine; mais j'ai presque été élevé par Éléonore.

Ce qui m'attirait surtout dans la maison, outre l'amitié qu'on m'y témoignait, c'était une magnifique édition de Buffon avec gravures coloriées.

Tous les soirs, tandis que ma mère, après avoir fait sa visite au cimetière, — promenade pieuse, à laquelle elle ne manqua jamais un seul jour; — tous les soirs, tandis que ma mère s'ensevelissait avec sa douleur dans un coin de la cheminée, tandis que madame Darcourt et sa fille travaillaient à des ouvrages d'aiguille, on me mettait un volume de Buffon entre les mains, et l'on était débarrassé de moi pour toute la soirée.

Il en résulte que j'appris à lire, je ne sais trop comment, mais je puis dire pourquoi : c'était pour connaître l'histoire, les mœurs, les instincts des animaux dont je voyais les portraits. Il résulta de cette curiosité pour les batraciens et pour les ophidiens surtout, qu'à l'âge où les enfants épèlent encore, j'avais déjà lu tous les livres qui forment la bibliothèque du jeune âge.

Ce fut chez madame Darcourt que j'éprouvai pour la première fois le sentiment de la peur, qui était resté complétement inconnu à ma première jeunesse.

Ma manie de lecture s'étendait à tout, même aux journaux, que j'ai si peu lus depuis.

Je tombai un jour sur le *Journal de l'Empire*, et j'y lus, dans un entre-filet, qu'un prisonnier, enfermé dans les cachots d'Amiens, y avait été dévoré par un serpent.

Jusque-là, j'avais regardé le serpent comme un monstre, sinon mythologique, du moins appartenant à une autre partie du monde que le nôtre.

Dans Buffon, ou plutôt dans Daudin, son continuateur, il avait été pour moi un objet de continuelle curiosité; dans le *Journal de l'Empire*, il devint pour moi un objet de profonde terreur.

Le même soir où j'avais lu le fatal entre-filet, je parus m'absorber dans la lecture de *Robinson Crusoé*, et je demandai à n'aller me coucher que le plus tard possible, c'est-à-dire quand ma mère allait se coucher elle-même.

Cette faveur me fut facilement accordée.

Mais, les mêmes prétentions s'étant renouvelées le lendemain, le surlendemain et les jours suivants, force me fut de donner une explication.

Je racontai l'histoire du prisonnier d'Amiens, et j'avouai que, si j'allais me coucher avant les autres, j'aurais peur d'être dévoré par un serpent.

L'aveu surprit fort ma mère. J'avais été assez brave jusque-là. Elle fit tout ce qu'elle put pour combattre cette terreur par le raisonnement; mais le raisonnement échoua devant l'instinct, et le temps seul parvint, je ne dirai pas à effacer, mais à atténuer chez moi l'effet de ce terrible souvenir.

Après la maison de madame Darcourt, à laquelle je ne dis point un éternel adieu, les deux maisons qui furent les plus hospitalières à notre malheur, je le répète, furent les maisons de M. Deviolaine et de M. Collard.

M. Deviolaine était notre cousin par alliance; il avait épousé une nièce de mon grand-père qui avait été élevée chez nous, à côté de ma mère, étant orpheline; de plus, il avait été fort lié avec mon père.

M. Deviolaine était inspecteur de la forêt de Villers-Cotterets; ce qui lui donnait une des premières positions dans notre petite ville, et c'est tout simple, puisque notre petite ville n'avait que deux mille quatre cents âmes, tandis que notre forêt avait cinquante mille arpents.

M. Deviolaine était à mes yeux une grande puissance, non point par le motif que je viens de déduire, mais parce que, en vertu de sa position, c'était lui qui donnait la permission de chasser dans la forêt, et que chasser un jour librement dans cette forêt était une des ambitions de mon enfance.

Cette ambition, comme quelques-unes de mes autres ambitions, s'est réalisée depuis; et, je dois le dire, c'est une de celles où j'ai trouvé le moins de désappointement.

Relativement au petit appartement auquel nous étions restreints depuis la mort de mon père, la maison de M. Deviolaine était un palais très-apprécié par moi, pauvre enfant, qui, élevé aux châteaux des Fossés et d'Antilly, courant sans cesse par les chemins et les pelouses, semblais nourri d'air et de soleil. Cette maison de M. Deviolaine se composait d'abord d'un corps de logis assez considérable, d'écuries et de remises, de basses-cours et d'un charmant jardin, moitié anglais, moitié français, c'est-à-dire moitié pittoresque, moitié fruitier. Le jardin anglais avait des cascades, des bassins, des saules pleureurs; le jardin fruitier avait force poires, pêches, reines-Claude, artichauts et melons; ensuite, il donnait sur un magnifique parc : pour la vue, par une grille; pour la promende, par une porte.

Ce parc, planté par François Ier, fut abattu par Louis-Philippe.

Beaux arbres! à l'ombre desquels s'étaient couchés François Ier et madame d'Étampes, Henri II et Diane de Poitiers, Henri IV et Gabrielle, vous aviez le droit de croire qu'un Bourbon vous respecterait; que vous vivriez votre longue vie de hêtres et de chênes; que les oiseaux chanteraient sur vos branches mortes et dépouillées, comme ils chantaient sur vos branches vertes et feuillues! Mais, outre ce prix inestimable de poésie et de souvenirs, vous aviez malheureusement un prix matériel, beaux hêtres à l'enveloppe polie et argentée, beaux chênes à l'écorce sombre et rugueuse! vous valiez cent mille écus! Le roi de France, qui était trop pauvre pour vous conserver avec ses six millions de revenus particuliers, le roi de France vous a vendus! Je n'eusse eu que vous pour toute fortune, que je vous aurais gardés, moi; car, poëte que je suis, il y a une chose que je préférerais à tout l'or de la terre, c'est le murmure du vent dans vos feuilles; c'est l'ombre que vous faisiez trembler sous mes pieds; ce sont les douces visions, les charmants fantômes qui, le soir, entre le jour et la nuit, à l'heure douteuse du crépuscule, glissaient entre vos troncs séculaires, comme glissent les ombres des antiques Abencérages entre les mille colonnes de la mosquée royale de Cordoue!

Il était loin de se douter de cela, cet autre poëte qu'on appelait Demoustier, lorsqu'il écrivait, sur l'écorce de l'un de vous, ces vers disparus avec vous, et que moi seul sais peut-être aujourd'hui :

> Ce bois fut l'asile chéri
> De l'amour autrefois fidèle ;
> Tout l'y rappelle encore, et le cœur attendri
> Soupire en se disant : «C'est ici que Henri
> Soupirait près de Gabrielle. »

Et c'est pourtant cela qui l'a renversé, cet homme, qui se croyait plus solidement enraciné au trône que vous ne l'étiez à la terre. C'est qu'il ne comprenait rien de ce qui était grand ; c'est que chaque chose, dépouillée de ce prestige que lui prête l'imagination, n'avait à ses yeux que sa valeur matérielle ; c'est qu'il se disait : « Tout homme se peut acheter, comme tout arbre se peut vendre. J'ai d'immenses forêts, je vendrai des arbres, et j'achèterai des hommes. »

Sire, vous vous trompiez. Il y a autre chose dans la vie que l'algèbre et que l'arithmétique : il y a la croyance, il y a la foi ; vous n'avez pas cru aux autres, et les autres n'ont pas cru en vous ; vous avez soufflé sur le passé, et le passé a soufflé sur vous.

Oh ! que nous voilà loin de cette maison de M. Deviolaine qui me semblait un palais !

Beaux arbres ! c'est que vous étiez non-seulement un palais, mais un temple ; un temple où le Seigneur se manifestait à moi, quand, couché à vos pieds, et tout ignorant encore de leurs noms, j'essayais de contempler, à travers la voûte mobile de votre feuillage, les étoiles de vos belles nuits d'été. Combien de fois, quand l'enfant rieur et turbulent commençait de faire place au jeune homme rêveur ; combien de fois, caressé par l'herbe que la brise courbait sur moi, j'ai tendu deux bras vers une étoile plus brillante que les autres ou essayé de saisir un rayon de la lune qui se jouait sur mon visage, en disant : « Seigneur, vous êtes là-haut ! Seigneur, vous êtes ici ! Seigneur, vous êtes partout ! Seigneur, prenez-moi dans votre main puissante, et faites de moi un instrument qui puisse vous glorifier et vous bénir, une harpe qui vous chante, une lyre qui vous loue, une voix qui vous prie! Grandissez-moi, Seigneur, pour me rapprocher de vous! et plus vous me grandirez, plus je confesserai humblement votre nom, votre splendeur, votre majesté!... C'est vous, mon Dieu! qui faites pousser les forêts que les rois vendent; c'est vous qui envoyez les petits oiseaux qui chantent dans leurs branches; c'est vous qui les caressez avec la brise, qui est votre sourire, qui les réchauffez avec le soleil, qui est votre regard, qui les déracinez avec l'ouragan, qui est votre colère! Seigneur, vous seul êtes grand, vous seul êtes éternel! »

Revenons à M. Deviolaine et à sa maison.

Tout ce logement qu'elle contenait était loin, au reste, d'être du superflu. M. Deviolaine avait une véritable famille de patriarche : un fils et deux filles d'un premier mariage, un fils et deux autres filles d'un second.

C'étaient ces derniers qui, nés de notre cousine, étaient nos parents.

Comme le nom de M. Deviolaine et celui de ses enfants se mêlent à toute la première partie de ma vie, je m'arrêterai un instant sur toute cette riche famille.

Les trois enfants du premier lit se nommaient, le garçon, Victor, et les deux filles, Léontine et Léonore.

Les trois enfants du second lit se nommaient, le garçon, Félix, et les deux filles, Cécile et Augustine.

Une troisième fille survint, mais sept ou huit ans plus tard. Nous dirons un mot de sa naissance lorsque le moment en sera venu.

Victor, Léontine et Léonore étaient beaucoup plus âgés que moi, et se trouvaient être naturellement les compagnons de ma sœur, qui elle-même était mon aînée de neuf ans. Ils attiraient à eux Cécile, l'aînée des enfants du second lit, dont l'âge se rapprochait plus de leur âge que du mien. Puis ils me laissaient pour compagnons de jeux Augustine, plus âgée que moi d'un an, et Félix, moins âgé que moi de deux.

M. Deviolaine, le chef de la famille, était au fond un excellent homme; je dis au fond, car, à la surface, la nature l'avait doué d'une écorce qui, en rugosité, pouvait le disputer aux plus rudes chênes de sa forêt.

C'était un homme de cinq pieds sept pouces, avec de petits yeux noirs ombragés d'énormes sourcils, des lèvres épaisses et allongées en moue, bâti en Hercule, vêtu comme un sanglier, et à peu près aussi sociable que l'animal auquel nous nous permettons de le comparer. Par ses bourrasques, — et tous les jours étaient des jours d'avril pour lui, — par ses bourrasques, il était devenu la terreur de sa famille. Lorsqu'il descendait de son cabinet, isolé du reste de la maison, avec une figure pleine de giboulées, femmes, enfants et domestiques se sauvaient devant lui, effarés et la tête basse, comme berger, chiens et troupeaux se sauvent devant un ouragan.

Je ne l'ai jamais vu qu'une fois avec une figure gracieuse.

Je ne l'ai jamais entendu qu'une fois parler sans jurer.

Ce changement moral et physique avait été opéré en lui à propos d'un essaim de mouches à miel que l'on craignait de voir s'emporter, et qu'il avait tenté, lui, de recueillir.

C'était l'été : il était en chemise ouverte ; il avait secoué imprudemment l'arbre où l'essaim s'était groupé, et une moitié de l'essaim, c'est-à-dire deux mille mouches à miel, à peu près, lui étaient tombées dans la poitrine.

L'événement était arrivé au bout du jardin : nous étions groupés sur le seuil de la cuisine, attendant le résultat de l'opération, quand tout à coup nous l'aperçûmes à l'extrémité d'une allée, revenant vers la maison à pas comptés, la figure souriante, écartant sa chemise de ses deux mains et disant de sa voix la plus douce :

— Allez, mes petites, allez...

Et nous le regardions ainsi de loin ; et nous nous émerveillions de le voir marchant d'une allure inconnue, souriant d'un sourire inouï, parlant avec une douceur incompréhensible ; et chacun se demandait à qui M. Deviolaine pouvait parler et sourire ainsi.

M. Deviolaine parlait et souriait aux mouches à miel.

La voix de la douceur lui réussit. Toutes s'envolèrent, depuis la première jusqu'à la dernière, sans qu'une seule le piquât; mais, quand la dernière fut envolée, quand il leva les yeux, quand il aperçut sa femme, ses enfants, ses domestiques échelonnés sur l'escalier de la cuisine et le regardant, il y eut une éruption de *mille tonnerres*, et autres jurons, dont la maison fut huit jours à se remettre.

Quant à nous, la façon dont nous disparûmes tenait de la magie; on eût dit que la terre s'était ouverte sous nos pieds, et que nous nous étions engloutis.

Et ce qu'il y avait de remarquable dans tout cela, c'est que les tempêtes n'avaient jamais d'autre résultat que force nuages et éclairs; mais de grêle, mais de foudre, néant. Personne n'a mémoire que M. Deviolaine ait jamais allongé un coup de pied même à un chien, à moins que son chien ne fût hors de la portée de son pied.

Outre cette maison, M. Deviolaine avait, au milieu d'une charmante petite plaine, entourée de tous côtés par la forêt, une autre propriété appelée Saint-Remy.

Oh! Saint-Remy mérite une description toute particulière; car c'étaient les grands jours de fête que ceux où l'on allait à Saint-Remy.

Saint-Remy était un ancien couvent de femmes; à quel ordre appartenait-il? Je n'en sais plus rien. Je me rappelle seulement le portrait de l'abbesse, dans un cadre au-dessus de la cheminée de la grande salle : c'était une belle femme, toute vêtue de noir, avec un cordon bleu soutenant une croix; ronde et potelée, grasse de cette graisse qui n'appartient qu'aux embonpoints séraphiques; elle avait un nom de noblesse que l'on savait là-bas, et que j'ai oublié.

Ce couvent avait été peuplé jusqu'en 1791 ou 1792; puis était venue la loi qui abolissait les vœux ; toutes les colombes du Seigneur avaient alors pris leur volée, et M. Deviolaine avait, je crois, acheté le couvent comme bien ecclésiastique.

De ce couvent restait un cloître immense, moins grand peut-être cependant que je ne le vois en souvenir; les yeux des enfants ont, sous ce rapport, d'étranges mirages : l'espace, c'est pour eux l'infini. Outre ce cloître, de grands escaliers à rampes de fer, qui conduisaient aux anciens appartements de l'abbesse, dont on n'avait meublé qu'une partie ; — le reste était la propriété des rats et des chats, qui paraissaient avoir fait trêve et vivre en assez bonne intelligence.

Douze arpents de prairie, de petits bois et de jardins fermés de murs, enveloppaient ce vieux cloître tout ombragé d'arbres aussi vieux que lui.

Aujourd'hui, arbres et cloître sont abattus ; rien ne tient réellement à la surface de la terre ; tout s'élève pour disparaître : la vie des monuments, des arbres, des hommes, tout cela est une question de durée ; la pierre et le bois ont leur néant, de même que la chair et les os.

Mais alors, comme les espérances de notre jeune vie, tout était debout ; le cloître ignorait les bandes noires, les arbres ignoraient les spéculateurs ; tout cela fut vendu en bloc, abatage et démolition, et, des débris de l'immense bâtiment et de l'ébranchement des chênes, il resta de quoi bâtir une gentille petite maisonnette comme celles qu'on bâtit à présent, avec un salon de quatre mètres carrés et de petites chambres de douze pieds de long sur huit de large ; véritables maisons de Socrate, vides, si petites qu'elles soient, faute d'amis pour les remplir !

Oh ! le grand cloître, comme le dimanche il était plein de courses folles et de cris joyeux ! comme tout ce monde d'enfants que le hasard de la vie allait éparpiller hors de la ville natale, loin de la double maternité de la famille et du pays, comme tout ce monde était heureux et reconnaissant envers le fondateur inconnu de cet immense nid, si triste autrefois, et aujourd'hui si peuplé d'oiseaux gais et chanteurs ! comme ce bruit venant de la vie devait faire étrangement tressaillir dans leurs tombes ces ombres noires qui avaient été des femmes, ces corps qui avaient eu une âme, ces cadavres qui avaient eu un cœur, et qui étaient venus éteindre dans l'obscurité du cloître, dans la nuit de la pénitence, dans les mystères de l'ascétisme, la flamme de leur cœur, les espérances de leur âme, la beauté de leur visage.

Nous riions là où peut-être avaient coulé bien des larmes ; nous bondissions d'un pied joyeux dans la vie là où peut-être avaient marché vers la mort bien des pas lents, mornes et désespérés.

Mais que nous importait à nous, enfants nés d'hier? Est-ce qu'il y avait un passé pour nous? A peine se rappelait-on le dernier automne avec ses feuilles jaunes; à peine se souvenait-on du dernier printemps avec ses feuilles verdissantes; toute notre mémoire datait du soleil d'hier, toute notre espérance était dans le soleil de demain; vingt-quatre heures, c'était l'avenir; un mois, c'était l'éternité.

Que de souvenirs d'enfance oubliés par moi dans les chemins et dans les prairies de cet enclos, et que j'y retrouverais à chaque pas, si j'y retournais aujourd'hui, comme ces fleurs de diamants, de rubis et de saphirs, cueillies des parterres des *Mille et une Nuits*, et qui ne se fanent jamais!

XXII

Les deux couleuvres. — M. de Valence et madame de Montesson. — Ce que c'était que la petite Hermine. — Le charron Garnier et madame de Valence. — Madame Lafarge. — Apparition fantastique de madame de Genlis.

J'eus un jour une grande peur dans ce beau jardin. A l'un des angles était quelque chose comme une tourelle ruinée et sans toit; dans les jours d'août, le soleil s'y engouffrait et en faisait une fournaise. Alors, c'était curieux de voir les mouches y bruire et les papillons y voltiger, les beaux lézards gris et verts y courir sur les murailles. Un jour que je jouais aux environs de cette tourelle, j'entendis des sifflements aigus; je m'approchai, et, par l'ouverture qui avait été autrefois une porte, je vis deux longues couleuvres dressées sur leur queue, le corps en spirale, dardant l'une contre l'autre leur langue noire avec des sifflements d'amour ou de colère. Tels devaient être les deux serpents auxquels Mercure jeta sa baguette, et qui s'enroulèrent à l'entour pour l'éternité.

Mais, moi, je n'étais pas Mercure, je n'avais pas cette baguette enchantée qui pacifiait les haines les plus envenimées; je me sauvai comme se serait sauvé Laocoon, s'il avait vu les deux serpents de Ténédos roulant sur les dernières vagues des Dardanelles, et s'il eût su que c'était pour l'étouffer, lui et ses enfants, qu'ils quittaient leur île.

Je rencontrai M. Deviolaine, qui, me voyant tout effaré, me demanda ce que j'avais. Je le lui racontai; mais, à mon grand étonnement, il ne partagea point mon épouvante; seulement, il arracha de terre un échalas qui servait de tuteur à un jeune arbre, et s'achemina vers la tourelle, d'où, après un combat de cinq minutes, il sortit vainqueur des deux hydres.

Dès lors, M. Deviolaine m'apparut comme Hercule, dompteur des monstres.

Je reviendrai souvent à M. Deviolaine; il a eu une grande influence sur ma destinée; c'est l'homme dont j'avais le plus peur, et que cependant j'ai le plus aimé après mon père.

Ceci posé, passons à M. Collard.

M. Collard, homme d'humeur aussi douce et de visage aussi souriant que M. Deviolaine, son ami intime, était d'humeur orageuse et de visage froncé; M. Collard était le chef d'une famille sur laquelle le terrible et mystérieux procès du Glandier a jeté, depuis, une fatale célébrité.

M. Collard, qui habitait le charmant petit château de Villers-Hellon, situé à trois lieues de Villers-Cotterets, était de souche aristocratique; seulement, il avait quitté son nom de Montjouy pour garder purement et simplement celui de Collard, qui effarouchait moins que l'autre les oreilles démocratiques. Depuis, il avait connu M. de Talleyrand au Corps législatif, et, en 1795 ou 1796, avait épousé une jeune fille nommée Hermine, qui habitait chez madame de Valence.

Un jour, M. le duc d'Orléans entra à l'improviste chez madame de Montesson, alors sa femme, et trouva M. de Valence à ses pieds et la tête sur ses genoux. La situation était grave; mais madame de Montesson était une grande dame qui ne se démontait point facilement : elle se retourna souriante vers son mari, demeuré debout et stupéfait sur le seuil de la porte.

— Venez à mon aide, monsieur le duc, dit-elle, et débarrassez-moi de Valence : il adore Pulchérie, et veut absolument l'épouser.

Pulchérie était la seconde fille de madame de Genlis : la première se nommait Caroline, et a épousé M. de Lawoestine.

Le duc ne demandait pas mieux, surtout après la peur qu'il venait d'avoir, que de marier Pulchérie à M. de Valence. Il donna six cent mille francs à la future, et le mariage se fit.

Maintenant, comment la petite Hermine se trouvait-elle chez madame de Valence, et quelle était cette petite Hermine? C'est ce que nous allons dire.

Madame de Montesson était la tante de madame de Genlis. Madame de Genlis avait été placée par madame de Montesson chez la duchesse d'Orléans (mademoiselle de Penthièvre), comme dame d'honneur. Là, Philippe-Joseph, depuis Philippe-Égalité, l'avait connue, en était devenu amoureux, en avait fait sa maîtresse, et en avait eu une fille.

Cette fille, c'était la petite Hermine.

La petite Hermine était élevée en Angleterre.

Lorsque madame Adélaïde, la sœur du roi Louis-Philippe, eut sept ou huit ans, il fut question de lui donner pour compagne d'étude une jeune Anglaise avec laquelle elle pût constamment parler anglais. C'était un moyen de rapprocher Hermine de son père et de sa mère. Hermine quitta Londres, et vint à Paris.

Lors de l'émigration du duc de Chartres, de MM. de Beaujolais, de Montpensier et de la princesse Adélaïde, Hermine, alors âgée de quatorze à quinze ans, trouva un asile chez madame de Valence, sa sœur ; mais bientôt madame de Valence, arrêtée elle-même, était jetée en prison, tandis que Philippe-Égalité portait sa tête sur l'échafaud, dont n'avait pu le sauver l'infamie jetée par lui sur le nom de sa mère.

Hermine alors demeura avec les enfants de madame de Valence : Félicie, qui a épousé M. de Celles ; Rosamonde, femme du maréchal Gérard.

Les pauvres enfants allaient devenir orphelins; un miracle sauva madame de Valence.

Un charron, nommé Garnier, qui demeurait rue Neuve-des-Mathurins, était amoureux d'elle. Ce Garnier était municipal. Au péril de sa vie, il brûla deux fois le cahier de notes envoyées au tribunal révolutionnaire par le directeur de la maison d'arrêt, et dans lesquelles madame de Valence était dénoncée comme la plus aristocrate de la prison. Ce dévouement mena madame de Valence jusqu'au 9 thermidor. Le 9 thermidor la sauva.

Tous les ans, au 1er janvier, le charron Garnier venait voir madame de Valence. On se souvenait que c'était à lui qu'on devait cette vie précieuse; et chacun l'embrassait comme mérite d'être embrassé un sauveur.

A la mort de mon père, M. Collard fut nommé mon tuteur.

J'ai donc pu voir madame Collard encore jeune, c'est-à-dire à l'âge de trente à trente-deux ans, à peu près. Il était impossible de réunir à une si parfaite distinction de manières, à une si haute dignité de gestes et de façons, plus de grâce hospitalière que ne le faisait madame Collard.

Elle avait un fils et trois filles :

Maurice, qui s'est fait gentilhomme campagnard;

Caroline, qui avait épousé le baron Capelle, et dont la fille Marie est devenue, sous le nom de madame Lafarge, l'héroïne du drame le plus émouvant qui depuis longtemps se soit déroulé devant une cour d'assises;

Hermine, qui a épousé le baron de Martens, ambassadeur de Prusse en Portugal, et qui a hérité de l'esprit, de l'aristocratie et de l'inaltérable jeunesse de sa mère;

Enfin, Louise, qui a épousé Garat, l'homme dont la signature est la mieux appréciée de toutes les signatures commerciales.

Louise a été et est encore une des plus jolies femmes de Paris.

J'ai parlé du jardin de ville et du jardin de campagne de M. Deviolaine; mais qu'étaient-ce que ces jardins, auprès du parc de Villers-Hellon, avec ses grands arbres, ses beaux massifs et sa petite rivière, verte comme un collier d'émeraudes, se tordant au milieu de tout cela!

Aussi, dans mon égoïsme d'enfant, celle des trois maisons que je préférais, c'était celle de M. Collard. La maison Darcourt avait un bien beau *Buffon*; mais elle n'avait pas de jardin. La maison Deviolaine avait un bien beau, et même deux bien beaux jardins; mais M. Deviolaine avait une terrible figure, tandis que M. Collard avait beau jardin, bon visage, et, en outre, une *Bible* magnifique.

C'est dans cette Bible que j'ai appris mon histoire sacrée, encore aujourd'hui si présente à ma mémoire, que je ne crois pas avoir eu besoin de la relire depuis.

J'ai parlé de deux grandes terreurs déjà éprouvées dans ma vie. La troisième date de Villers-Hellon.

Un soir que j'étais, selon mon habitude, occupé à feuilleter les gravures de ma belle Bible, — j'avais quatre ou cinq ans à cette époque, — nous entendîmes s'arrêter une voiture devant le perron, puis pousser de grands cris dans la salle à manger. Chacun se précipitait vers la porte, lorsqu'elle s'ouvrit, et donna passage à la plus étrange Meg Merrilies que l'imagination d'un Walter Scott quelconque ait jamais pu inventer.

Cette sorcière, — et, au premier aspect, l'être qui nous apparaissait avait tout droit de réclamer ce nom; — cette sorcière était vêtue de noir, et, comme elle avait perdu son bonnet, son tour de faux cheveux avait profité de la liberté qui lui était offerte pour s'envoler, de sorte que ses véritables cheveux tombaient grisonnants de chaque côté de son visage, et s'allongeaient flottants sur ses épaules.

Cette fois, c'était bien autre chose que le fameux serpent d'Amiens et les deux couleuvres de Saint-Remy; d'ailleurs, le serpent d'Amiens, je ne l'avais jamais vu qu'avec les yeux de l'imagination; les deux couleuvres de Saint-Remy, j'avais de l'espace pour leur échapper; mais la sorcière, je la voyais avec les yeux du corps, et nous nous trouvions dans le même salon.

Je jetai ma Bible, et, profitant du tumulte qu'occasionnait

cette apparition, je m'enfuis dans ma chambre, me fourrai dans mon lit tout habillé, et tirai les couvertures par-dessus ma tête.

Le lendemain, j'appris que la cause de mon effroi était l'illustre madame de Genlis, qui, en venant faire une visite à madame Collard, sa fille, avait été perdue par son cocher dans la forêt de Villers-Cotterets, et s'y était, dans sa terreur profonde des revenants, laissé prendre d'une panique dont elle n'était pas encore remise, quoiqu'elle m'en eût communiqué la meilleure partie.

Ce fut dans ces trois maisons que s'écoula la première partie de mon enfance, première partie tout émaillée de riants souvenirs, parce qu'elle est douce et franche comme toutes les aurores.

En effet, à part la figure rébarbative de M. Deviolaine, et les apparitions fantastiques de madame de Genlis, tout était souriant dans ces deux maisons. Les jardins étaient pleins d'arbres verts et de fleurs aux couleurs brillantes ; les allées étaient pleines de jeunes filles blondes et brunes, têtes gracieuses et souriantes, presque toutes roses et fraîches, au moins, quand elles n'étaient pas jolies.

Puis, de temps en temps, apparaissait, au milieu de cette rieuse et juvénile génération, quelque femme dont la réputation de beauté datait du siècle qui venait de s'éteindre, et qui, ayant conservé quelque chose des modes du Directoire, semblait, au milieu des efflorescences printanières, quelque splendide statue de l'Été.

Ces femmes, c'étaient madame de Valence, madame Menin ou madame Dusauloy.

J'ai parlé plus haut de la princesse Pauline Borghèse, et j'ai dit les souvenirs qu'elle avait laissés dans mon esprit.

Revenons à moi.

XXIII

Mademoiselle Pivert. — Je lui fais lire *les Mille et une Nuits* en un seul volume. — Le père Hiraux, mon maître de musique. — Les petites misères de sa vie. — Il se venge de ses persécuteurs à la façon du maréchal de Montluc. — Il est condamné au fouet, et manque en perdre les yeux. — Ce qu'il fait, le jour de Pâques, dans les orgues du couvent. — Il devient garçon épicier. — Sa vocation le ramène à la musique. — Mon peu d'aptitude pour le violon.

Très-jeune, je l'ai dit, grâce au Buffon de madame Darcourt, à la Bible de M. Collard et surtout aux bons soins de ma mère, j'avais appris à lire. De son côté, ma sœur, en pension à Paris, mais revenant aux vacances passer six semaines avec nous, avait complété mon éducation première en m'apprenant à écrire.

À cinq ou six ans, je possédais donc ces deux talents à un degré supérieur, ce qui me rendait d'une fatuité étrange. Je me vois encore en jaquette d'indienne, haut comme une botte à l'écuyère; — ainsi que les Romains, je n'ai quitté la robe prétexte qu'à quinze ans; — je me vois encore me mêlant, plein de pédantisme, aux conversations des grandes personnes, où j'apportais le trésor d'éducation profane et sacrée que j'avais puisé dans la mythologie et dans la Bible, les notions d'histoire naturelle que je devais à M. de Buffon et à M. Daudin, les connaissances géographiques que j'empruntais à Robinson Crusoé, et les idées sociales et politiques que j'avais prises au sage Idoménée, fondateur de Salente.

C'était surtout en mythologie que j'étais fort. Outre les *Lettres à Émilie sur la mythologie*, de mon compatriote Demoustier, que je savais par cœur, je possédais une *Mythologie de la Jeunesse*, ornée de gravures et entrelardée de vers de Racine et de Saint-Ange, que je dévorais éternellement. Pas un dieu, pas une déesse, pas un demi-dieu, pas un faune, pas une dryade, pas un héros dont je ne connusse la filiation. Hercule et ses douze travaux, Jupiter et ses vingt transformations, Vulcain et ses trente-six infortunes, je savais tout cela sur le bout du doigt, et, chose bien plus extraordinaire, je le sais encore.

Aussi je me rappelle qu'un jour (c'était chez M. Deviolaine en 1809, c'est-à-dire à l'époque où chaque journal apportait chaque matin un de ces bulletins qui, pendant dix ans, ont fait de notre histoire une fable héroïque), je me rappelle, dis-je, que les convives, après le déjeuner, se demandaient les nouvelles du jour; mais, comme il était de bon matin encore, personne n'avait lu les journaux, et, par conséquent, nul ne pouvait satisfaire la curiosité généralement exprimée.

M. Deviolaine sonna, le domestique parut.

— Mas, dit-il (ce domestique s'appelait Mas), procurez-vous une gazette, et apportez-nous-la.

— Oh! c'est inutile, mon cousin, fis-je en croisant mes mains derrière mon dos; j'ai lu le journal, moi, et il n'y a rien d'important, qu'une séance au Corps législatif.

J'ai dit que M. Deviolaine allongeait souvent le pied, mais ne touchait jamais rien; je me trompais: cette fois, il toucha quelque chose.

Je sortis furieux, et de trois mois je ne voulus retourner dans une maison où j'avais subi une pareille humiliation.

Comment cette idée du Corps législatif m'était-elle venue?

Je vais vous le dire.

Un jour, j'avais vu M. Collard en habit bleu brodé en or.

— Vous êtes donc général comme papa, vous? lui avais-je dit d'un air rogue.

— Non, mon petit ami, avait-il répondu, je suis membre du Corps législatif.

Depuis ce temps, je lisais les séances du Corps législatif, pour savoir ce qu'y disait M. Collard.

Je ne l'ai jamais su.

Au reste, il faut le dire, tout le monde n'était pas aussi méprisant à l'endroit de mon érudition que s'était montré M. Deviolaine. Il y avait, entre autres, trois ou quatre vieilles dévotes, au nombre desquelles se trouvait une certaine demoiselle Pivert, âgée de soixante-cinq à soixante-six ans, qui appréciaient ma science et y applaudissaient. Il n'était sorte d'histoires sacrées et profanes qu'elles ne me fissent raconter, et mademoiselle Pivert surtout, qui ne se contentait pas de mes récits, avait recours à ma bibliothèque, afin de remonter aux sources.

Alors je lui donnais un volume dépareillé des *Mille et une Nuits*, que je possédais, et qui contenait *la Lampe merveilleuse*, et rien autre chose. Elle s'absorbait huit jours dans cette lecture, me rendait le volume et me demandait le suivant, que je lui promettais pour le lendemain ; je lui prêtais le même, qu'elle lisait toujours avec une nouvelle conscience, et, je dois le dire, avec un nouveau plaisir.

Cela dura un an à peu près, pendant lequel elle relut le même volume cinquante-deux fois.

— Eh bien, mademoiselle Pivert, lui demandai-je au bout de l'année, cela vous amuse-t-il toujours, *les Mille et une Nuits?*

— Prodigieusement, mon petit ami, me répondit-elle ; mais, toi qui es si savant, tu pourras peut-être me dire une chose?

— Laquelle, mademoiselle Pivert?

— Pourquoi s'appellent-ils tous Aladin?

Comme, tout savant que j'étais, je n'eusse pu répondre à mademoiselle Pivert qu'en lui avouant la vérité, je confessai mon ignorance, et, pour elle, le poétique auteur inconnu des *Mille et une Nuits* eut cet impardonnable défaut d'avoir appelé tous ses personnages Aladin.

Cependant, cette somme énorme d'instruction, qui faisait à la fois mon orgueil et l'admiration de mademoiselle Pivert, paraissait encore insuffisante à ma pauvre mère.

Ma sœur était assez bonne musicienne et chantait agréablement. Ma mère, malgré notre état de gène, se fût reproché de faire pour un de ses enfants ce qu'elle ne faisait pas pour l'autre ; elle décida donc que, moi aussi, je deviendrais musicien ; mais, comme il avait été déjà reconnu que, dans sa prodigalité envers moi, cette bonne mère qu'on appelle la nature m'avait doué de la voix la plus fausse qu'il y eût au monde ; comme, au contraire, on avait remarqué que j'avais les doigts très-agiles et la main très-adroite, on se décida à faire de moi un simple instrumentiste, et l'on me choisit le violon, instrument avec lequel le musicien, à moins d'être atteint de cécité, n'a pas l'habitude de s'accompagner lui-même.

Il n'y avait pas de choix à faire parmi les professeurs de Villers-Cotterets : la ville n'en possédait qu'un seul.

Il se nommait Hiraux.

Hiraux mériterait un chapitre à part, et même plutôt deux chapitres qu'un seul.

Hiraux, ou plutôt le père Hiraux, comme on l'appelait amicalement de par la ville, était un véritable musicien d'Hoffmann, avec sa longue taille mince, sa redingote marron et sa perruque, qui, à chaque salutation qu'il faisait, avait pris l'habitude de suivre son chapeau. Aussi, Hiraux, pour obvier à cet inconvénient, avait-il résolu de n'adopter la perruque que les dimanches et les jours de grande fête. Dans les jours ordinaires, la perruque était remplacée par un bonnet de soie noire, qu'Hiraux rabattait violemment sur ses oreilles lorsque ses élèves jouaient par trop faux.

Maintenant que j'ai beaucoup vu et surtout beaucoup entendu, j'ai réfléchi, et je suis convaincu que c'est la difficulté d'appliquer sa perruque au même emploi qui avait été cause qu'Hiraux en avait abandonné l'usage journalier.

Il en résultait qu'excepté les fêtes et les dimanches, Hiraux ne saluait jamais qu'à moitié, en supposant que saluer signifie se découvrir la tête, puisque, lorsqu'il ôtait son chapeau, Hiraux gardait son bonnet de soie noire.

Aussi son bonnet de soie noire était-il devenu une portion intégrante de sa personne. Vingt fois il m'est arrivé de le toucher comme faisaient les habitants de Lilliput des habits de Gulliver, — investigation, au reste, à laquelle Hiraux se prêtait avec sa complaisance habituelle, — pour m'assurer que cet ornement ne faisait point partie de sa peau.

Hiraux avait, sous ce bonnet, une des figures maigres et parcheminées les plus spirituelles et les plus grimaçantes que j'aie jamais vues, grâce au jeu de chacun de ses muscles, qui semblaient vibrer pour exprimer sa pensée, ainsi que vibraient les cordes de son violon ou de son piano sous ses doigts longs, agiles et maigres comme ceux de Paganini.

Hiraux avait eu une jeunesse fantastique : il avait été enfant de chœur, souffleur d'orgues dans un couvent de moines piémontais, puis garçon épicier, puis ménétrier, puis maître de musique, puis enfin organiste.

Vous dire aujourd'hui comment ses premiers pas trébuchèrent sur les dalles de l'église de Bourg-Fontaine, — c'est ainsi que s'appelait le couvent où Hiraux fut élevé, — cela me serait assez difficile; seulement, parfois il racontait, en se reportant à ses souvenirs d'enfance, comme aujourd'hui je me reporte aux miens, quelques-unes de ces grasses histoires de moines telles qu'on en trouve dans Rabelais et dans la Fontaine.

Hiraux était un répertoire vivant de ces vieilles traditions claustrales qui sont déjà si loin de nous autres hommes de quarante ans, qu'elles se perdent, comme de fantasmagoriques images d'un autre monde, derrière les premiers souvenirs de notre jeunesse, si bien que, pour les générations qui nous suivent, elles seront effacées tout à fait.

J'ai déclaré que je ne pouvais dire comment Hiraux était entré au couvent de Bourg-Fontaine; mais je puis très-bien dire comment il en était sorti.

Hiraux était poltron ; seulement, il n'y avait pas moyen de lui faire un crime de sa poltronnerie; c'était son originalité. D'ailleurs, il avait le bon esprit de s'en vanter, comme un autre se fût vanté de sa bravoure.

Or, il appartenait encore à cette bienheureuse époque où l'on faisait *des farces*, et il fut toute sa vie l'objet de facéties plus ou moins drolatiques, dont quelques-unes faillirent tout simplement le mettre au tombeau.

Ainsi que nous l'avons dit, ou, si nous avons oublié de le dire, ainsi que nous le disons, Hiraux cumulait au couvent de Bourg-Fontaine les fonctions d'enfant de chœur et celles de souffleur d'orgues. En vertu de cette double qualité, il couchait dans la sacristie du couvent, et, tous les soirs, pour se rendre à sa chambre, il était obligé de traverser l'église.

C'était, pour lui, un moment de terreur quotidienne que de

passer par cette grande nef avec ses arceaux, dont je n'ai vu, moi, que les ruines, ruines dans lesquelles je dénichais des corneilles avec le fils d'Hiraux : ces fenêtres gigantesques se découpant sur les dalles mortuaires, qu'elles éclairaient du rayon tremblant et blafard de la lune ; ces mystérieuses profondeurs où, même pendant le jour, habitait l'obscurité, tout cela prenait, par les nuits d'hiver surtout, que la bise soufflait dans les grands arbres dépouillés, dont les branches sèches s'entre-choquaient comme les ossements d'un squelette, tandis que le vent traînait de longues plaintes dans les corridors de l'abbaye ; tout cela prenait un caractère de funèbre menace qui faisait courir des frissons glacés dans les veines du pauvre Hiraux, habitué à voir la malice des hommes se mêler incessamment à la terrible majesté du lieu.

Ce n'étaient point les moines qui tourmentaient Hiraux ; ce n'était point le prieur qui le tourmentait non plus : — le prieur aimait Hiraux comme un enfant ; — c'était cette race moitié laïque, moitié religieuse, rattachant par un lien intermédiaire l'homme du ciel à l'homme de la terre, et qui fourmillait toujours dans les couvents.

Au nombre des persécuteurs les plus acharnés d'Hiraux étaient les frères marmitons.

Un jour du mois de novembre, le jour des Morts, où une bière vide avait, comme d'habitude, été exposée toute la journée, recouverte du drap noir et argent, au milieu d'une forêt de cierges qui devaient rester allumés toute la nuit, Hiraux rentrait, plus effrayé encore, ce soir-là, de la lumière qu'il ne l'était ordinairement de l'obscurité ; il gagnait, après avoir fermé le plus doucement possible la porte de l'église, il gagnait, disons-nous, la sacristie sur la pointe du pied, rasant la muraille au plus près, c'est-à-dire s'écartant autant que possible du centre de l'église, mortuairement éclairée, ainsi que nous l'avons dit.

Tout à coup Hiraux s'arrête, se colle à la muraille, les membres roidis, la bouche ouverte, les cheveux hérissés, la sueur au front, immobile comme les statues de pierre des prieurs de l'abbaye.

Le catafalque avait fait un mouvement.

D'abord Hiraux crut qu'il s'était trompé et essaya de se rassurer avec le raisonnement; mais que pouvait faire le raisonnement contre la réalité? Non-seulement le catafalque avait remué, mais encore le catafalque venait droit à lui! Hiraux voulut crier : sa voix, comme celle du héros de Virgile, s'arrêta dans son gosier; et, voyant que le catafalque continuait de venir droit à lui, les jambes lui manquèrent, il glissa le long du mur, appui inutile, et tomba évanoui.

A trois heures du matin, l'église s'ouvrit pour les matines; Hiraux était encore à la même place, aussi immobile que s'il était mort. Il était bien revenu à lui; mais, quoiqu'il eût retrouvé le catafalque à sa place, il n'osait bouger, de peur que le catafalque ne bougeât aussi.

Le frère sacristain, s'entendant appeler d'une voix étouffée, se dirigea vers le point de l'église d'où partait la voix; il trouva Hiraux la face contre terre, glacé et baigné de sueur tout à la fois.

Mais, en allant à Hiraux, il trouva encore autre chose gisant à terre comme lui.

Il trouva un bonnet de coton.

Or, Hiraux, tout en racontant au sacristain l'horrible apparition nocturne, Hiraux fixait les yeux sur le bonnet de coton, que l'homme d'Église tenait à la main, et, grâce à ce bonnet dénonciateur, une lueur pénétrait de plus en plus dans son esprit, éclairant ce chaos de terreur qui l'avait bouleversé.

Aussi, au fur et à mesure qu'Hiraux faisait son récit, l'effet surnaturel prenait à ses yeux une cause naturelle, et, en revoyant — en compagnie de son ami le sacristain, et guidé par le bonnet de coton comme par un fil conducteur, — ses épouvantes de la nuit, il demeura convaincu que, si le catafalque avait bougé, avait marché, était venu à lui, c'est que le frère cuisinier, et peut-être bien deux de ses marmitons s'étaient glissés dessous, et lui avaient prêté leurs jambes.

On n'a pas été élevé dans un couvent sans être doué d'une certaine dose de rancune. Hiraux ne dit rien, ne fit part de ses soupçons à personne, laissa rire de sa terreur, laissa l'histoire faire le tour du couvent, se répandre même au dehors, et promit tout bas de se venger.

On se rappelle l'histoire du maréchal de Montluc, et cette fameuse pendaison de huguenots qu'il fit en passant, je ne me souviens plus dans quelle ville.

D'ailleurs, si on ne se la rappelle pas, je vais la raconter.

Le maréchal de Montluc passait donc par cette ville dont j'ai oublié le nom, lorsqu'il crut avoir à se plaindre de certains juges qui, en vertu de cet axiome : *Cedant arma togæ*, avaient négligé de lui rendre les honneurs qu'il prétendait lui être dus.

Il s'agissait de faire repentir les juges de cette impertinence.

Le maréchal s'informa de ce que les juges avaient à faire, et il apprit que, le lendemain, ils se promettaient grand plaisir à juger une douzaine de huguenots qui avaient été pris les armes à la main, et qui attendaient leur jugement dans les prisons de la ville.

Aussitôt, le maréchal de Montluc, avec bonne escorte, se rend aux prisons, se les fait ouvrir, enfonce douze clous dans les solives, y attache douze cordes, et, à ces douze cordes, pend les douze huguenots.

« Et qui fut bien attrapé le lendemain, dit le maréchal dans ses Mémoires, ce furent mes juges, qui ne trouvèrent plus rien à juger. »

Hiraux punit les cuisiniers à peu près de la même manière que le maréchal de Montluc avait puni les juges. Il se glissa dans la pharmacie du couvent, s'empara d'une copieuse dose de jalap, et la mêla aux sauces du cuisinier.

Si Hiraux eût laissé des mémoires, il eût mis sans doute, comme le maréchal de Montluc :

« Le lendemain, qui fut bien attrapé, ce furent mes marmitons, qui virent leurs moines purgés de fond en comble ; ni plus ni moins que s'ils eussent avalé triple dose de la médecine Leroy. »

Cela arriva justement le jour de l'Épiphanie.

Il y eut, comme on le pense bien, grande rumeur dans l'abbaye. Tout un couvent ne se purge pas en effet le jour des

Rois, depuis le prieur jusqu'au sacristain, sans que les devoirs religieux en souffrent considérablement.

Hiraux, seul, demeurait à son poste d'enfant de chœur sans bouger.

Ce fut justement cette sérénité de l'homme juste au milieu de l'ébranlement général du monde qui perdit Hiraux. Proserpine trouva Ascalaphe pour déclarer qu'il lui avait vu manger sept grains de grenade. Hiraux eut son Ascalaphe qui déclara l'avoir vu sortir le soir, à la nuit tombante, sur la pointe du pied, de la pharmacie.

Le dénonciateur était l'organiste du couvent.

La dénonciation fut recueillie, et, en rapprochant les faits, on ne douta point qu'Hiraux ne fût le véritable coupable.

On n'est pas élevé au couvent non plus sans apprendre à mentir un peu. Hiraux nia, jura, protesta; mais cela ne fit que gâter son affaire, qu'eût peut-être améliorée une sincère confession.

En conséquence, Hiraux fut livré par le prieur au cuisinier, c'est-à-dire par la justice religieuse à la justice séculière.

Le cuisinier condamna Hiraux à une reclusion de vingt-quatre heures, accompagnée d'un jeûne au pain et à l'eau, et, pour être sûr que la punition ne serait point adoucie par quelque ami du condamné, il l'enferma dans la cave du couvent.

Seulement, le cuisinier avait oublié une chose : c'est que la cave était parfaitement garnie en vins, cidres, huile, vinaigre, eau-de-vie, rhum, etc., etc.

Tous ces liquides étaient dans des barils symétriquement rangés, comme doivent l'être d'honnêtes barils dans une cave aussi bien tenue que l'est d'ordinaire une cave de prémontrés.

Hiraux alla à tous les barils, et lâcha, les uns après les autres, tous les robinets, en disant à chaque tour de clef :

— Voilà le vin qui coule, voilà le cidre qui coule, voilà l'huile qui coule, voilà le vinaigre qui coule, voilà l'eau-de-vie qui coule, voilà le rhum qui coule, etc., etc.

La revue était longue à passer, et, comme Hiraux faisait son énumération à haute voix, on entendait des cuisines comme une psalmodie que la distance ne permettait pas de saisir. Enfin, le murmure continuant, le cuisinier s'en inquiéta et vint écouter à la porte. Il entendit les litanies d'Hiraux; il comprit avec terreur ce qui se passait. En un instant, une lampe fut allumée, la porte de la cave ouverte, et le spectacle attendu dévoilé dans toute son horreur.

Chaque futaille pissait à plein robinet la liqueur qu'elle avait dans le ventre, et le mélange de toutes ces liqueurs avait déjà produit une inondation de six pouces de hauteur et qui allait toujours croissant.

Hiraux, à cheval sur un foudre, calme comme le Bacchus indien, attendait philosophiquement que la marée l'atteignît.

Cette fois, le crime était tellement patent, le coupable, au lieu de le nier, s'en vantait avec une telle impudence, que le cuisinier ne crut pas avoir besoin d'en référer au prieur, et décida qu'il se ferait justice tout seul.

On commença par fermer les robinets; c'était le plus pressé. Puis on s'empara d'Hiraux, qui ne fit aucune tentative pour fuir; puis on assembla le tribunal, qui se composa du frère cuisinier et des marmitons.

Il fut décidé à l'unanimité qu'Hiraux passerait par les verges.

C'était un jugement sans appel et exécutoire à l'instant même.

Aussi l'exécution eut-elle lieu incontinent, et, malgré les cris du patient, dura-t-elle dix minutes. Après quoi, le frère cuisinier, pour calmer la douleur et pour effacer les traces saignantes que l'exécution avaient laissées, prit une poignée de poivre et saupoudra la partie endommagée.

Hiraux faillit en perdre les yeux.

Cela semblera étrange au premier abord, et peut-être pourra-t-on croire que je déplace la question.

Il n'en est point ainsi. Hiraux pleurait, Hiraux saignait; les yeux et le derrière lui causaient une douleur presque égale. Hiraux se frottait alternativement les yeux et le derrière, transportant, par ce double exercice, le poivre de son derrière à ses yeux. Il en résulta que l'inflammation gagnait rapidement, que plus Hiraux frottait, plus elle devenait aiguë, et qu'il avait déjà les yeux gros comme des œufs, lorsqu'une âme charitable lui donna le conseil d'aller s'éteindre dans le lavoir du couvent. Hiraux comprit la valeur du conseil; il y courut tout droit, et, grâce à ce bain prolongé, adoucit un peu la cuisson qui le dévorait.

Mais ce qu'il ne put éteindre, ce fut une fièvre brûlante qui le cloua pour huit jours dans son lit.

Le prieur sut la maladie, se renseigna sur les causes de cette maladie, et punit le cuisinier et ses marmitons.

Hiraux fut satisfait quant à eux ; mais le véritable coupable, aux yeux du patient, échappait à la justice du prieur; ce véritable coupable, c'était l'organiste qui l'avait dénoncé, trahissant ainsi la sainte fraternité de la musique; car Hiraux, en sa qualité de souffleur d'orgues, se regardait déjà comme musicien.

Il résolut de se venger de l'organiste.

Hiraux était profond et mystérieux comme les corridors de son cloître; il renferma sa vengeance en lui-même, décidant qu'elle n'éclaterait que le jour de Pâques.

Le jour de Pâques est une grande fête par toute la chrétienté. Ce jour-là, tous les paysans des environs venaient entendre la messe au couvent de Bourg-Fontaine. Il y avait donc triomphe pour tout le monde : triomphe pour le prieur qui la disait, pour les moines qui la chantaient, pour les enfants de chœur qui la servaient, pour l'organiste qui l'accompagnait, et même pour Hiraux qui la soufflait.

La veille de Pâques, Hiraux, avec un soin digne des plus grands éloges, monta, son plumeau à la main, à la tribune, et passa la journée à nettoyer l'orgue.

Mais, contre toute attente, le lendemain, malgré les efforts du souffleur, malgré la dextérité du musicien, l'orgue ne rendit que des sons étouffés et plaintifs, qui non-seulement n'accompagnaient pas, mais encore troublaient la messe. L'organiste avait beau pousser ou tirer, le hautbois était muet, la trompette était enrouée, et la voix humaine avait une extinction.

Hiraux, pendant que le malheureux musicien, ne sachant à qui s'en prendre, criait, jurait, frappait des doigts, des poings, du coude, Hiraux soufflait avec la gravité d'Oculi.

Oculi, on le sait, était fils de saint Éloi, et tirait la chaîne du soufflet tandis que saint Éloi forgeait. Il y a même un cantique là-dessus.

La messe n'était pas achevée, qu'Hiraux, malgré la peine qu'il avait prise, et malgré la gravité qu'il avait conservée, était soupçonné d'être la cause de ce nouvel événement.

Aussi, tandis qu'Hiraux appuyait avec plus de vigueur que jamais sur le manche du soufflet, devenu inutile, l'organiste se leva-t-il, et, allant à la porte de la tribune, la ferma-t-il à double tour, et en mit-il la clef dans sa poche.

Hiraux vit à l'instant même ce qui se préparait.

— Ce n'est pas moi, monsieur l'organiste! s'écria-t-il en lâchant pour la première fois son soufflet; ce n'est pas moi!

— C'est ce que nous allons voir, répondit l'organiste furieux.

Et il commença à démonter son orgue.

— Oh! oh! dit-il, voilà une voix humaine qui sent bien mauvais de la bouche.

L'organiste n'eut pas besoin d'aller plus loin : le mystère d'iniquité était découvert. Hiraux, dans sa vengeance, avait déshonoré la voix humaine, la trompette et le hautbois, et il y a tout lieu de croire que, s'il ne s'était occupé que de ces trois tuyaux, c'est qu'il n'avait pu faire davantage.

Hiraux avait compté sur la fuite. Il était décidé à quitter le couvent après la messe; seulement, il n'avait pas pensé que la lumière se ferait si vite. Or, la lumière était faite, et, comme il ne pouvait fuir, puisque la porte était fermée, il tomba à genoux et demanda grâce.

L'organiste savait dissimuler. Il fit semblant d'accorder la grâce qu'on lui demandait, mais à la condition, comme dans les baux, que Hiraux rendrait les choses dans l'état où il les avait prises.

Hiraux, trop heureux d'en être quitte à si bon compte, accepta le marché.

La messe finie, l'organiste sortit, promettant à Hiraux de ne rien dire au prieur de sa nouvelle fredaine. Hiraux comprenait que celle-ci dépassait toutes les autres et touchait au sacrilége; de sorte que, resté seul, il accomplit de son mieux la besogne dont il s'était chargé, besogne que Fourier, dans sa distribution passionnelle, réserve aux enfants, qui, à son avis, devront s'en occuper *passionnellement*.

Qu'il l'eût faite passionnellement ou à contre-cœur, la besogne d'Hiraux était achevée, lorsque l'organiste, — on eût dit qu'il guettait ce moment, — lorsque l'organiste entra, suivi du frère cuisinier et de ses marmitons.

Il était allé querir ses alliés naturels, c'est-à-dire les ennemis-nés d'Hiraux.

Au début des hostilités, — et les hostilités commencèrent dès que la porte de la tribune fut fermée, — Hiraux crut qu'il s'agissait d'être fouetté comme la première fois. Mais ce qui l'empêchait de s'arrêter à cette idée, c'est que les verges manquaient. Or, par pressentiment, l'absence de ces verges le préoccupait plus que n'eût fait leur présence.

En effet, il ne s'agissait plus de fouetter Hiraux, mais de le souffler.

L'opération s'accomplit à l'aide du soufflet de l'orgue.

Cette fois, Hiraux ne faillit point devenir aveugle, Hiraux faillit tout bonnement mourir. Mis en liberté aussitôt l'opération terminée, il avait fui aussi loin qu'il avait pu le couvent maudit, ayant plus l'air d'un ballon que d'une créature humaine; puis il était tombé, ou plutôt il avait roulé au pied d'un arbre.

Il fut plus de quinze jours à désenfler complétement.

Ce fut à la suite de ce petit événement que Hiraux se fit garçon épicier.

Mais nul ne peut fuir sa destinée : Hiraux était musicien dans l'âme. Hiraux accrocha un vieux violon et, dans ses moments perdus, racla obstinément. L'épicière, jeune femme incomprise, — il y a eu des femmes incomprises de tout temps, — l'épicière jouait de l'épinette. Hiraux et l'épicière faisaient, le soir, des concerts qui ravissaient l'épicier; si bien que, exalté par ses triomphes intimes, Hiraux résolut d'abandonner l'épicerie pour se livrer entièrement à la musique instrumentale.

Ses dispositions étaient en effet réelles, et, presque sans maître, il parvint à une telle force sur l'épinette et sur le violon, que la ville de Villers-Cotterets le nomma son organiste aux appointements de huit cents livres par an.

Hiraux s'en faisait à peu près autant en donnant des leçons de violon et de clavecin. Ensuite, tous les élèves ne payaient pas en argent. Hiraux recevait ses cachets en nature : le marchand de bois le payait en bois et en copeaux; l'épicier, en sucre, en pruneaux et en confitures; le tailleur, en redingotes, en gilets et en pantalons. Il en résultait qu'avec ses seize cents francs argent et les rentrées en nature, Hiraux avait non-seulement de quoi vivre, mais encore jouissait d'une certaine aisance, qui lui permettait d'envoyer promener ceux de ses élèves qui le mécontentaient ou qui n'avaient pas de dispositions.

Ma mère proposa donc à Hiraux de se charger de mon éducation musicale; ce qu'il accepta avec empressement, et ce que je vis de mon côté sans trop de répugnance. Hiraux était déjà, à cette époque, un homme de soixante ans, mais si gai, si jovial, si spirituel, si fécond en contes drolatiques, si plein d'une verve intarissable, que jeunes et vieux l'aimaient d'une égale amitié. Quant à moi, depuis que je me connaissais, je connaissais Hiraux. Il avait été le premier maître de musique de ma sœur avant qu'elle partît pour Paris, et, à toutes ses vacances, il était resté son répétiteur.

Dans les derniers temps de sa maladie, mon père, qui, ainsi que je l'ai dit, souffrait beaucoup, et qui se voyait mourir tout vivant, invitait souvent Hiraux à venir nous voir au château des Fossés; et, comme il n'y avait qu'une lieue de Villers-Cotterets aux Fossés, Hiraux venait à pied aux Fossés; et s'en retournait à pied coucher à Villers-Cotterets.

C'est-à-dire, entendons-nous : Hiraux, toujours poltron, avait commencé par coucher aux Fossés; mais il était convenu que la persécution poursuivrait ce pauvre Hiraux toute sa vie. Les histoires de sa jeunesse étaient dans la mémoire de tout le monde, et je n'ai raconté que la vingtième partie peut-être de ces histoires, de sorte que chacun se croyait obligé d'ajouter un accident nouveau à cette vie déjà si accidentée.

Or, à la maison, il y avait secrétaires et aides de camp, race non moins joyeuse et non moins inventive à l'endroit des farces que ne l'était, quarante ou quarante-cinq ans auparavant, la race monacale.

Il en résultait qu'Hiraux, trouvant invariablement, en rentrant, le soir, dans sa chambre, soit un pot à l'eau au-dessus de sa porte, soit une aiguille dans son lit, soit un coq dans son armoire, avait décidé, une fois pour toutes, qu'il ne coucherait plus aux Fossés, mais reviendrait à Villers-Cotterets, quelque heure qu'il fût, quelque temps qu'il fit.

En conséquence de cette résolution prise, et pour rassurer son esprit contre cette ambulation nocturne, Hiraux venait ordinairement à la maison armé d'une longue canne à épée, enfermée dans un fourreau de cuir.

Malgré cette canne, ou plutôt à cause de cette canne, deux jeunes gens qui avaient dîné un jour à la maison avec Hiraux inventèrent encore une nouvelle plaisanterie. Il fallait en vérité quelque imagination pour cela : le pauvre Hiraux avait, depuis l'an de grâce 1750, été victime de tant de plaisanteries différentes, qu'il se croyait lui-même, non pas à l'abri d'une plaisanterie, mais au moins à l'abri d'une plaisanterie nouvelle.

Ils enlevèrent la lame d'épée, qui, dans son fourreau, faisait la sécurité d'Hiraux, et, en place, ils emmanchèrent dans la poignée une longue plume de paon.

Le soir, Hiraux, toujours prudent, voulut se retirer de bonne heure; mais les jeunes gens le retinrent en lui promettant de faire route avec lui. Cette promesse tranquillisa Hiraux, qui, certain de revenir accompagné, se laissa aller à toute sa gaieté, ce soir-là plus verbeuse encore que de coutume, arrosée qu'elle avait été par de copieuses libations de vin de Champagne.

A dix heures, cependant, il ramena la conversation sur la nécessité de regagner la ville; mais, cette fois, les jeunes gens déclarèrent qu'ils se trouvaient trop bien pour quitter le château, et que, dès que le général avait la bonté de leur offrir des lits, ils acceptaient, en invitant Hiraux à en faire autant.

Mais Hiraux n'avait garde d'accepter ; il flairait la compagnie, et devinait tout un monde de farces. Il déclara donc que son dessein de battre en retraite était immuable, et, prenant sa canne et son chapeau, il salua la société et partit.

Nos jeunes gens attendaient ce départ avec impatience. A peine la grande porte du château se fut-elle refermée sur le voyageur nocturne, qu'ils sortirent par la petite porte, et, le devançant à l'aide d'un chemin de traverse, allèrent s'embusquer au coin de la forêt.

Il faisait un clair de lune magnifique. Suivant l'habitude des gens qui ont peur, Hiraux chantait ; mais, pour faire foi de ses habitudes pacifiques, au lieu de chanter quelque joyeuse chanson ou quelque vaillant hymne de guerre, Hiraux chantait le chant grégorien.

Tout à coup, deux hommes masqués débouchent du bois, lui sautent au collet, et lui demandent la bourse ou la vie.

On dit qu'il n'y a rien de plus dangereux qu'un poltron qui se fâche ; il paraît qu'Hiraux avait quelque chose dans sa bourse et tenait à sa vie ; car, pour toute réponse, il fit un pas en arrière et tira son épée.

Il y avait de quoi désarçonner Roland et les onze pairs de Charlemagne.

Hiraux trouva ce que ni les uns ni les autres de ces preux paladins n'eussent certainement pas trouvé.

— Vous voyez bien, mes amis, dit Hiraux en montrant la plume de paon à ceux qui l'attaquaient, vous voyez bien que je ne voulais pas vous faire de mal.

Il n'y avait pas moyen de tenir à une pareille bonhomie. Les éclats de rire succédèrent aux menaces, les masques tombèrent, et, après qu'on eut donné aux jambes d'Hiraux le temps de se remettre, tous trois revinrent amicalement à la ville, et Hiraux compta une aventure de plus sur ses tablettes.

Hiraux m'avait tant fait rire dans ma jeunesse, j'aimais tant Hiraux, que, ma sympathie pour le musicien l'emportant sur mon antipathie pour la musique, je me décidai à prendre des leçons de violon.

Mais j'exigeai que l'on m'achetât un violon à Paris, ceux qui étaient à vendre chez les marchands de bric-à-brac de Villers-Cotterets ne satisfaisant pas suffisamment mon amour-propre.

On en passa par où je voulais : c'était assez l'habitude de ma mère. Il fut décidé qu'Hiraux, à son prochain voyage à Paris, achèterait un violon, et qu'aussitôt son retour, mon éducation musicale commencerait.

Mais quand aurait lieu ce voyage?

C'était bien un peu sur une remise aux calendes grecques que j'avais compté.

Pas du tout : le hasard, ou plutôt une nouvelle farce dont Hiraux fut victime, en décida autrement.

A la suite d'un dîner qu'Hiraux avait fait avec quelques amis, et entre autres avec ses deux amis intimes, Mussart et Duez, — nous consignons ici les noms pour les retrouver plus tard, — le voyage d'Hiraux à Paris fut décidé.

Seulement, il avait été décidé dans des conditions toutes drolatiques.

On dînait chez un nommé Hutin, chez lequel s'arrêtaient les diligences qui vont de Laon à Paris. On avait grisé Hiraux. Hiraux ne savait plus ce qu'il faisait ni ce qu'on lui faisait. On déshabilla Hiraux, et, avec son caleçon et sa chemise seulement, on le fourra sous l'impériale de la diligence, au milieu des malles, des portemanteaux et des cartons.

Il va sans dire qu'on ne lui laissa pas un denier sur lui. Où eût été la farce, si Hiraux avait eu de l'argent?

Hiraux se réveilla à Paris.

Le conducteur ignorait parfaitement la plaisanterie. Il fut donc aussi étonné de trouver Hiraux là, qu'Hiraux l'était de s'y trouver lui-même.

Hiraux fut d'abord assez embarrassé de se trouver en caleçon et en chemise dans la cour des diligences ; mais, comme il était homme de ressources, il se souvint d'un neveu nommé Camusat, excellent et brave garçon qui a été et qui est encore mon ami. Il fit approcher un fiacre, s'y enferma, et cria par la portière :

— M. Camusat, à la Râpée !

Hiraux savait une chose que je ne sais pas, ce qui fait qu'à sa place j'eusse été fort embarrassé ; il savait l'adresse de Camusat, de sorte qu'il descendit droit chez lui.

Camusat était long et mince comme son oncle ; il lui donna redingote, gilet et pantalon.

Puis, en outre, il lui prêta vingt francs pour m'acheter un violon, et quinze francs pour revenir.

Avec ces quinze francs, Hiraux m'apporta un violon un peu raccommodé au manche, mais assez sain dans tous ses organes essentiels.

Des aventures d'Hiraux, je ferais tout un livre, et, si je le voulais, un livre bien autrement amusant que beaucoup de livres que je connais.

Mais je me bornerai à la dernière et à la plus triste de ces aventures. C'est qu'au bout de trois ans de leçons chez Hiraux, je ne savais pas mettre mon violon d'accord !

En reconnaissant chez moi pour la musique cette phénoménale antipathie, Hiraux déclara à ma pauvre mère désolée que ce serait lui voler son argent que de tenter plus longtemps de faire de moi un musicien.

Je renonçai donc au violon.

Pauvre Hiraux ! après cette vie si agitée, il dort aujourd'hui du paisible sommeil de la mort dans ce charmant cimetière de Villers-Cotterets, plein d'arbres verts, de saules pleureurs et de fleurs épanouies !

XXIV

La chienne porte-falot. — L'épitaphe de Demoustier. — Mon premier maître d'armes. — Le roi boit. — Quatrième terreur de ma vie. — Le tonneau de miel.

Au milieu de tout ce que nous venons de raconter, ma mère avait fait deux nouvelles pertes non moins douloureuses pour elle que la première : elle avait perdu son père et sa mère.

Je me rappelle à peine ma grand'mère Labouret. Je ne me souviens d'aucun détail relatif ni à sa vie ni à sa mort. C'était une digne femme qui, ayant bien vécu, dut bien mourir.

Il en fut autrement de mon grand-père, mort en 1808, d'une affection de foie. Je me le rappelle parfaitement avec sa pipe à la bouche et sa démarche grave, habitude qu'il avait contractée du temps que, comme le père de mademoiselle de la Vallière, il était maître d'hôtel.

C'était un grand joueur de dominos, qui passait pour très-fort à ce jeu, et qui allait tous les soirs faire sa partie dans un café où j'ai passé une bonne portion de mon enfance. Ce café était tenu, je m'en souviens, par deux personnes de sexe différent qui m'aimaient beaucoup : l'une s'appelait mademoiselle Wafflart et l'autre M. Camberlin.

Comme mon grand-père y passait toutes ses soirées, j'allais quelquefois l'y rejoindre, et, là, je regardais jouer au billard, jeu pour lequel je me sentais au fond du cœur la plus grande vocation. Malheureusement, le billard, soit pendant la journée, soit le soir, entraînait des frais tout à fait au-dessus de mes moyens ; de sorte que force était à moi de regarder jouer les autres et de compter les points ; mais voilà tout.

Chaque soir, à dix heures, on entendait gratter à la porte ; c'était la chienne de mon grand-père qui venait le chercher, — la gueule vide, les nuits où il y avait de la lune, — la gueule ornée d'un bâton portant une lanterne à chaque bout, les nuits où il n'y en avait pas. On l'appelait *Charmante*, et elle était charmante d'intelligence en réalité. Elle avait, lors de sa mort, fait ce métier pendant huit ou dix ans, et il ne lui était jamais arrivé d'être venue gratter à la porte dix minutes avant l'heure ou dix minutes après, d'avoir pris le chemin le plus long au lieu de prendre le chemin le plus court, ou d'avoir cassé une seule de ses lanternes.

Un jour, mon grand-père se plaignit de violentes douleurs au côté, garda la chambre, puis s'alita. Enfin, un soir, on m'emporta de la maison comme on avait fait pour mon père.

On me conduisit chez un de nos voisins nommé Lepage et qui était vitrier. J'y passai la nuit. Le lendemain, mon grand-père était mort.

Ma mère héritait de ces fameux trente arpents de terre dont j'ai déjà parlé, et de cette maison dont on payait la rente viagère. Seulement, c'était de la rente à servir qu'elle héritait, et non de la maison.

Si ma pauvre mère n'avait pas toujours gardé cette double espérance d'obtenir une pension et de se faire payer les vingt-huit mille cinq cents francs d'arriéré dus à mon père, voici sans doute ce qu'elle eût fait : elle eût vendu les trente arpents de terre trente ou trente-cinq mille francs, prix qu'ils valaient; elle eût cédé ses droits à la maison de M. Harlay pour cinq ou six mille francs, et, avec ces quarante mille francs, elle se fût fait deux mille livres de rente avec lesquelles, grâce à son économie, nous eussions parfaitement vécu.

Tandis qu'au contraire, toujours dans l'espoir de rembourser avec ce malheureux arriéré, elle commença à emprunter sur les terres en les hypothéquant.

Du revenu de ces terres, il était impossible d'exister; à peine rapportaient-elles deux du cent.

Je ne sais si c'est avant ou après la mort de mon grand-père que nous déménageâmes. Je crois cependant que c'est auparavant.

Nous demeurâmes alors rue de Lormet; je m'étais rapproché de la maison où j'étais né.

Peu de temps après, nous perdîmes, dans cette maison, la cousine que j'appelais maman Zine.

La mort frappait, comme on voit, à coups redoublés sur la famille; en quatre ans, quatre personnes s'étaient couchées pour l'éternité, l'une près de l'autre, dans ce petit cimetière dont j'ai déjà parlé.

Mais, à part la mort de mon père, aucune de ces morts ne produisit sur moi une impression réelle. Tout cela se traduisait par une promenade quotidienne au cimetière. Un tertre de plus s'ajoutait aux autres tertres, que ma mère appelait son jardin; un nouveau cyprès était planté près des anciens cyprès; de nouvelles roses fleurissaient près des anciennes roses; ma mère versait quelques larmes de plus, et tout était dit.

Nos tombes, à nous, étaient près de la tombe de Demoustier. Son épitaphe est la première inscription tumulaire que j'aie lue. Elle avait été composée par Legouvé.

La voici :

SOUS CETTE PIERRE REPOSE DU SOMMEIL DU JUSTE
CHARLES-ALBERT DEMOUSTIER,
MEMBRE ASSOCIÉ DE L'INSTITUT NATIONAL,
NÉ A VILLERS-COTTERETS, LE 31 MARS 1760,
ET DONT L'AME PAISIBLE RETOURNA AU SEIN DE L'IMMORTALITÉ
LE 11 VENTÔSE AN IX DE LA RÉPUBLIQUE (2 MARS 1801).

> En ces mots l'amitié consacra son histoire :
> Il montra les talents aux vertus réunis;
> Son esprit lui donna la gloire,
> Et sa belle âme des amis.

REPOSE EN PAIX, OMBRE CHÉRIE!

En effet, si une ombre doit reposer en paix, c'est bien celle de ce bon et spirituel Demoustier, dont tout Villers-Cotterets vénérait la mémoire. Ma mère me disait souvent que jamais homme plus doux, plus sympathique, plus charmant n'avait existé. Il voyait, à quarante et un ans, juste l'âge où mon père est mort, venir la fin de toutes choses avec cette douce et pieuse tranquillité des bonnes natures. La veille de sa mort, ma mère était près de son lit, et, sans en avoir, essayait de lui donner des espérances. Il lui souriait doucement, et regardait un rayon de ce beau soleil de printemps, qui n'est pas encore le soleil véritable, mais un premier sourire de la nature.

Demoustier mit la main sur sa main, et, la regardant :

— Chère madame Dumas, lui dit-il, il ne faut pas se faire illusion : le bouillon ne passe plus, le lait ne passe plus, l'eau ne passe plus, il faut bien que je passe.

Le lendemain, il était mort, le sourire sur les lèvres.

Hélas! une pierre pareille à celle qui couvrait le tombeau de Demoustier, c'était l'ambition de ma mère. Mais elle n'était pas assez riche pour consacrer, aux dépens des vivants, cette prodigalité aux morts.

Je présume que c'est de ces promenades accomplies avec ma mère au cimetière de Villers-Cotterets qu'est née ma prédilection pour les cimetières, mais pour les cimetières de village, bien entendu ; — rien ne m'impressionne encore autant aujourd'hui : — touchant aux églises avec leur maigre saule pleureur, leurs pierres à moitié brisées et leurs croix peintes en noir, avec une simple inscription blanche disant le nom et l'âge du trépassé.

Hélas! si je retournais maintenant dans le nôtre, outre la tombe de ma mère, combien de tombes amies y retrouverais-je! Presque tous ceux que j'ai connus dans mon enfance sont là, et, comme le Christ au commencement de la Rome chrétienne, je puis dire : « J'ai plus d'amis dessous que dessus. »

Que ceux qui se donnent la peine d'étudier les plus petites choses étudient les différentes localités où s'est passée mon enfance; les Fossés, Antilly, la chambre restreinte de l'hôtel de l'*Épée*, les ruines du château de Villers-Cotterets, la maison et le jardin de ville de M. Deviolaine, le cloître de Saint-Remy, le château de Villers-Hellon, le grand parc de François I*er*, de Henri II et de Henri IV, et le petit cimetière du Pleux, — c'est ainsi qu'on appelle l'endroit où est situé le cimetière de Villers-Cotterets, — et ils se rendront compte de toutes les différentes nuances de mes productions, et, en allant plus loin, des variations de mon caractère.

A tout cela j'ai dû un grand respect pour toutes les choses saintes, une grande foi dans la Providence, un grand amour en Dieu. Jamais, dans le cours d'une vie déjà assez longue, je n'ai eu, aux heures les plus douloureuses de cette vie, ni une minute de doute, ni un instant de désespoir; je n'oserais pas dire que je suis sûr de l'immortalité de mon âme, mais je dirai que je l'espère. Seulement, je crois que la mort, c'est l'oubli du passé sans être la renonciation à l'avenir. Si l'on arrivait à donner la mémoire aux âmes, on aurait résolu le grand mystère dont Dieu garde le mot : les âmes alors se souviendraient, et l'immortalité serait révélée.

En somme, au milieu de ces promenades, au milieu de ces jeux, au milieu de ce commencement d'éducation, je grandissais, je jouais sur mon violon la *Marche des Samnites* et l'ouverture de *Lodoïska*; et Hiraux, son bonnet noir rabattu sur les deux oreilles, déclarait à ma mère qu'il avait trop de conscience pour lui voler plus longtemps les dix francs par mois qu'elle lui donnait pour faire de moi un musicien.

Je renonçai d'autant plus facilement à ces leçons, que j'eusse interrompues depuis longtemps déjà, si ma sympathie pour Hiraux ne l'avait pas emporté sur mon horreur pour le solfége; je renonçai, dis-je, d'autant plus facilement à ces leçons, que j'avais commencé de prendre des leçons bien autrement attrayantes pour moi : je prenais des leçons d'armes.

De ce beau château, ancienne maison de plaisance des ducs d'Orléans, la République avait fait une caserne, et l'Empire un dépôt de mendicité.

J'avais découvert, dans ce dépôt, un ancien maître d'armes; seulement, il avait une avarie : donnant des leçons sans masque, le fleuret d'un de ses élèves avait pénétré dans la bouche, et lui avait déchiré la luette. Cet accident,— qui, en le rendant presque muet, ou plutôt en lui créant un baragouin à peu près inintelligible, avait rendu chez lui la démonstration presque impossible, — cet accident, disons-nous, joint à un grand amour de la bouteille, avait conduit notre ancien Saint-Georges à la demeure royale de François Ier, devenue une succursale du dépôt de mendicité de la Seine.

Cet homme s'appelait le père Mounier, et, j'en demande bien pardon à Grisier, son continuateur, c'est lui qui, à l'âge de dix ans, me donna les premières leçons d'armes.

Car j'avais dix ans, à peu près, quand je commençai à manifester ce peu de goût pour la musique et ce grand enthousiasme pour les exercices du corps.

Au milieu de tout cela, et tout en ne rêvant que sabres, épées, pistolets et fusils, j'étais demeuré fort poltron à un seul endroit. Comme la nature, j'avais horreur du vide. Aussitôt que je me sentais suspendu à une certaine distance de terre, j'étais comme Antée, la tête me tournait, et je perdais toutes mes forces. Je n'osais descendre seul un escalier dont les marches étaient un peu roides, et je n'eusse jamais osé, comme mes jeunes camarades, aller dénicher un nid à la cime d'un arbre.

Cette couardise me valait toute sorte de berneries de la part de mes cousines Deviolaine, de leur frère Félix et de ma sœur aînée. On s'amusait à me conduire, sous prétexte de jouer à cache-cache ou à tout autre jeu, dans des greniers dont, la porte une fois fermée, on ne pouvait plus descendre qu'à l'aide d'une échelle. Alors, j'employais, à la grande jubilation des autres enfants, toutes les supplications pour obtenir qu'on me rouvrît la porte; puis, comme on se gardait bien de se rendre à mes prières, je me décidais enfin à descendre par l'échelle, descente que j'exécutais le plus gauchement du monde, à la vue de la société.

Un jour, je faillis être tué pour être resté en bas, tandis que les autres étaient montés en haut. Toute la société enfantine avait entrepris l'ascension d'une meule de paille au pied de laquelle j'étais resté. Ma cousine Cécile, vrai garçon pour les habitudes, et qui, pareille à la princesse Palatine, semblait convaincue qu'elle changerait de sexe à force de sauter et de bondir, ma cousine Cécile était arrivée la première au faîte, lorsque, se penchant pour me regarder et se moquer de moi, le pied lui manqua: elle roula sur la déclivité de la meule, me tomba à califourchon sur les épaules, et faillit me rompre le cou.

Une preuve de sang-froid que je donnai au milieu d'un grand danger me réhabilita pourtant dans l'esprit de mes jeunes amis et amies. C'était le jour des Rois! on avait dîné chez M. Deviolaine. La royauté de la fève m'était échue, et, après le dîner, je m'étais empressé de transporter le siége de mon empire dans le jardin. En lançant un bâtiment de papier sur le bassin qui faisait le centre de la pelouse, je me penchai un peu trop en avant, je perdis mon centre de gravité, la tête emporta le derrière, et je fis, dans un bassin de quatre pieds de profondeur et dans une eau glacée, un plongeon des plus complets et, à ce qu'il paraît, des plus effrayants pour la société, qui se mit à battre l'air avec les bras et à crier à tue-tête : « A l'aide! au secours ! Dumas se noie!... » Heureusement, je ne perdis pas la tête, je m'accrochai aux herbes qui pendaient de la pelouse dans le bassin, et, grâce à cet appui, je reparus à la surface de l'eau, ruisselant comme le fleuve Scamandre ; de sorte que Victor n'eut besoin que de me donner la main pour me rendre à mon élément et à mon terrain naturels.

Alors, avec mon air grave et doctoral, me tournant vers la troupe effarée :

— Imbéciles, leur dis-je, ce n'était pas « Dumas se noie ! » qu'il fallait crier, c'était « Le roi boit! »

On trouva le mot charmant. Comme c'est le premier que j'aie fait, et que je l'ai fait à l'âge de sept ans, je demande pour lui l'indulgence du public.

Ce qui n'empêcha pas ma cousine Cécile de dire, en exécutant ses tours de force ordinaires, que je n'étais et ne serais jamais bon qu'à faire un seminariste.

On verra bientôt combien peu s'en fallut que la prédiction ne se réalisât.

Les grandes terreurs de ma vie s'élèvent à cinq, je crois, et, fort heureusement, remontent toutes à ma première jeunesse. J'ai dit les trois premières : le serpent d'Amiens, une ; les deux couleuvres de Saint-Remy, deux ; madame de Genlis, trois.

Passons à la quatrième.

Je jouais aux billes à la porte d'un marchand épicier nommé Lebègue, qui, pendant ce temps-là, étendait et grattait du chocolat sur un marbre avec un de ces longs couteaux pliants qu'on appelle, je crois, spatules. Je me pris de dispute avec mon partenaire. Nous nous gourmâmes. Notez bien que, devant les coups de poing, je n'étais jamais poltron. Il était plus fort que moi : il me repoussa violemment, et je m'en allai tomber, à reculons, le derrière dans un tonneau de miel.

Je prévis à l'instant même l'événement et ses conséquences ; je jetai un cri, l'épicier se retourna, et lui aussi vit ce qui arrivait.

Ce qui arrivait, c'est, comme je l'ai dit, que je m'en allai tomber le derrière dans le miel.

Je me relevai comme si un ressort m'eût remis sur mes jambes, et cela, malgré la résistance qu'opposait à ce mouvement la substance à laquelle j'adhérais.

Puis, incontinent, je me mis à fuir.

La rapidité que je déployai dans cette prudente résolution venait de ce que j'avais vu l'épicier s'élancer d'un mouvement presque simultané, son couteau à la main.

Je dirigeai naturellement ma course du côté de la maison. Mais la maison, située au milieu de la rue de Lormet, était assez loin de la place sur laquelle l'événement était arrivé. Je courais bien ; seulement, l'épicier avait des jambes doubles des miennes ; j'étais poussé par la terreur, mais lui était mû par la cupidité. Je me retournais tout en courant, et je voyais le terrible industriel, l'œil ardent, les lèvres entr'ouvertes, le sourcil froncé et le couteau à la main, gagnant à chaque pas sur moi. Enfin, en nage, haletant, sans voix, près d'expirer, je me laissai aller sur le pavé, à dix pas de la porte, convaincu que c'en était fait de moi, et que Lebègue s'était mis à ma poursuite dans l'intention bien positive de m'égorger.

Il n'en était rien. Après une lutte dans laquelle j'épuisai le reste de mes forces, il me coucha le ventre sur son genou, gratta le fond de ma culotte avec sa spatule, me remit sur mes jambes, et s'en retourna parfaitement satisfait d'être rentré dans sa marchandise.

Malgré cette longanimité, je fus plus d'un an à prendre l'autre côté de la rue quand je passais devant le magasin d'épiceries de maître Lebègue.

XXV

L'abbé Conseil. — Ma bourse au séminaire. — Ma mère, à force d'instances me décide à y entrer. — L'encrier de corne. — Cécile chez l'épicier. — Ma fuite.

Cependant j'allais avoir dix ans. Il était temps de s'occuper sérieusement de mon éducation morale. Quant à l'éducation physique, elle allait son train : je lançais des pierres comme David, je tirais de l'arc comme un soldat des îles Baléares, je montais à cheval comme un Numide; seulement, je ne montais ni aux arbres ni aux clochers.

J'ai beaucoup voyagé; j'ai, soit dans les Alpes, soit en Sicile, soit dans les Calabres, soit en Espagne, soit en Afrique, passé par de biens mauvais pas; mais j'y suis passé parce qu'il fallait y passer. Moi seul, à l'heure qu'il est, sais ce que j'ai souffert en y passant. Cette terreur toute nerveuse, et par conséquent inguérissable, est si grande, que, si l'on me donnait le choix, j'aimerais mieux me battre en duel que de monter en haut de la colonne de la place Vendôme.

Je suis monté un jour, avec Hugo, en haut des tours de Notre-Dame; je sais ce qu'il m'en a coûté de sueur et de frissons.

Revenons donc à mon éducation morale, dont il était temps de s'occuper sérieusement.

On avait sollicité pour moi des entrées gratuites à tous les colléges destinés aux fils d'officiers supérieurs. Mais, quelles que fussent les instances faites, on n'avait pu obtenir ni mon admission au Prytanée, ni une bourse dans aucun lycée impérial.

Si j'avais été quelque chose à cette époque, je me ferais l'honneur de croire que j'avais hérité de la haine que Bonaparte portait à mon père.

Aucune des demandes faites pour moi n'avait donc réussi,

lorsque mourut un de mes cousins dont j'ai déjà parlé, et qui se nommait l'abbé Conseil.

L'abbé Conseil avait été gouverneur des pages; l'abbé Conseil avait eu, sous Louis XV et sous Louis XVI, toute sorte de bénéfices; si bien que l'abbé Conseil était riche : il possédait à Largny, village situé à une lieue de Villers-Cotterets, une charmante maison, un jardin des plus pittoresques au fond d'une vallée; mais je n'ai point parlé de tout cela, attendu le peu d'hospitalité du cousin Conseil.

Le cousin Conseil avait, en outre, une maison à Villers-Cotterets; il demeurait, je crois, au numéro 3 ou 5 de la rue de Lormet, juste en face de la maison où était mort Demoustier.

J'allais faire deux visites par an au cousin Conseil, l'une le 1er janvier, l'autre le jour de sa fête; il m'embrassait sur une joue, me donnait une claque sur l'autre. Là se bornaient ses libéralités.

Une fois, il me donna un petit écu. Nous n'en revenions pas, ma mère ni moi.

Il mourut la même année.

Il laissait une dizaine de mille livres de rente, dont héritait une certaine demoiselle de Ryan, déjà nommée.

Quant à ma mère, elle héritait de quinze cents francs, une fois donnés.

En outre, il laissait, pour un de ses parents, une bourse au séminaire de Soissons.

La désignation était claire, et la prédiction de Cécile allait se réaliser. Le futur séminariste, c'était moi.

Seulement, il s'agissait de me faire aller au séminaire, ce qui n'était pas chose facile. Je n'entendais pas raison à l'endroit des curés, et cette prédiction de Cécile m'avait mis au cœur de grands germes de révolte contre cette intention.

Chez ma mère, il n'y avait aucun parti pris. Pauvre femme! elle était incapable d'insister sur une détermination dans laquelle elle eût vu pour moi la moindre contrariété; mais elle avait un désir, c'était de me donner la meilleure éducation possible. Faire de moi un prêtre! elle n'y avait jamais songé; je crois même que, si elle eût pensé que la chose en vînt là, elle se fût la première opposée au projet qu'elle me présentait sous le plus riant aspect.

Deux ou trois mois se passèrent en luttes de ma part, et en prières de la part de ma mère.

Enfin, un beau jour qu'elle avait déployé toutes les séductions de son esprit pour me décider ; qu'elle me jurait, sur sa parole d'honneur, que je serais toujours libre de revenir à la maison, si le régime du séminaire ne me convenait pas, je lâchai le *oui* fatal, et je consentis à tout ce qu'elle voulut.

Il me fut accordé huit jours pour faire mes préparatifs de départ.

C'était une grande séparation que celle qui se préparait, et, certes, elle coûtait autant à ma mère qu'à moi. Aussi ma mère me cachait-elle ses larmes, de sorte que, injuste que j'étais, je la croyais bien contente de se séparer de moi.

La veille du jour où l'on devait m'embarquer dans la voiture qui, deux fois par semaine, faisait le service entre Villers-Cotterets et Soissons, comme je réunissais toutes mes petites affaires de collégien, je m'aperçus qu'il me manquait un encrier. J'en fis l'observation à ma mère, qui, reconnaissant la justice de mon désir, me demanda comment je le voulais.

J'avais des idées luxueuses à l'endroit de cet encrier. Je voulais un encrier de corne avec un récipient pour les plumes. Mais, comme ma mère ne comprenait pas bien mes explications, elle me donna douze sous, et me chargea d'aller acheter l'encrier moi-même.

Qu'on fasse bien attention à ce détail ; si puéril qu'il soit, il a changé la face de ma vie.

J'allai chez un épicier nommé Devaux. Je me serais bien gardé d'aller chez Lebègue : on sait pourquoi.

L'épicier n'avait pas d'encrier comme j'en désirais un ; il m'en promit un pour le soir.

Le soir, je revins.

Il avait l'encrier. Mais le hasard fit qu'en même temps que moi, se trouvait dans le magasin ma cousine Cécile.

En me voyant, sa joie fut grande. Elle trouvait donc l'occasion de me dire à moi-même qu'elle me souhaitait toute sorte de prospérités dans la carrière que j'embrassais, et elle me promit qu'aussitôt que je serais ordonné, elle me donnerait la charge de son directeur.

Je ne sais si c'est parce que les railleries me parurent trop amères ou la charge trop lourde, mais je jetai l'encrier au nez de l'épicier, je mis mes douze sous dans ma poche, et je sortis du magasin en criant :

— Eh bien, c'est bon, je n'irai pas au séminaire !

Comme César, je venais de passer mon Rubicon.

Maintenant, il s'agissait d'échapper aux premières supplications de ma mère, auxquelles je n'eusse pas eu peut-être la force de résister.

Je risquai mon premier coup de tête.

J'achetai, avec mes douze sous, un pain et un saucisson, des vivres pour deux ou trois jours enfin, et j'allai trouver Boudoux.

Il faut que j'explique ce que c'était que Boudoux.

Boudoux était un type. Si la maladie intitulée la *boulimie* n'avait pas été baptisée à cette époque, il aurait fallu l'appeler la *boudimie*.

Je n'ai jamais vu de plus terrible mangeur que Boudoux.

Un jour, il arriva chez nous ; on venait de tuer un veau : il le regardait avec des yeux d'envie.

— Veux-tu le manger tout entier, dit mon père, il est à toi.

— Oh ! le général plaisante, dit Boudoux.

— Non, sur ma parole.

— Je veux bien, général.

On mit le veau tout entier au four, et, le veau cuit, Boudoux mangea le veau tout entier.

Le dernier os gratté, mon père lui fit compliment.

— J'espère que maintenant tu n'as plus faim, Boudoux ? lui dit-il.

— Mettez la mère à la broche, général, répondit Boudoux, et vous verrez.

Mon père recula ; il aimait sa vache. Boudoux était homme à n'en laisser que les cornes.

Après ce trait, nous en citerions bien d'autres; mais il paraîtraient faibles à côté de celui-là.

Un jour d'ouverture de chasse, chez M. Danré de Vouty, il y avait vingt-quatre poulets à la broche. Boudoux les regarda comme il avait regardé le veau de mon père. M. Danré eut l'imprudence, alors, de lui faire une proposition équivalente à celle qui lui avait été faite chez nous.

Boudoux fit vingt-quatre bouchées des vingt-quatre poulets.

Plus tard, — je veux en finir d'un coup avec l'appétit de Boudoux, — lorsque, après la Restauration, M. le prince de Condé vint chasser à Villers-Cotterets, il y amena une meute de cent vingt chiens.

Boudoux obtint la charge de valet des valets de chiens. Ce fut, en conséquence, Boudoux qui se trouva chargé de faire aux Roquadors et aux Barbaros princiers la distribution de vivres.

Bientôt on s'aperçut que, quoique l'achat de pain et de mou fût toujours le même, les pauvres bêtes languissaient, maigrissaient, perdaient leurs jambes.

On se douta de la chose, et l'on guetta Boudoux.

On s'aperçut qu'il mangeait à lui seul la portion de quarante chiens.

C'étaient les deux sixièmes de la nourriture générale.

Le prince ordonna qu'on servirait chaque jour à Boudoux une portion à part, et que cette portion serait celle de quarante chiens.

Voilà ce qu'était Boudoux, quant à l'appétit.

Nous allons dire ce qu'il était, quant au physique; puis nous dirons ce qu'il était, quant au moral.

Au physique, Boudoux était le rebut de la création : Quasimodo, près de Boudoux, aurait pu avoir des prétentions à la beauté. Boudoux avait le visage non pas grêlé, mais couturé, mais sillonné, mais bouleversé par la petite vérole; l'œil, tiré hors de son orbite par une excavation de la paupière, semblait descendre, plein de larmes et de sang, jusqu'au milieu de la joue; le nez, au lieu d'être saillant, se déprimait au-dessous du cartilage, et s'aplatissait sur la lèvre supérieure; cette lèvre, d'où suintait éternellement une salive noircie par la chique, formait l'arche supérieure d'une bouche qui, pareille à celle des serpents, se fendait jusqu'aux oreilles pour laisser passer un gigot tout entier; le reste était complété par des cheveux qu'eût enviés Polyphème, par une barbe, rouge et grasse, poussant dans les rares intervalles laissés intacts par la petite vérole.

Cette tête était supportée par un corps de cinq pieds neuf pouces, dont on ne pouvait jamais apprécier la grandeur réelle, à cause d'une jambe qui, à chaque pas qu'il faisait, pliait en cédant; à ce point que le bas de la jambe et le haut de la cuisse étaient égaux aux deux pointes d'un compas ouvert en triangle.

Avec tout cela, Boudoux possédait une de ces forces qui n'ont pas de mesure. Dans les déménagements, Boudoux était un homme précieux: il plaçait sur sa tête bahuts, buffets, lits, tables, et, de son pas claudicant, qui mesurait un mètre et demi à chaque enjambée, il transportait en un tour de main l'ameublement tout entier d'une maison à une autre maison.

Et, pourtant, Boudoux, qui eût pris, comme Alcidamas, un cheval par les sabots de derrière, et qui lui eût arraché les sabots; Boudoux, qui, comme Samson, eût arraché de leurs gonds les portes de Gaza, et qui les eût emportées sur son dos; Boudoux, qui, comme Milon de Crotone, eût fait le tour du cirque avec un bœuf sur ses épaules, eût assommé le bœuf et l'eût mangé le même jour; Boudoux, avec la force d'un éléphant, avait la douceur d'un agneau.

Voilà pour le moral.

Aussi, tout laid, tout repoussant, tout hideux à voir qu'il était, Boudoux n'avait partout que des amis; il logeait chez une tante à lui, mademoiselle Chapuis, directrice de la poste; mais il mangeait chez tout le monde. Trois fois par jour, Boudoux faisait sa tournée par la ville, et, comme les frères quêteurs des anciens monastères, il récoltait de quoi nourrir un couvent.

Seulement, comme il n'avait pas de moinés à nourrir, il mangeait la récolte à lui tout seul.

Cela ne le rassasiait pas, mais cela le nourrissait.

Puis Boudoux avait une industrie, ou plutôt deux industries : Boudoux allait à la marette et à la pipée.

Indiquons à MM. les Parisiens, qui pourraient bien ne pas savoir ce que c'est, quelles sont ces deux industries que nous venons de désigner sous le nom de *marette* et de *pipée*.

Commençons par la marette.

Il n'y a point de forêts, de bois, de remises, qui ne possèdent quelques-unes de ces flaques d'eau que l'on désigne sous le nom de mares.

Témoin la mare d'Auteuil, qui, autant que je puis m'en souvenir, jouissait, de son vivant, d'une certaine célébrité.

A ces mares, situées dans la forêt, dans les bois, dans la remise, les oiseaux vont boire, à certaines heures. On enfonce dans la terre molle et détrempée qui les borde, de petites branches de bouleau enduites de glu, et, lorsque les oiseaux viennent pour boire, ils se prennent à ces gluaux.

Cela s'appelle tendre une mare. Dans cette action de tendre une mare plus ou moins habilement, gisent tout le succès de la chasse et toute l'adresse du chasseur.

Seulement, — il faut tout expliquer, — comme il existe plus de petites mares que de grandes, comme les petites mares sont préférables aux grandes, parce qu'elles exigent moins de gluaux, et par conséquent moins de dépense, comme les petites mares s'appellent des marettes, on dit, dans le langage de la chasse aux petits oiseaux : « Aller à la marette. »

Quant à la pipée, elle s'opère par les mêmes procédés, mais avec d'autres détails.

On choisit un arbre assez élevé pour dépasser de sa cime la partie de taillis qui l'entoure ; on le dépouille de ses petites branches, on les remplace par des gluaux fichés dans des entailles faites à la serpe ; on se place dans une cabane de feuillage construite autour du tronc de l'arbre, et l'on attire tous les oiseaux des environs par trois moyens.

Le premier est d'attacher un hibou au centre de l'arbre.

Le hibou, avec son plumage fauve et ses gros yeux ronds, joue dans les forêts le rôle que Jean-Jacques Rousseau jouait dans les rues de Paris, quand il sortait habillé en Arménien.

Tous les gamins couraient après le philosophe de Genève.

Tous les oiseaux poursuivent le hibou.

Mais, pour ces malheureuses bêtes, se révèle alors une justice qui n'existe pas pour les hommes : en poursuivant le hibou, les oiseaux s'abattent sur l'arbre où il est attaché ; tout volatile qui se pose sur un gluau est perdu ; il tombe de branche en branche, et passe de la liberté à la cage, bien heureux quand il ne passe pas de la cage à la broche.

Le second moyen d'attraction est de prendre un geai.

Avec un lièvre, on ne fait qu'un civet ; mais, avec un geai, on fait bien autre chose ; — pourvu cependant que le geai soit vivant : c'est une condition *sine quâ non*.

Le geai a une très-mauvaise réputation parmi la gent volatile.

D'abord, il a celle de prendre des plumes du paon, que lui a faite la Fontaine, et qui est peut-être, comme toutes les réputations faites par les hommes, celle qu'il mérite le moins ; son autre réputation, bien autrement grave aux yeux des oiseaux, celle de manger les œufs de ses confrères plus faibles et plus petits que lui. Aussi la haine que les oiseaux ont pour ce dévorateur est-elle en raison de la quantité des œufs qu'ils pondent ; les mésanges, par exemple, qui font, parfois, jusqu'à vingt et vingt-cinq petits, sont les plus acharnées contre ce bandit ; puis, après elles, viennent les fourgons, qui en pondent quinze, les pinsons, qui en pondent cinq ou six, enfin les rouges-gorges et les fauvettes, qui en pondent trois ou quatre.

On prend donc un geai vivant, on lui étend l'aile et on lui tire les plumes de l'aile.

Ce n'est pas très-humain, mais c'est très-efficace.

On connaît l'affreux cri du geai ; à chacune des plumes qu'on lui tire, le geai pousse un de ces cris-là, et à chaque cri, on voit se précipiter par volées, mésanges, fourgons, pinsons, fauvettes et rouges-gorges, qui viennent jouir du supplice de leur ennemi ; car ils ne s'y trompent pas et reconnaissent ce cri pour un cri de douleur.

Mais, cette fois encore, ils sont punis pour n'avoir pas pardonné à leur ennemi, et les gluaux font justice de leur mauvais cœur.

L'efficacité du troisième moyen dépend entièrement de la faculté plus ou moins grande accordée par la nature au chasseur de filer, à l'aide d'un brin de chiendent ou d'un morceau de taffetas, certains sons imitant le chant des oiseaux. Le musicien doué de cette imitation n'a plus besoin ni de geai ni de hibou; il se met dans sa hutte, contrefait le cri de détresse des différents oiseaux qu'il veut prendre, et tous les oiseaux de même espèce qui sont dans les environs accourent à cet appel.

Mais, il faut le dire, parmi les pipeurs, et j'en ai connu beaucoup, peu arrivaient à ce degré de perfection.

Eh bien, Boudoux, qui ne parlait aucune langue morte, et qui, parmi les langues vivantes, ne parlait que la sienne, et encore assez mal, Boudoux était, à l'endroit des oiseaux, le premier philologue, je ne dirai pas de la forêt de Villers-Cotterets, mais encore, j'ose l'assurer, de toutes les forêts du monde.

Il n'y avait pas une langue, pas un jargon, pas un patois ornithologique qu'il ne parlât, depuis la langue du corbeau jusqu'à celle du roitelet.

Aussi, comme Boudoux méprisait ceux de ses confrères qui se servaient du brin d'herbe ou du morceau de taffetas, lui que j'ai vu, en imitant le cri du hibou, forcer le hibou à venir se poser sur son chapeau comme sur le casque de Minerve!

J'allai trouver Boudoux, je m'ouvris à lui, et lui demandai de me cacher pendant deux ou trois jours dans une de ses huttes.

Il va sans dire que Boudoux m'accorda ma demande.

Seulement, comme nous entrions en automne, il me prévint qu'il serait bon que je prisse une couverture, attendu que les nuits commençaient à ne plus être chaudes.

Je rentrai chez nous, je me glissai dans ma chambre, je pris une des couvertures de mon lit, et j'écrivis sur un bout de papier :

« Ne sois pas inquiète de moi, bonne mère : je me sauve parce que je ne veux pas être curé. »

Et j'allai rejoindre Boudoux, qui, ayant fait sa récolte du soir, m'attendait à l'entrée du parc.

Boudoux avait justement deux mares tendues, la mare du chemin de Vivières, et la mare du chemin de Compiègne. A la mare du chemin de Compiègne, il avait une hutte ; c'est à cette hutte que j'allai demander un refuge contre le séminaire de Soissons.

Je passai trois jours et trois nuits dans la forêt ; la nuit, je m'enveloppais dans ma couverture, et je dormais, je dois le dire, sans aucun remords ; le jour, j'allais d'une mare à l'autre, et je récoltais les oiseaux pris.

Ce que nous prîmes d'oiseaux pendant ces trois jours, c'est incalculable ; le troisième jour, les deux mares étaient *ruinées* pour jusqu'aux prochaines couvées.

Nous soulignons le mot ruinées, parce que c'est le mot technique.

Ces trois jours augmentèrent mon antipathie pour le séminaire, mais, en même temps, me donnèrent une terrible sympathie pour la marette.

Au bout de ces trois jours, je revins ; mais je n'osai pas rentrer directement à la maison ; j'allai trouver ma bonne amie madame Darcourt, et je la priai d'annoncer à ma mère le retour de l'enfant prodigue, et de ménager sa rentrée dans la maison maternelle.

Hélas! plus les enfants sont prodigues, mieux ils sont reçus. Quand le véritable enfant prodigue rentra chez son père, après trois ans, on tua un veau, s'il n'était rentré qu'après six ans, on eût tué un bœuf.

Ma mère m'embrassa en m'appelant méchant. Elle me promit qu'il ne serait plus question entre nous du séminaire, enchantée qu'elle était que je ne la quittasse point. Toute sa colère tomba sur Boudoux, et, la première fois qu'elle le vit, tout pauvres que nous étions, elle lui donna cinq francs.

Et cependant, voilà quelle circonstance futile a décidé de ma vie. Si le matin l'épicier avait eu un encrier comme je le désirais, je n'y retournais pas le soir ; je n'y rencontrais pas Cécile ; elle ne me faisait point cette plaisanterie qui m'exaspéra ; je ne me mettais pas sous la protection de Boudoux, et, le lendemain, je partais pour Soissons, et j'entrais au séminaire. Une fois au séminaire, les dispositions religieuses que j'ai de tout temps eues dans l'esprit se développaient, et je devenais peut-être un grand prédicateur, au lieu de ce que je suis, c'est-à-dire un pauvre poëte. Cela eût-il mieux valu ? cela eût-il valu moins ?

Ce que Dieu fait est bien fait.

Ce n'est pas là le seul danger auquel j'échappai ; on verra plus tard comment je faillis devenir bien pis que séminariste ou curé.

On verra comment je faillis devenir receveur des contributions !

XXVI

Le collége de l'abbé Grégoire. — La réception qui m'y est faite. — Les grandes eaux jouent pour mon arrivée. — On conspire contre moi. — Bligny me provoque en combat singulier. — Je suis vainqueur.

Il fut convenu qu'au lieu d'aller au séminaire, j'irais au collége chez l'abbé Grégoire, à Villers-Cotterets. On appelait *collége* l'école de l'abbé Grégoire, comme, en Angleterre, on appelle lords certains bâtards de grands seigneurs, par pure courtoisie.

Il fut donc décidé que j'irais au collége de l'abbé Grégoire.

Oh ! parlons de l'abbé Grégoire, parlons-en longuement ; parlons-en comme on parle d'un honnête homme, d'un digne homme, d'un saint homme.

L'abbé Grégoire n'était pas un esprit élevé; c'était mieux que cela, c'était un esprit juste; deux cents écoliers lui sont passés par les mains pendant les quelques années qu'il a tenu collége. Je ne sache pas qu'un seul ait mal tourné.

Depuis quarante ans qu'il était attaché à l'église de Villers-Cotterets, jamais une de ces petites médisances qui font sourire les indévots et les libertins n'avait été hasardée sur son compte; les mères qui s'étaient confessées à lui dans leur jeunesse, et pendant la sienne, lui menaient leurs filles avec confiance, parce qu'elles savaient qu'à travers la grille du confessionnal ne passeraient alors, comme autrefois, que des paroles chastes et paternelles.

Jamais il n'avait eu ni bonne ni gouvernante; il vivait avec sa sœur, petite vieille maigre, un peu acariâtre, un peu bossue, qui adorait, je me trompe, qui vénérait son frère.

Pauvre cher abbé, que nous avons rendu si malheureux, que nous avons tant fait enrager, qui nous grondait si fort, et qui nous aimait tant!

Il en avait été de lui comme d'Hiraux; je l'aimais tant avant qu'il fût question d'aller au collége, que je me décidai, sans le moindre effroi, à cette grande innovation dans mon existence. D'ailleurs, à côté du séminaire, qu'était-ce que cela?

La classe de l'abbé Grégoire ouvrait à huit heures et demie du matin, aussitôt la messe dite; puis elle fermait à midi. Chacun s'en allait dîner chez ses parents; on était de retour à une heure; à une heure cinq minutes, la classe se rouvrait pour se refermer à quatre.

Joignez à cela les dimanches, fêtes, demi-fêtes et quarts de fête, et vous conviendrez que ce n'était pas une existence bien dure que celle que j'allais mener.

En général, à l'âge que j'avais, je n'étais pas très-aimé des autres enfants de la ville; j'étais vaniteux, insolent, rogue, plein de confiance en moi-même, rempli d'admiration pour ma petite personne, et cependant, avec tout cela, capable de bons sentiments, quand le cœur était mis en jeu au lieu et place de l'amour-propre ou de l'esprit.

Quant au physique, je faisais un assez joli enfant: j'avais

de longs cheveux blonds bouclés, qui tombaient sur mes épaules, et qui ne crêpèrent que lorsque j'eus atteint ma quinzième année ; de grands yeux bleus qui sont restés à peu près ce que j'ai encore aujourd'hui de mieux dans le visage; un nez droit, petit et assez bien fait; de grosses lèvres roses et sympathiques; des dents blanches et assez mal rangées. Là-dessous, enfin, un teint d'une blancheur éclatante, lequel était dû, à ce que prétendait ma mère, à l'eau-de-vie que mon père l'avait forcée de boire pendant sa grossesse, et qui tourna au brun à l'époque où mes cheveux tournèrent au crêpu.

Pour le reste du corps, j'étais long et maigre comme un échalas.

Les cadres du collége de l'abbé Grégoire n'étaient pas larges : vingt-cinq ou trente écoliers suffisaient pour les remplir; c'était donc un événement que l'arrivée d'un nouvel élève au milieu de ce petit nombre d'élèves.

De mon côté, cette entrée était une grande affaire : on m'avait fait tailler, dans une redingote de mon grand-père, un habillement complet. Cet habillement était café au lait foncé, tout chiné de points noirs. J'en étais assez satisfait, et je pensais qu'il produirait une certaine sensation sur mes camarades.

A huit heures du matin, un lundi d'automne, je m'acheminai donc vers le puits où j'allais boire la science à pleines lèvres, marchant d'un pas grave, levant le nez d'un air fier, portant sous le bras toute ma bibliothèque de grammaires, d'*Epitome historiæ sacræ*, de dictionnaires et de rudiments, tout cela neuf comme mes habits, et jouissant d'avance de l'effet qu'allait produire mon apparition sur le commun des martyrs.

On entrait dans la cour de l'abbé Grégoire par une grande porte faisant voûte assez prolongée, et donnant sur la rue de Soissons. Cette porte était toute grande ouverte.

Mes yeux plongeaient dans la cour : elle était vide.

Je crus un instant que j'étais en retard, et qu'on était déjà en classe. Je franchis rapidement le seuil; en même temps, la porte se ferma derrière moi, de grands cris de joie retentirent, et une rosée, qui ressemblait fort à une averse, tomba sur moi du haut d'un double amphithéâtre de tonneaux.

Je levai les yeux : chaque élève, sur un tonneau, posait dans l'attitude et dans l'action de *Manneken-Pis*, de Bruxelles. Les grandes eaux jouaient pour mon arrivée.

Cette façon de me recevoir me déplut fort ; je pris le galop pour me soustraire à l'application de ces douches d'une nouvelle espèce ; mais il y avait eu un premier moment d'étonnement qui avait amené un moment d'hésitation ; puis, le parti pris, il m'avait fallu franchir un espace de cinq à six pas ; de sorte que, lorsque je sortis de la voûte, j'étais tout ruisselant.

J'étais fort pleureur de ma nature. Souvent, tout enfant, je m'asseyais dans un coin et pleurais sans aucun motif. Alors, comme, lorsque je parlais de moi, c'était toujours à la troisième personne, et qu'on avait adopté, par façon de raillerie, cette manière de me parler, alors ma mère s'approchait de moi et me demandait :

— Pourquoi Dumas pleure-t-il ?

— Dumas pleure, répondais-je, parce que Dumas a des larmes.

Cette réponse, qui enlevait toute inquiétude, satisfaisait presque toujours ma mère, qui s'en allait en riant, et me laissait pleurer tout à mon aise.

Si je pleurais sans motif, à plus forte raison, on le comprend bien, devais-je pleurer, un motif réel m'étant donné de verser des larmes.

Or, quel motif plus plausible pouvait m'être donné que celui de l'humiliation que je venais de subir, et du tort qui venait d'être fait à mon vêtement neuf ?

Aussi, lorsque l'abbé Grégoire revint de dire sa messe, me trouva-t-il sur l'escalier, fondant en eau, ni plus ni moins que la Biblis de M. Dupaty.

A peine l'abbé Grégoire avait-il paru, que mes camarades s'étaient rapprochés de moi, s'étaient rangés en cercle autour de l'escalier, et, avec toutes les apparences d'un intérêt réel, se demandaient les uns aux autres quelle pouvait être la cause de mes larmes. L'abbé Grégoire fendit le cercle hypocrite, monta deux ou trois marches, et, approchant son lorgnon de son œil (il était myope comme une taupe), me regarda en me demandant ce que j'avais.

J'allais répondre ; mais, derrière l'abbé, vingt poings fermés s'allongèrent, vingt figures menaçantes me firent une grimace significative. Je poussai un hurlement; l'abbé Grégoire se retourna : tous les visages sourirent, toutes les mains rentrèrent dans les poches.

— Mais qu'a-t-il donc? demanda l'abbé.

— Nous n'en savons rien, répondirent les hypocrites ; c'est comme cela depuis qu'il est arrivé.

— Comment! depuis qu'il est arrivé, il pleure?

— Oh! mon Dieu, oui. N'est-ce pas? n'est-ce pas? n'est-ce pas?

— Oui! oui! oui! répondirent toutes les voix. Dumas pleure.

— Mais, enfin, pourquoi pleure-t-il, Dumas?

— Dame! répondit l'un d'eux qui connaissait la tradition, sans doute Dumas pleure parce que Dumas a des larmes...

La raillerie m'exaspéra.

— Non! m'écriai-je, non, je ne pleure pas parce que j'ai des larmes; je pleure parce que... parce que... parce qu'ils m'ont pissé sur la tête, la!...

Le crime était si étrange, l'idée si baroque, que l'abbé me me fit répéter l'accusation deux fois.

Puis, se retournant vers les élèves :

— Montons, messieurs; nous reparlerons de cela là-haut.

— Ah! mioche! ah! rapporteur! ah! dénonciateur! dirent tout bas dix voix; sois tranquille, va, en sortant!...

L'abbé se retourna.

On se tut et l'on entra en classe.

Chacun prit sa place ; moi seul n'avais pas la mienne. Je restai debout.

— Viens ici, mon petit ami, dit l'abbé.

— Me voilà, monsieur l'abbé, fis-je en pleurnichant.

Il me tâta.

— Mais il est tout mouillé, cet enfant!...

Mes lamentations redoublèrent.

— Je crois bien qu'il est mouillé, dit un grand, depuis le temps qu'il pleure.

— Comment! dit l'abbé, vous osez soutenir que ce sont ses larmes qui l'ont trempé comme cela?

— Parbleu!

— Mais, monsieur l'abbé, m'écriai-je, je ne peux pas m'avoir pleuré dans le dos, et je suis aussi mouillé par derrière que par devant.

L'abbé vérifia le fait.

— C'est juste, dit-il; pas de récréation à midi, des férules tout de suite, et trois cents vers demain matin.

Alors, il s'éleva un concert de plaintes et de gémissements pareils à celui que Dante entendit dans le premier cercle de l'enfer; ces plaintes et ces gémissements étaient mêlés de sourdes menaces qui me faisaient courir des frissons sous la peau. Cependant, il fallait se soumettre. L'abbé possédait les vieilles traditions collégiales, il avait l'oreille sourde et la main vigoureuse : il appliqua une vingtaine de paires de férules qui doublèrent les plaintes, les gémissements et les menaces.

Je compris que je venais d'amasser sur ma tête un orage qui se résoudrait en une grêle de coups de poing.

Les férules avaient cela de bon qu'elles dispensaient de travailler pendant toute la classe ; pas une ligne ne fut écrite de neuf heures à midi, sous prétexte que M. l'abbé avait frappé si rude, qu'on avait la main engourdie.

L'abbé fit cette concession.

A midi, chacun essaya de trouver un prétexte pour échapper à la retenue. Il est incroyable ce que chacun avait à faire, et de quelle importance étaient les sorties, ce jour-là.

Trois prétextes me restèrent dans l'esprit : Saunier avait sa leçon de clarinette à prendre ; Ronet devait se purger; Leloir devait tirer à la conscription !

Il va sans dire que, leçon de clarinette, huile de ricin et tirage à la conscription, l'abbé Grégoire remit tout cela au lendemain.

A midi, je sortis absolument seul du collége.

Oh! quelles réflexions profondes je fis en revenant à la maison! comme je compris qu'il eût bien mieux valu rire de la plaisanterie, si peu risible qu'elle fût, que d'en pleurer, ainsi que je l'avais fait! comme je mis Héraclite à mille piques au-dessus de Démocrite!

Ma tristesse frappa profondément ma mère, qui m'interrogea fort sur les causes de cette mélancolie. Mais je n'avais été que trop bavard déjà, et je gardai un profond silence.

A une heure, je revins au collége. Chacun avait reçu son dîner de la maison paternelle; la plupart de ces dîners, il faut le dire à la louange des parents, se composaient d'un simple morceau de pain sec.

Les plaintes et les gémissements avaient cessé; mais les menaces avaient grossi, le nuage était sombre et plein d'éclairs. Je ne pouvais pas lever le nez du papier sur lequel je déclinais *rosa*, la rose, que je ne visse un poing qui n'avait rien de commun avec la déclinaison que j'exécutais.

Je compris qu'en sortant, j'allais être pulvérisé.

Ce n'étaient pas les grands qui me menaçaient le plus: ceux-là comprenaient leur force, et sentaient qu'ils ne pouvaient se venger d'un enfant; mais c'étaient ceux qui étaient de mon âge ou à peu près.

Il y avait surtout un nommé Bligny, le fils d'un marchand de drap demeurant sur la place de la Fontaine, qui était si enragé contre moi, qu'il parut décidé d'un commun accord qu'on remettrait à Bligny la vengeance générale.

Bligny avait deux ans de plus que moi, de sorte que j'étais habitué à regarder Bligny comme un grand, quoique, en réalité, je fusse aussi grand que lui.

Un duel avec lui ne me laissait donc pas sans inquiétude.

Cependant, j'avais tant de fois entendu raconter les trois duels qu'avait eus mon père en entrant au régiment, à propos du roi et de la reine, que je comprenais qu'il n'y avait pas moyen d'éviter celui-là.

La préoccupation me fit faire une dizaine de fautes dans les trois ou quatre déclinaisons que j'arrivai à exécuter pendant la classe.

Je ne sais pas si le temps paraissait long à mes camarades; mais ce que je sais, c'est que jamais il ne s'écoula pour moi avec une pareille rapidité. Quatre heures sonnèrent, l'abbé Grégoire dit sa prière, que je croyais être à peine à moitié de la classe.

Il fallait sortir; j'en pris mon parti; je nouai le plus lentement possible mes livres. J'espérais que, descendant le dernier, le torrent se serait écoulé, et que je trouverais le passage libre.

Et cependant quelque chose me disait, au fond du cœur, que j'avais amassé, par ma dénonciation, trop de vengeances sur ma tête pour en être quitte à si bon marché.

Je pouvais dire un mot à l'abbé Grégoire, et il me reconduisait lui-même ou me faisait reconduire par sa sœur Alexandrine; mais je compris que ce serait une lâcheté qui reculerait l'affaire, voilà tout. M. Grégoire ou sa sœur ne pouvait me reconduire éternellement; un jour viendrait où je serais obligé de m'en aller seul, et, ce jour-là, il faudrait bien en découdre avec l'un ou l'autre de mes camarades.

Je résolus donc de braver le danger et d'attaquer, comme on dit, le taureau par les cornes.

Notez que toutes ces réflexions se heurtaient dans une tête de dix ans.

Ma résolution prise, je dis adieu à l'abbé Grégoire. Je poussai un gros soupir, et je descendis.

Je ne m'étais point trompé : tout le collége était assis en demi-cercle, comme les spectateurs romains, sur les gradins de leur amphithéâtre; et, debout au bas de l'escalier, l'habit bas, les manches retroussées, Bligny m'attendait.

Ah! j'avoue que, quand j'arrivai au tournant de l'escalier et que je vis toutes ces dispositions prises pour l'inévitable combat, le cœur me faillit, et que je fus près de remonter; mais ce moment d'hésitation, quelque effort que j'eusse fait pour le réprimer, n'avait point échappé à mes camarades : une huée universelle s'éleva, les mots les plus outrageants montèrent de la cour au degré de l'escalier où je me trouvais. Je me sentis pâlir et frissonner; une sueur froide me passa sur le front. Je mesurai les deux extrémités où j'étais réduit, — celle d'attraper quelques coups de poing sur l'œil ou dans les dents, et tout serait fini, — ou celle d'être éternellement le jouet de mes camarades, et d'avoir à recommencer tous les jours. Je me cramponnai à mon courage, près de m'échapper; je fis un effort sur ma volonté, afin qu'elle devînt entièrement maîtresse de la situation. Il y eut une demi-minute de lutte, au bout de laquelle je sentis que le moral venait de vaincre le physique; le raisonnement, l'instinct.

Cependant, je sentis, en même temps, que j'avais besoin d'un certain aiguillon pour me pousser tout à fait, que, cet aiguillon, je l'avais en moi-même, et que, si je voulais aller en avant, il fallait que je me stimulasse avec le fouet de la parole.

— Ah! dis-je m'adressant à Bligny, ah! c'est comme cela?
— Oui, c'est comme cela, répondit-il.
— Tu veux donc te battre, toi?
— Oui, je le veux.
— Ah! tu le veux?
— Oui.
— Ah! tu le veux?
— Oui.
— Eh bien, attends!

J'étais arrivé à point; je déposai mes livres à terre, je jetai bas ma veste, et je me précipitai sur mon antagoniste en criant :

— Ah! tu veux te battre?... ah! tu veux te battre?... Attends! attends! attends!

Que le maréchal de Saxe, ce grand philosophe militaire, avait bien raison de dire que tout l'art de la guerre consiste à faire semblant de n'avoir pas peur, et à faire peur à son adversaire.

J'eus l'air d'être sans crainte, et Bligny fut vaincu.

Je ne veux pas dire qu'il fut vaincu sans combat, non; mais mieux eût valu pour lui ne pas combattre; un coup de poing qu'il reçut sur l'œil, un autre coup de poing qu'il reçut dans les dents, la retraite précipitée résultat de cette double attaque, qui n'eut pour contre-poids qu'un faible coup de poing reçu par moi sur le nez, tout cela fut l'affaire d'une minute à peine.

Le champ de bataille était à moi.

Je dois rendre justice à mes camarades : cette victoire fut suivie d'unanimes applaudissements.

Je me mis alors à repasser ma veste, et à ramasser mes livres en murmurant ces seuls mots qui résumaient toute ma pensée :

— Ah! mais! ah! mais! ah! mais!

Ce qui voulait dire : « Faites-y attention, voilà comme je suis : poltron au fond, mais, quand on me pousse à bout, un Alexandre, un Annibal, un César; ah! mais! »

C'était sans doute aussi l'avis des spectateurs, car leurs rangs s'ouvrirent devant moi.

Je passai fièrement sous la grande porte, naguère témoin de mon affront, et maintenant devenue l'arc de mon triomphe. Je trouvai un livre qu'en se sauvant Bligny avait laissé glisser de son gilet.

Je pensai que les dépouilles du vaincu appartenaient de droit au vainqueur : je ramassai le livre, et je l'emportai.

Mais, en l'emportant, je l'ouvris.

C'était *l'Onanisme*, de M. Tissot.

Je ne comprenais rien au titre, et je laissai ma mère me prendre ce livre et le cacher.

Deux ans après, je le retrouvai et le lus.

Si cette lecture eût eu lieu le jour de ma victoire, elle eût été inutile, parce qu'elle eût été incomprise.

Deux ans plus tard, elle fut providentielle.

XXVII

L'abbé Fortier. — Le viatique et le mari jaloux. — Voyage d'agrément. — Victor Letellier. — Le pistolet de poche. — J'effraye la population. — On requiert Tournemolle. — Il me désarme.

La vie de pension n'est pas une chose bien variée, surtout dans un collége de province, et dans quel collége encore ! Si, après y avoir montré mon entrée, parce qu'un côté de mon caractère s'y développait, je voulais absolument suivre cette vie dans tous ses détails, je n'aurais à raconter que quelques espiègleries d'enfant, suivies de pénitences et de pensums, ne valant pas même la peine d'être consignées dans *les Jeunes Écoliers*, de M. Bouilly.

Un accident terrible arrivé au séminaire de Soissons fit que ma mère, déjà consolée de ma révolte, rendit de nouvelles grâces à Dieu de ce que je n'y étais point entré. La poudrière de la ville, qui était située à cinquante mètres à peu près de ce séminaire, sauta ; il fut renversé de fond en comble, et huit ou dix séminaristes furent tués ou blessés.

Sur ces entrefaites, un de nos parents mourut : c'était celui chez lequel je trouvai l'hospitalité, la nuit où je perdis mon père. Sa fille Marianne, notre cousine à ma sœur et à moi, quitta alors Villers-Cotterets pour aller demeurer près de son oncle, l'abbé Fortier, qui tenait la cure du petit village de Béthisy, situé à cinq lieues de chez nous, et à trois lieues de Compiègne.

Cet abbé passait pour fort riche : la cousine Marianne paraissait donc faire une bonne affaire en devenant son intendante ; seulement, il était d'un caractère un peu inquiétant.

Nous aurions dit excentrique, si l'on se fût servi du mot à cette époque.

Je ne sais quelle déviation de la route que tout homme doit suivre pour être dans sa voie naturelle avait poussé l'abbé Fortier vers l'Église. L'abbé Fortier était né pour faire un excellent capitaine de dragons, tandis qu'il faisait, je ne dirai pas un mauvais prêtre, Dieu m'en garde! mais tout au moins un singulier prêtre.

C'était un homme de cinq pieds huit pouces, taillé en Hercule, portant le corps droit, la tête haute, et faisant à chaque instant des appels du pied droit, comme un maître d'escrime en salle d'armes; d'ailleurs, un des meilleurs joueurs de billard, un des plus excellents chasseurs, un des plus grands mangeurs que j'aie jamais vus.

Il va sans dire que je ne songe pas même à comparer l'abbé Fortier à Boudoux, sous ce dernier rapport.

Chez l'abbé Fortier, manger longtemps et beaucoup était une faculté.

Chez Boudoux, manger toujours était une maladie.

Un jour, l'abbé Fortier fit, avec un curé des environs, le pari de manger cent œufs à son dîner. Les cent œufs lui furent servis, *la Cuisinière bourgeoise* à la main, de vingt manières différentes.

Les cent œufs mangés :

— Bon! dit-il, il faut être beau joueur, et donner les quatre au cent. Faites durcir quatre œufs.

Et il mangea les quatre œufs durs, après en avoir mangé cent à toutes sauces.

On racontait de sa jeunesse une histoire assez curieuse. Il avait trente ans à l'époque dont je veux parler; or, comme il en comptait soixante-deux au moment où nous sommes arrivés, c'était trente-deux ans auparavant que se passait cette histoire.

Il n'était encore que vicaire, et portait, vers le soir, le viatique à un mourant d'un village voisin. Un mari qui, sans doute à tort, avait conçu une violente jalousie contre lui, l'attendait dans un chemin creux par lequel il devait nécessairement passer pour aller de Béthisy au village, où il était attendu.

Quand l'abbé Fortier vit cet homme debout au milieu de la route, le visage crispé par la colère, et les poings serrés, il devina bien dans quel but il était venu là; mais ministre d'un Dieu de paix, mais ennemi de tout scandale, il le pria aussi poliment que possible de le laisser passer.

17.

— Oh! oui, vous laisser passer, monsieur le vicaire! dit l'homme avec cet accent goguenard tout particulier à nos paysans; on ne passe pas comme cela!

— Et pourquoi ne passe-t-on pas comme cela? demanda le vicaire.

— Parce qu'on a un petit compte à régler avec ce pauvre Bastien.

— Je ne vous dois rien, dit l'abbé : laissez-moi passer; vous voyez bien que je suis attendu, et par quelqu'un qui n'a pas le temps d'attendre longtemps.

— Il faudra pourtant bien, dit Bastien en jetant bas sa veste et en crachant dans ses mains, il faudra pourtant bien qu'il attende; s'il est trop pressé, il ira devant.

— Et que faudra-t-il qu'il attende? demanda l'abbé, qui commençait à s'échauffer.

— Que je vous aie donné une volée donc, monsieur le vicaire.

— Ah! oui-da! Et c'est pour cela que tu es venu, Bastien?

— Un peu.

— Ce n'était pas la peine de te déranger, mon ami.

— Vous croyez?

— J'en suis sûr.

Et, posant le viatique sur le bord d'un fossé :

— Mon Dieu, dit l'abbé du ton le plus religieux, mon Dieu, ne soyez ni pour l'un ni pour l'autre, et vous allez voir un gaillard joliment rossé.

L'abbé était homme de parole, et le bon Dieu vit ce qu'il avait promis de lui faire voir.

Après quoi, il reprit le viatique, continua son chemin, administra son malade, et revint tranquillement chez lui.

Bastien et l'abbé Fortier avaient tous deux intérêt à se taire. Aussi se turent-ils. Mais on sut l'affaire par l'enfant de chœur.

Et, il faut le dire à l'honneur de l'abbé Fortier, elle n'étonna personne.

Un jour, il allait chasser à Lamotte; mais, avant de se mettre en chasse, il devait dire la messe dans la chapelle du château;

il avait emmené à cet effet, et pour l'aider dans ses opérations, son chien Finaud et son enfant de chœur *quiot* Pierre.

Prononcez *petit* Pierre.

L'église était adossée à la garenne dans laquelle devait commencer la chasse.

Comme Finaud était un excellent chien menant son lapin à mort, l'abbé Fortier, qui n'aimait à chasser qu'avec Finaud, avait ordonné aux domestiques de l'enfermer avec soin.

Après l'évangile, l'abbé s'arrête et écoute.

Il avait entendu dans la garenne un aboiement bien connu.

Après avoir écouté un instant, il se retourne et trouve l'enfant de chœur le sourire sur les lèvres, écoutant de son côté.

— Dis donc, quiot Pierre, dit l'abbé, est-ce que ce n'est pas la voix de Finaud que j'entends là-bas?

— Si fait, monsieur l'abbé; ils l'auront laissé aller, et il chasse un lapin.

— Eh bien, dit l'abbé, le lapin peut être tranquille; s'il ne se terre pas, il est *fichu*.

Et il continua sa messe.

La messe finie, Finaud menait toujours. L'abbé prit son fusil, marcha sur la voie, et tua le lapin.

C'était le même enfant de chœur qui avait déjà raconté l'histoire de Bastien.

Il raconta la seconde, comme il avait raconté la première.

Il y en avait encore d'autres; mais celles-là ne peuvent pas être racontées, même par un enfant de chœur.

Marianne allait donc rejoindre l'oncle Fortier, âgé de soixante-deux ans, et qui ne passait plus, à tort peut-être, que pour un grand chasseur et un grand mangeur.

Il la reçut à merveille, l'installa au presbytère, et, comme ma cousine Marianne m'aimait beaucoup, il l'autorisa à me ramener avec elle au prochain voyage qu'elle devait faire à Villers-Cotterets, et qui coïncidait avec les vacances de 1812.

Les vacances arrivées, on nous jucha, ma cousine et moi, sur un âne. Picard, cet ancien garçon qui me racontait de si belles histoires à la forge, prit un bâton, chassa l'âne, et nous nous mîmes en route.

Ce voyage, comme tous les voyages enfantins, fut plein d'étonnements pour moi. Je me rappelle avoir eu longtemps à notre gauche une montagne surmontée d'une ruine, qui me paraissait un pic des Alpes ou des Cordillères, montagne que j'ai revue depuis, et que je n'ai pas trouvée plus haute que Montmartre.

Je me rappelle avoir eu à ma droite une tour qui me sembla si haute, que je demandai si ce n'était pas la tour de Babel.

La montagne était la butte de Montigny.

La tour était la tour de Vez.

Nous arrivâmes, après un voyage qui me parut démesurément long, et qui dura sept ou huit heures en tout; nous marchions du pas de Joseph et de la vierge Marie fuyant en Égypte; seulement, je ne sache pas que l'on ait conservé le souvenir des haltes que nous fîmes en route.

Enfin nous arrivâmes. C'était le bon moment pour débarquer chez l'oncle Fortier : on était au commencement de septembre; il y avait un beau berceau de vigne, où pendaient des grappes de raisin à lutter contre celles de la terre promise; il y avait, dans une petite cour, un dominotier tout chargé de prunes; il y avait enfin un immense jardin tout plein de pêches, d'abricots et de poires.

En outre, la chasse venait de s'ouvrir.

L'abbé Fortier me reçut assez bien, quoique avec plusieurs grognements qui prouvaient que toute ma personne ne lui était pas également sympathique.

L'abbé était fort instruit : il savait le latin et le grec sur le bout de son petit doigt; il me salua dans la langue de Cicéron; je voulus lui répondre et fis trois barbarismes en cinq mots.

Il était fixé.

Ce fut ma première humiliation morale. Je raconterai la seconde en son lieu et place.

Je voulus me rattraper sur l'histoire naturelle et sur la mythologie; mais l'abbé Fortier était de première force sur tout cela, et je baissai l'oreille avec un soupir.

J'étais vaincu.

Du moment où j'étais vaincu et où j'avouais ma défaite comme Porus, le vainqueur fut clément comme Alexandre.

L'abbé commença sa séduction sur moi par un excellent dîner. S'il mangeait bien, il buvait encore mieux.

J'étais en admiration devant cet homme ; je ne m'étais pas figuré les curés ainsi : l'abbé Fortier était tout prêt à me raccommoder avec le séminaire.

Le lendemain, après la messe, l'abbé Fortier faisait son ouverture de chasse. La messe ne finissait qu'à huit heures et demie ; mais personne ne se serait permis de tirer un perdreau sur le terroir, avant qu'on eût vu passer l'abbé Fortier, la soutane retroussée, la carnassière au dos, le fusil sur l'épaule, précédé de Finaud et suivi de Diane.

Ce jour-là, il avait un troisième acolyte : c'était moi. Mes souvenirs de chasse étaient perdus dans le crépuscule de ma première enfance, et remontaient à mon père et à Mocquet. Encore tout se passait-il pour moi à cette époque, comme dans les tragédies de Racine, en récits.

Cette fois, c'était de l'action, et j'y prenais presque part.

L'abbé tirait admirablement bien, et le terroir était giboyeux.

Il tua une douzaine de perdrix et deux ou trois lièvres.

Je faisais autant de chemin que Diane, et, à chaque pièce de gibier qui tombait, je me précipitais à l'envi des chiens pour la ramasser.

On ne chasse pas sans jurer un peu contre ses chiens ; l'abbé Fortier jurait beaucoup ; tous ces détails en faisaient pour moi un abbé tout à fait à part, qui n'avait rien de commun avec l'abbé Grégoire.

De ce moment, je fus convaincu qu'il y avait deux espèces d'abbés.

Depuis que j'ai habité l'Italie, et surtout Rome, j'en ai découvert une troisième.

Oh ! la bonne journée que cette première journée de chasse ! comme elle est restée dans ma mémoire ! comme elle a fait de moi ce chasseur infatigable, qui a été, depuis, le désespoir des gardes champêtres !

De son côté, l'abbé fut très-content de mon jarret, qu'il trouva fort supérieur à mon cerveau; il me fit là-dessus quelques compliments goguenards dont je sentis toute la portée; mais il m'avait donné tant de plaisir, que je n'avais pas le courage de lui en vouloir.

Je restai quinze jours chez l'abbé Fortier. J'aurais voulu y rester toute ma vie.

Ma mère me rappela: c'était la première grande absence que je faisais. Pauvre femme, qui avait voulu m'envoyer au séminaire! elle écrivait qu'elle allait mourir d'ennui, si l'on ne me renvoyait pas vite à elle.

L'abbé Fortier haussa les épaules et dit:

— Eh bien, qu'on le renvoie!

La sensibilité n'était pas le côté faible de l'abbé Fortier.

On me remit sur un âne; on me conduisit à Crépy, qui, deux fois par semaine, avait une correspondance avec Villers-Cotterets, grâce à une vieille femme nommée la mère Sabot, et à son âne.

Je passai de mon âne sur l'âne de la mère Sabot, et, le soir même, je fus à Villers-Cotterets.

Je trouvai un nouveau personnage installé dans la maison. Ce nouveau personnage était mon futur beau-frère.

C'était un jeune homme de vingt-six à vingt-sept ans, qui, sans être beau, était porteur d'une physionomie si fine et si spirituelle, qu'elle pouvait parfaitement remplacer la beauté. Il était, en outre, d'une adresse remarquable à tous les exercices; faisait bien des armes; enlevait à vingt-cinq pas, avec la balle d'un pistolet, le bouchon d'une bouteille sans toucher à la bouteille; montait parfaitement à cheval, et, sans être un chasseur de première force, passait pour un bon tireur.

Avant mon départ, il venait quelquefois déjà à la maison, et j'étais fort lié avec son chien, nommé Figaro, lequel méritait, parmi les chiens, une réputation d'esprit égale à celle que son maître s'était faite parmi les hommes.

Je fus parfaitement reçu par tout le monde, et particulièrement par le jeune homme, qu'on appelait Victor Letellier. Il aimait beaucoup ma sœur, et voulait se faire des auxiliaires de tous ceux qui l'entouraient, même de moi.

— Mon cher Alexandre, me dit-il en m'apercevant, il y a, depuis quinze jours, sur ma cheminée, un objet qui t'est destiné. Je n'ai pas besoin de te dire lequel... Va le prendre toi-même.

Je partis tout courant.

Victor demeurait chez M. Picot de l'Épée, dans cette même maison où mon père était mort.

— Ouvrez-moi la chambre de M. Letellier, criai-je en entrant dans la cuisine; il m'envoie chercher quelque chose qu'il a laissé sur la cheminée.

On m'ouvrit la chambre; je courus à la cheminée, et, au milieu de deux ou trois piles d'argent, d'éperons, de cravaches, de tire-bottes et autres objets, j'aperçus un petit pistolet de poche, véritable miniature sur laquelle je me jetai sans hésitation, tant je compris que l'objet qui m'était réservé, c'était ce pistolet.

Ce cadeau, un des premiers que j'aie reçus, fut une des grandes joies de ma vie.

Mais ce n'était pas le tout d'avoir un pistolet, il me fallait de quoi en jouir. Je regardai autour de moi; ce que je cherchais n'était pas difficile à trouver dans la chambre d'un chasseur: je cherchais de la poudre.

Je trouvai une poire, et versai la moitié de son contenu dans un cornet.

Puis je m'élançai dans ce qu'on appelait le parterre, c'est-à-dire dans la partie du parc qui n'était pas encore la forêt.

Là commença une pistolade qui ne finit qu'à mon dernier grain de poudre, et qui amassa tous les gamins de la ville. Au bout d'une demi-heure, ma mère était prévenue que je me livrais à un exercice à feu exagéré.

Ma mère m'aimait tant, qu'elle craignit un accident. Un de nos amis, dont j'ai déjà prononcé le nom une fois, M. Danré de Vouty, était arrivé une fois chez nous, pâle et tout sanglant. Il chassait dans les environs de Villers-Cotterets. C'était pendant l'hiver; comme il sautait un fossé, une certaine quantité de neige était entrée dans le canon de son fusil. Son fusil avait crevé, et il s'était emporté une partie de la main gauche.

Le docteur Lécosse, appelé, avait pratiqué à l'instant même l'amputation du pouce. M. Danré avait guéri après une fièvre affreuse; mais il était resté estropié.

Or, chaque fois qu'il était question de fusil, de pistolet, d'une arme à feu quelconque devant ma mère, ma mère me voyait revenant pâle et sanglant comme M. Danré de Vouty, et prenait une telle frayeur, que, moi-même, j'en avais pitié et que je renonçais presque à être jamais un Hippolyte ou un Nemrod.

Alors, je revenais à mon arc et à mes flèches; mais là encore était pour ma mère un nouveau sujet d'alarmes. Un de nos voisins, un nommé Bruyant (qu'on retienne ce nom, on le retrouvera plus tard dans une circonstance grave) avait eu, comme Philippe de Macédoine, l'œil droit crevé par une flèche.

La terreur de ma mère fut donc grande en apprenant que j'étais muni d'un pistolet, et que j'avais des munitions pour l'utiliser.

C'était bien difficile de courir après moi. Mes jambes avaient grandi depuis l'aventure de Lebègue; d'ailleurs, la forêt m'était amie : comme Bas-de-Cuir connaissait tous les coins et recoins de ses bois, moi, je connaissais tous les tours et détours des nôtres. J'étais capable d'être encore trois jours sans revenir. On résolut d'employer l'autorité.

Il existait, logeant à la mairie, une espèce de portier agent de police, remplissant les fonctions de commissaire, ou à peu près; annonçant les nouvelles au son du tambour, comme cela se fait encore dans quelques villes de province; l'été, tuant les chiens errants, non pas avec des boulettes, mais avec un grand couteau de chasse; l'hiver, faisant casser la glace des ruisseaux, et enlever la neige de devant les portes. Il s'appelait Tournemolle.

On prévint Tournemolle.

Tournemolle guetta ma rentrée chez ma mère; puis, derrière moi, il se présenta.

En apercevant Tournemolle, je prévis quelque chose de sinistre.

Tournemolle venait, au nom de la ville tout entière, émue par le bruit des coups de pistolet, demander, exiger même au besoin, le désarmement du coupable.

Il y eut lutte; mais force resta à l'autorité, et le coupable fut désarmé.

On le voit, ma joie n'avait pas été longue; elle n'avait pas même duré ce que durent les roses. En une heure, j'avais été propriétaire heureux du pistolet, j'avais usé ma poudre, j'étais revenu à la maison, et j'avais été désarmé par Tournemolle.

Ce fut une grande honte pour moi que ce désarmement, honte à laquelle ne purent faire diversion les graves nouvelles qui arrivèrent le lendemain.

Le lendemain, — 23 septembre 1812, — éclatait à Paris la conspiration Mallet, tandis que Napoléon datait de Moscou son décret sur l'organisation du Théâtre-Français, et sur les prud'hommes de Cambrai.

Dieu commençait à retirer sa main de cet homme. — Il a livré la bataille de la Moskova au milieu de l'affaiblissement et des doutes de son génie; il a laissé parmi les morts onze de ses généraux; il a écrit aux évêques pour qu'il soit chanté un *Te Deum*; car il a besoin de rassurer Paris et de se rassurer lui-même; puis il est entré à Moscou, croyant que Moscou est une capitale comme une autre, et, le soir, Moscou s'est révélé par ses premiers incendies.

Alors, au lieu de prendre un parti, au lieu de marcher sur Pétersbourg ou de revenir sur Paris, au lieu d'établir ses quartiers d'hiver au cœur de la Russie, comme César faisait au sein des Gaules, il hésite, il se trouble, il sent qu'il est aventuré, presque perdu.

C'est alors qu'à Paris, par une coïncidence étrange, avant même qu'on se doute de l'embarras pressant et des revers à venir, éclate la conspiration Mallet, qui prend le colosse au plus fort de sa puissance, qui l'étreint, qui l'ébranle, et qui, si elle ne le renverse pas, prouve au moins qu'il peut être renversé.

Le 29, on fusille dans la plaine de Grenelle Mallet, Lahorie et Guidal.

Enfin, on se décide. Pour la première fois, on aura pris inutilement une capitale; pour la première fois, on battra en retraite après des victoires. La neige qui est tombée le 13 octobre a fixé les irrésolutions du victorieux, à l'orgueil duquel Dieu laisse cette dernière consolation, de pouvoir dire qu'il a été vaincu, non par les hommes, mais par le climat.

Le 19 octobre, Napoléon quitte Moscou en laissant au duc de Trévise l'ordre de faire sauter le Kremlin, et en emportant la croix du grand Yvan, qu'il destine au dôme des Invalides, et qu'il laissera sur sa route, faute de bras pour la porter plus loin.

Enfin, le 18 novembre, Napoléon arrive aux Tuileries, à onze heures du soir, s'approche d'un grand feu, se réchauffe, se frotte les mains et s'écrie :

— Décidément, il fait meilleur ici qu'à Moscou.

Ce fut l'oraison funèbre de la plus belle armée qui ait jamais existé.

O Varus!... Varus!...

XXVIII

Chronologie politique. — Malheurs sur malheurs. — Incendie de la ferme de Noue. — Mort de Stanislas Picot. — La cachette aux louis d'or. — Les Cosaques. — Le haricot de mouton.

Au milieu des deux années qui vont s'écouler, au milieu des grands événements qui se succèdent, ce serait en vérité une fatuité par trop grande que d'occuper le public des faits et gestes d'un gamin de douze ans.

La pente sur laquelle a roulé l'homme de la destinée a été rapide; un instant, il s'est retenu aux victoires de Lutzen, de Bautzen et de Wurschen; mais il a laissé sur sa route deux de ses plus fidèles lieutenants, le duc d'Istrie et Duroc. — Il n'y a pas de danger que les boulets frappent ceux qui doivent le trahir.

Il est condamné. L'Angleterre a acheté sa ruine.

Voulez-vous savoir combien? — Le 14 juin 1813, elle a payé six cent soixante mille six cent soixante livres sterling à la Prusse; le 15, un million trois cent trente-trois mille trois cent trente-quatre livres sterling à la Russie ; enfin, le 12 août, cinq cent mille livres sterling à l'Autriche.

On voit que notre beau-père François y a mis de la conscience ; il n'a vendu son gendre que deux mois après les autres, et pour cent soixante mille livres sterling de moins que la Prusse.

Mais qu'importe! Bonaparte pourra mettre sur son livre d'or qu'il est devenu le beau-fils d'un César et le neveu du roi Louis XVI. C'était l'objet de son ambition. — Qu'a-t-il à regretter, du moment que son ambition est satisfaite?

Le 16 et le 18 octobre, on tire cent dix-sept mille coups de canon à Leipzig, cent onze mille de plus qu'à Malplaquet. Chaque coup de canon coûtait deux louis. On sait faire grandement les funérailles de l'Empire!

C'est là qu'il laisse encore un de ses fidèles : Poniatovsky, fait maréchal le 16, se noie, le 19, dans l'Elster.

Le 1er novembre, l'empereur envoie vingt drapeaux à Paris.

Le 8, a lieu le combat de Mochest, le dernier de la campagne.

Le 9, l'empereur est de retour à Saint-Cloud.

Le 12, les alliés entrent à Dusseldorf.

Le 13, les rois de Prusse et de Bavière arrivent à Francfort.

Le 15, trois cent mille conscrits sont mis en activité.

Le 16, l'empereur chasse à pied dans la plaine de Satory.

Le 22, l'empereur assiste à une représentation de l'Opéra, et les Russes entrent à Amsterdam.

Le 2 décembre, l'empereur assiste à une représentation de l'Odéon, et les alliés passent le Rhin à Dusseldorf.

Le 6, le prince d'Orange, débarqué en Hollande depuis le 30 novembre, fait une proclamation aux Hollandais.

Le 17, les alliés passent le Rhin sur différents points de l'Alsace.

Le 23, ils occupent Neuchâtel.

Le 31, ils entrent à Genève.

C'est sur cette nouvelle que se clôt l'année 1813.

L'année 1814 voit continuer les revers et commencer les défections.

Le 3 janvier, les alliés prennent Colmar.

Le 6, ils investissent Besançon, et Murat, qui a regagné Naples, signe un armistice avec l'Angleterre.

Le 7, les alliés entrent à Dôle.

Le 8, Murat fait un traité d'alliance avec l'Autriche.

Le 10, les alliés investissent Landau, et prennent Forbach.

Le 12, Murat signe un traité d'alliance avec l'Angleterre.

Le 16, les alliés prennent Langres.

Le 17, Murat déclare la guerre à la France.

Le 21, les alliés prennent Châlons-sur-Saône.

Le 22, Murat entre à Rome.

Enfin, le 24, l'empereur quitte Paris pour se rendre à l'armée, et, le 27, en reprenant l'offensive, il commence la merveilleuse campagne de 1814, qui durera soixante-sept jours et dans laquelle, pour venir abdiquer à Fontainebleau, il dépensera plus de génie qu'il ne lui en a fallu pour prendre Milan, le Caire, Berlin, Vienne et Moscou.

Seulement, l'heure est venue. Le titan a beau entasser Pélion sur Ossa, Champaubert sur Montmirail, son heure est venue, il tombera foudroyé...

Où le bruit du canon se fit-il entendre à mon oreille pour la première fois ? Dans la cour d'une ferme située à un quart de lieue de Villers-Cotterets, chez M. Picot de Noue.

Les malheurs vont par troupe, dit un proverbe russe ; une troupe de malheurs avait passé et s'était abattue sur la tête de cet excellent homme.

D'abord, la ferme de Noue était une des plus belles fermes de Villers-Cotterets, et M. Picot un des plus riches fermiers des environs.

En 1812, je crois, on rentra dans ses granges la récolte mouillée. Une nuit, la paille s'enflamma, et nous fûmes réveillés à la fois par le tocsin et par le cri « Au feu ! »

On sait tout ce qu'a de funèbre ce cri, poussé au milieu de

la nuit et dans une petite ville : tout Villers-Cotterets fut debout en un instant, et se précipita vers la ferme enflammée.

Je ne crois pas qu'il y ait de plus splendide spectacle qu'un incendie immense comme était celui-là. La ferme brûlait sur toute la longueur de ses granges et de ses étables, présentant un rideau de trois ou quatre cents pas d'étendue, du milieu duquel sortaient les mugissements des bœufs, les hennissements des chevaux, les bêlements des moutons.

Tout fut brûlé, bâtiments et bétail ; les animaux, on le sait, lorsqu'ils sentent le feu, ne veulent plus sortir.

Cet incendie est le premier grand désastre auquel j'aie assisté. Il a laissé une profonde impression dans ma mémoire.

Le lendemain seulement, on se rendit maître du feu : la perte fut immense. Heureusement, nous l'avons dit, M. Picot était fort riche.

L'année suivante, ce fut un autre malheur. M. Picot avait deux fils et une fille. L'aîné de ses fils avait huit ou dix ans de plus que moi ; le cadet, deux ou trois seulement. Il en résultait que je n'avais aucune relation avec l'aîné, qui me traitait en gamin, mais que j'étais fort ami avec le cadet, qui s'appelait Stanislas.

Un jour, ma mère entra le visage tout bouleversé dans ma chambre.

— Eh bien, dit-elle, viens encore me demander à jouer avec des armes à feu.

— Et pourquoi cela, ma mère ?

— Stanislas vient de se blesser, de se tuer peut-être.

— Ah ! mon Dieu, où est-il ?

— Chez son père. Va le voir.

Je partis tout courant. Je fis le quart de lieue en six ou sept minutes. En arrivant à la ferme, je vis une longue traînée de sang.

Tout le monde était dans la consternation : personne ne me demanda où j'allais. Je traversai les cours, je franchis la cuisine, je me glissai dans la chambre de Stanislas. On venait de poser le premier appareil sur la blessure : le chirurgien était là avec sa trousse ouverte, ses mains pleines de sang. Le pauvre blessé tenait entre ses deux bras le cou de sa mère, renversée sur lui.

On me vit, on me fit approcher du lit. Stanislas m'embrassa, et me remercia d'être venu le voir. Il était horriblement pâle.

Le repos était recommandé avant toute chose. On renvoya donc tout le monde; je fus congédié comme les autres, et, comme les autres, je partis.

Voici de quelle manière l'accident était arrivé :

Stanislas chassait avec son père, et, la chasse à peu près finie, s'était rapproché de la ferme, dans laquelle il était près de rentrer, lorsqu'il entendit un coup de fusil.

Afin de mieux voir qui l'avait tiré, et si celui qui l'avait tiré avait tué, Stanislas monta sur une borne située à l'angle du mur.

En montant sur cette borne, il oublia de désarmer son fusil, dont il appuya machinalement le canon contre sa cuisse. Son chien, le voyant sur la borne, se dressa, pour l'atteindre, sur les deux pattes de derrière, et, en laissant retomber ses pattes de devant, appuya sur la gâchette. Le coup partit, et Stanislas reçut toute une charge de plomb à perdrix dans le col du fémur.

C'était cette horrible blessure que venait de panser le chirurgien, lorsque j'arrivai.

Pendant deux jours, on conserva quelque espérance; mais, le troisième jour, Stanislas fut pris et emporté par le tétanos.

Cette mort devint une source d'exhortations dans la bouche de ma mère; elle déclara qu'elle ne serait tranquille qu'après mon entière renonciation à la chasse. Mais, malgré l'impression faite par cette mort sur moi-même, je ne voulus renoncer à rien.

Toutes les fois que madame Picot m'avait revu depuis la mort de Stanislas, sans doute en souvenir de ma liaison d'enfant avec son fils, elle m'avait témoigné une grande amitié.

En outre, sa fille — très-bien avec ma sœur — était excellente pour moi, et, seule parmi les grandes, ne se moquait jamais de mes ridicules.

On appelait cette bonne et belle personne Éléonore Picot, et plus souvent encore *Picote*.

Maintenant, comment me trouvais-je dans la cour de la ferme de Noue, lorsque j'entendis pour la première fois le canon? C'est l'explication dont m'a éloigné tout ce que je viens de raconter, et à laquelle je reviens.

Depuis la bataille de Leipzig, cette idée s'était présentée à tous les esprits, que ce que l'on n'avait vu ni en 1792 ni en 1793, c'est-à-dire l'invasion de la France, on allait le voir.

Ceux qui n'ont pas vécu à cette époque ne peuvent se figurer à quel degré d'exécration était monté, dans le cœur des mères, le nom de Napoléon.

C'est qu'en 1813 et 1814, l'ancien enthousiasme était éteint; ce n'était pas à la France, cette mère commune; ce n'était pas à la liberté, cette déesse de tous, que les mères faisaient le sacrifice de leurs enfants : c'était à l'ambition, à l'égoïsme, à l'orgueil d'un homme.

Grâce aux levées successives qui s'étaient faites de 1811 à 1814, grâce au million d'hommes éparpillés dans les vallées et sur les montagnes de l'Espagne, dans les neiges et dans les rivières de la Russie, dans les boues de la Saxe, dans les sables de la Pologne, la génération des hommes de vingt à vingt-deux ans avait disparu.

Les plus riches avaient acheté inutilement un, deux, trois remplaçants, qu'ils avaient payés jusqu'à dix mille, douze mille, quinze mille francs. Napoléon avait inventé la garde d'honneur, racoleur fatal et inflexible, qui n'admettait pas le remplacement, et ainsi les plus riches, et par conséquent les plus privilégiés, étaient partis comme les autres.

On était conscrit à seize ans, et l'on demeurait en disponibilité jusqu'à quarante.

Les mères comptaient avec effroi les années de leurs enfants, et elles eussent voulu disputer au temps les jours qui s'écoulaient pour elles avec une effroyable vitesse.

Plus d'une fois ma mère me pressa sur sa poitrine tout à coup, avec un soupir étouffé, et les larmes aux yeux.

— Qu'as-tu donc, ma mère? lui demandais-je.

— Oh! quand je pense, s'écriait-elle, que, dans quatre ans, tu seras soldat, que cet homme te prendra à moi, à qui il a toujours pris et jamais donné, et qu'il t'enverra tuer sur quelque champ de bataille comme la Moskova ou Leipzig!... Oh! mon enfant, mon pauvre enfant!...

Et c'était l'impression générale que reproduisait ainsi ma mère.

Seulement, cette haine des femmes se manifestait selon les tempéraments et les caractères; chez ma mère, on l'a vu, c'était par des soupirs et des larmes; chez d'autres mères, c'était par des imprécations; chez d'autres, par l'insulte.

Il y avait, je me le rappelle, demeurant sur la place de la Fontaine, la femme d'un armurier dont le fils était au collège de l'abbé Grégoire avec moi, et qu'on appelait madame Montagnon. Pendant les après-midi d'été, quand la grande chaleur du jour était passée, elle se mettait sur le seuil de sa porte avec son rouet, et, tout en filant, elle chantait une chanson contre Bonaparte.

Cette chanson, dont je ne me rappelle que les quatre premiers vers, commençait ainsi :

> Le Corse de madame Ango
> N'est pas le Corse de la Corse;
> Car le Corse de Marengo
> Est d'une bien plus dure écorce.

Et — comme mademoiselle Pivert faisait de ce fameux volume des *Mille et une Nuits* qui renfermait l'histoire de *la Lampe merveilleuse*, et qu'elle relisait tous les huit jours, — madame Montagnon avait à peine fini le dernier couplet contre le Corse de Marengo, qu'elle recommençait le premier.

Or, on le comprend bien, cette haine qui avait commencé de se manifester aux désastres de Russie, se compliquait de terreur au fur et à mesure que l'ennemi se rapprochait, et que, pas à pas, ville à ville, il resserrait le cercle dans lequel il enfermait la France.

Enfin, au commencement de 1814, on apprit tout à coup que l'ennemi avait le pied sur le sol de la patrie.

Déjà, à cette époque, toute confiance dans le génie de Napoléon avait disparu. Chez lui, aventurier sublime, le génie, c'était la fortune. Or, Dieu, dans ses desseins, avait besoin de sa chute, et Dieu l'abandonnait.

Non-seulement on cessait de croire, mais on cessait d'espérer.

Ceux qui avaient quelque chose à craindre ou à attendre d'un mouvement politique, tous ces serpents changeurs de peau qui vivent du gouvernement ou plutôt des gouvernements, commençaient déjà à disposer leurs batteries, ceux-ci pour diminuer leurs craintes, ceux-là pour doubler leurs espérances. On sentait, d'ailleurs, que Napoléon, ce n'était pas la France : on avait pris en quelque sorte à bail ce fermier héroïque. Le bail était fini. On comptait supporter les pertes, mais on ne voulait pas renouveler.

On entendait bien encore dire : « Napoléon a battu l'ennemi à Brienne; les Prussiens sont en retraite sur Bar; » mais, en même temps, on disait: « Les Russes marchent sur Troyes. » On lisait bien dans *le Moniteur* qu'on avait été vainqueur à Rosnay et sur la chaussée de Vitry; mais, en même temps que ce bulletin, paraissait le premier manifeste royaliste. On culbutait les alliés à Champaubert et à Montmirail; mais le duc d'Angoulême lançait une proclamation datée de Saint-Jean-de-Luz.

A chaque victoire, Napoléon s'épuisait d'hommes, et perdait dix lieues de terrain.

Partout où il était, l'ennemi était battu; mais il ne pouvait être partout.

A chaque instant, le canon, que nous n'entendions pas encore, se rapprochait de nous.

On s'était battu à Château-Thierry; on s'était battu à Nogent; Laon était occupé.

Tout le monde faisait sa cachette, c'est-à-dire que chacun enterrait ce qu'il avait de plus précieux.

Nous avions une cave dans laquelle on descendait par une

trappe. Ma mère l'avait emplie de linge, de meubles, de matelas, et, supprimant la trappe, avait fait carreler à neuf tout l'appartement; de sorte qu'il était impossible de voir l'endroit précis où les chercheurs de trésors devaient fouiller.

Puis elle avait mis dans un étui une trentaine de vieux louis; elle avait fourré cet étui dans un petit sac de peau; elle avait enfoncé un piquet dans le jardin, et, dans le trou du piquet, elle avait glissé l'étui.

Qui diable pouvait trouver un étui planté verticalement au milieu d'un jardin? Il eût fallu être sorcier.

Nous eussions été incapables de le trouver nous-mêmes, sans un point de repère que j'avais fait au mur.

Un beau jour, nous vîmes arriver des gendarmes fuyant à toute bride : Soissons venait d'être pris; ils avaient sauté du haut en bas des remparts avec leurs chevaux; six ou huit s'étaient tués ou estropiés, trois ou quatre s'étaient sauvés.

Cette fois, ma pauvre mère commença de prendre véritablement peur.

Cette peur se manifesta par la mise en train d'un immense haricot de mouton.

En quoi un haricot de mouton pouvait-il être l'expression d'une peur quelconque?

On se faisait des images atroces de ces Cosaques du Don, du Volga, du Borysthène; on avait eu grand soin de répandre dans les campagnes des gravures qui les représentaient plus hideux encore qu'ils n'étaient : on les voyait montés sur d'affreuses haridelles, coiffés de bonnets de peau de bête, armés de lances, d'arcs, de flèches. On eût dit un pari d'impossibilités!

Cependant, malgré ces prospectus terribles, il y avait des optimistes qui disaient que les Cosaques étaient de braves gens au fond, bien moins méchants qu'ils n'en avaient l'air, et que, pourvu qu'on leur donnât bien à manger et bien à boire, ils étaient incapables de faire aucun mal.

De là le gigantesque haricot de mouton entrepris par ma mère. Voilà pour le manger.

Quant au boire, on les mettrait, non pas à même de la cave

(on a vu ce que ma mère en avait fait), mais à même du caveau; ce serait alors à eux à se tirer du vin de Soissons comme ils pourraient.

Puis enfin, si, malgré le haricot de mouton et le vin du Soissonais, ils étaient par trop méchants, on se sauverait à la carrière.

Disons ce que c'était que la carrière.

FIN DU TOME PREMIER.

TABLE

Pag*

I. — Ma naissance. — On me conteste mon nom. — Extrait des registres de l'état civil de Villers-Cotterets. — Le club de Corbeil. — Acte de mariage de mon père. — Ma mère. — Mon grand-père maternel. — Louis-Philippe d'Orléans, père de Philippe-Égalité. — Madame de Montesson. — M. de Noailles et l'Académie. — Un mariage morganatique 2

II. — Mon père. — Sa naissance. — Les armoiries de la famille. — Les serpents de la Jamaïque. — Les caïmans de Saint-Domingue. — Mon grand-père. — Une aventure de jeune homme. — Un premier duel. — M. le duc de Richelieu sert de témoin à mon père. — Mon père s'engage comme simple soldat. — Il change de nom. — Mort de mon grand-père. — Son extrait mortuaire.... 13

III. — Mon père rejoint le régiment. — Son portrait. — Sa force. — Son adresse. — Le serpent du Nil. — Le régiment du Roi et le régiment de la Reine. — Le camp de Maulde. — Les treize chasseurs tyroliens. — Le nom de mon père est mis à l'ordre de l'armée. — La France providentielle. — Mon père lieutenant-colonel. — Le camp de la Madeleine. — Mon père général de brigade à l'armée du Nord. — Il est nommé général en chef de l'armée des Pyrénées occidentales. — Lettre de Bouchotte. — Les représentants du peuple en mission à Bayonne. — Leur arrêté contre mon père. — Malgré cet arrêté, mon père reste à Bayonne. — *Monsieur de l'Humanité*................................. 23

IV. — Mon père est nommé général en chef de l'armée de l'Ouest. — Son rapport sur l'état de la Vendée. — Mon père est envoyé à l'armée des Alpes comme général en chef. — État de cette armée. — Prise du mont Valaisan et du petit Saint-Bernard. — Prise du mont Cenis. — Mon père est rappelé pour rendre compte de sa conduite. — Ce qu'il avait fait. — Il est acquitté........... 41

V. — Suites du coup d'épée au front. — Saint-Georges et les chevaux de remonte. — Querelle que lui cherche mon père. — Mon père passe à l'armée de Sambre-et-Meuse. — Il donne sa démission et revient à Villers-Cotterets. — Il est rappelé à Paris pour faire le 13 vendémiaire. — Bonaparte le fait à sa place. — Attestation de *Buonaparte.* — Mon père est envoyé dans le pays de Bouillon, puis nommé commandant de place à Landau. — Il retourne comme général divisionnaire à l'armée des Alpes. — Le sang et l'honneur anglais. — Bonaparte nommé général en chef de l'armée d'Italie. — Campagne de 1796................ 54

VI. — Mon père à l'armée d'Italie. — Il est reçu à Milan par Bonaparte et Joséphine. — Embarras de Bonaparte en Italie. — La gale. — On rentre en campagne. — Découragement. — Bataille d'Arcole. — L'espion autrichien. — Comment mon père le force à livrer sa dépêche............................ 68

VII. — Dermoncourt est expédié par mon père à Bonaparte. — Réponse franche de Berthier. — Mouvements militaires qui sont la suite de la dépêche saisie sur l'espion. — Correspondance de mon père avec Serrurier et Dallemagne. — Combats de Saint-Georges et de la Favorite. — Prise de Mantoue. — Mon père porté en observation.................................. 77

VIII. — Première brouille de mon père avec Bonaparte. — Mon père est envoyé au corps d'armée de Masséna. — Il partage le commandement de Joubert dans le Tyrol. — Joubert. — Campagne du Tyrol.. 97

IX. — Le pont de Clausen. — Rapports de Dermoncourt. — Les prisonniers sur parole. — Les pistolets de Lepage. — Trois généraux en chef à la même table...................... 108

X. — Loyauté de Joubert envers mon père. — Envoyez-moi Dumas. — Mon père est nommé gouverneur du Trévisan. — L'agent du Directoire. — Fêtes données à mon père à son départ. — Traité de Campo-Formio. — Retour à Paris. — Le drapeau de l'armée d'Italie. — L'ossuaire de Morat. — Charles le Téméraire. — Bonaparte est nommé membre de l'Institut. — Première idée de l'expédition d'Égypte. — Toulon. — Bonaparte et Joséphine. — Ce qu'on allait faire en Égypte........................ 125

XI. — Traversée. — Débarquement. — Prise d'Alexandrie. — *Le Chant du Départ* et le concert arabe. — Les prisonniers épargnés. — Marche sur le Caire. — Le rhum et le biscuit. — Les pastèques de mon père. — L'Institut scientifique. — Bataille des Pyramides. — Mise en scène de la victoire. — Lettre de mon père rétablissant la vérité............................ 139

XII. — Témoignages du général Dupuis et de l'adjudant général Boyer. — Les mécontents. — Nouvelle discussion entre Bonaparte et mon père. — Bataille d'Aboukir. — Mon père trouve un trésor. — Sa lettre à ce sujet...................... 149

Pages.

XIII. — Révolte du Caire. — Mon père entre à cheval dans la grande mosquée. — Sa nostalgie. — Il quitte l'Égypte et aborde à Naples. — Ferdinand et Caroline de Naples. — Emma Lyons et Nelson. — Manifeste de Ferdinand. — Commentaire de son ministre Belmonte-Pignatelli 161

XIV. — Rapport fait au gouvernement français par le général de division Alexandre Dumas, sur sa captivité à Tarente et à Brindes, ports du royaume de Naples................................... 170

XV. — Mon père est échangé contre le général Mack. — Ce qui s'était passé pendant sa captivité. — Il demande en vain à être compris dans la répartition des cinq cent mille francs d'indemnité accordés aux prisonniers. — L'arriéré de sa solde lui est également refusé. — On le met en non-activité, malgré ses énergiques réclamations 189

XVI. — Lettre de mon père au général Brune sur ma naissance. — Le post-scriptum. — Mon parrain et ma marraine. — Premiers souvenirs d'enfance. — Topographie du château des Fossés, et silhouettes de quelques-uns de ses habitants. — La couleuvre et la grenouille. — Pourquoi je demandais à Pierre s'il savait nager. — Suite à *Jocrisse*.. 196

XVII. — Le cauchemar de Mocquet. — Son brûle-gueule. — La mère Durand. — Les bêtes *fausses* et le *pierge*. — M. Collard. — Le remède de mon père. — Guérison radicale de Mocquet........ 204

XVIII. — Ce que c'était que Berlick. — La fête de Villers-Cotterets. — Faust et Polichinelle. — Les sabots. — Voyage à Paris. — Dollé. — Manette. — La pension de madame de Mauclerc. — Madame de Montesson. — *Paul et Virginie*. — Madame de Saint-Aubin 210

XIX. — Brune et Murat. — Retour à Villers-Cotterets. — L'hôtel de l'*Epée*. — La princesse Pauline. — La chasse. — La permission du grand veneur. — Mon père s'alite pour ne plus se relever. — Délire. — La canne à pomme d'or. — L'agonie.................. 217

XX. — Mon amour pour mon père. — Son amour pour moi. — On m'emporte chez ma cousine Marianne. — Plan de la maison. — La forge. — Apparition. — J'apprends la mort de mon père. — Je veux monter au ciel pour tuer le bon Dieu. — Notre situation à la mort de mon père. — Haine de Bonaparte............... 224

XXI. — Nous nous réfugions, ma mère et moi, chez mon grand-père. — La maison de madame Darcourt. — Mes premières lectures et mes premières terreurs. — Le parc de Villers-Cotterets. — M. Deviolaine et sa famille. — L'essaim d'abeilles. — Le vieux cloître 235

XXII. — Les deux couleuvres. — M. de Valence et madame de Montesson. — Ce que c'était que la petite Hermine. — Le charron Garnier et madame de Valence. — Madame Lafarge. — Apparition fantastique de madame de Genlis.................... 244

XXIII. — Mademoiselle Pivert. — Je lui fais lire *les Mille et une Nuits* en un seul volume. — Le père Hiraux, mon maître de musique. — Les petites misères de sa vie. — Il se venge de ses persécuteurs à la façon du maréchal de Montluc. — Il est condamné au fouet, et manque en perdre les yeux. — Ce qu'il fait, le jour de Pâques, dans les orgues du couvent. — Il devient garçon épicier. — Sa vocation le ramène à la musique. — Mon peu d'aptitude pour le violon........................ 250

XXIV. — La chienne porte-falot. — L'épitaphe de Demoustier. — Mon premier maître d'armes. — Le roi boit. — Quatrième terreur de ma vie. — Le tonneau de miel...................... 267

XXV. — L'abbé Conseil. — Ma bourse au séminaire. — Ma mère, à force d'instances me décide à y entrer. — L'encrier de corne. — Cécile chez l'épicier. — Ma fuite...................... 276

XXVI. — Le collége de l'abbé Grégoire. — La réception qui m'y est faite. — Les grandes eaux jouent pour mon arrivée. — On conspire contre moi. — Bligny me provoque en combat singulier. — Je suis vainqueur.................................. 286

XXVII. — L'abbé Fortier. — Le viatique et le mari jaloux. — Voyage d'agrément. — Victor Letellier. — Le pistolet de poche. — J'effraye la population. — On requiert Tournemolle. — Il me désarme...................................... 296

XXVIII. — Chronologie politique. — Malheurs sur malheurs. — Incendie de la ferme de Noue. — Mort de Stanislas Picot. — La cachette aux louis d'or. — Les Cosaques. — Le haricot de mouton. 306

FIN DE LA TABLE DU TOME PREMIER.

POISSY. — TYP. ET STÉR. DE A. BOURET.

COLLECTION MICHEL LÉVY. — Gr. in-18, 1 fr. le volume.

A. Achard. Parisiennes et Provinciales. Brunes et Blondes. Femmes honnêtes. Dernières Marquises.
A. Adam. Souv. d'un Musicien. Dern. Souvenirs d'un Musicien.
G. d'Alaux. L'Empereur Soulouque et son Empire.
Achim d'Arnim. (*Trad. Th. Gautier fils*). Contes bizarres.
A. Asselant. Hist. fantast. de Pierrot.
X. Aubryet. Femme de vingt-cinq ans.
E. Augier. Poésies complètes.
J. Autran. Milianah.
Th. de Banville. Odes funambulesques.
Ch. Barbara. Hist. émouvantes.
Roger de Beauvoir. Chevalier de Saint-Georges. Aventurier et Courtisanes. Hist. cavalières. Mlle de Choisy. Chev. de Charny. Cabaret des Morts.
A. de Bernard. Portr. de la Marquise.
Ch. de Bernard. Nœud gordien. Homme sérieux. Gerfaut. Ailes d'Icare. Gentilh. campagnard, 2 v. Beau-père, 2 v. Paravent. Peau du Lion. L'Écueil. Théâtre et Poésies.
Mme C. Berton. Bonheur impossible. Rosette.
L. Bouilhet. Melænis.
E. Bravard. Petite Ville. L'honneur des Femmes.
A. de Brébat. Scènes de la vie contemporaine. Bras d'acier.
Max Buchon. En Province.
E. Blaze. Musiciens contemporains.
E. Carlen (*Trad. de M. Souvestre*). Deux jeunes Femmes.
L. de Carné. Drame sous la Terreur.
Émile Carrey. Huit jours sous l'Équateur. Métis de la Savane. Révoltés du Para. Récits de Kabylie. Scènes de la vie en Algérie. Hist. et mœurs Kabyles.
C. de Chabrillan. Voleurs d'or. Sapho.
Champfleury. Excentriques. Avent. de Mlle Mariette. Réalisme. Souffr. du Prof. Delteil. Premiers Beaux-Jours. Usurier Blaizot. Souv. des Funambules. Bourgeois de Molinchart. Sensations de Josquin. Chien-Caillou.
*** Souvenirs d'un officier du 2me de Zouaves.
E. Conscience (*Trad. Wocquier*). Scènes de la Vie flamande, 2 v. Fléau du Village. Démon de l'Argent. Veillées Flamandes. Mère Job. Guerre des Paysans. Heures du Soir. L'Orpheline. Batavia. Aurélien, 2 v. Souvenirs de Jeunesse. Lion de Flandre, 2 v.
Cuv.-Fleury. Voyages et Voyageurs.
G. Dantragues. Histoires d'amour et d'argent.
Cmt. Dash. Bals masqués. Jeu de la Reine. Chaîne d'Or. Fruit défendu. Chât. en Afrique. Poudre et la neige. Marquise de Parabère.
Général Daumas. Grand Désert. Chevaux du Sahara.
P. Deltuf. Aventures parisiennes. L'une et l'autre.
Ch. Dickens (*Trad. A. Pichot*). Nev. de ma Tante, 2 v. Contes de Noël.
Oct. Didier. Mad. Georges. Fille de Roi.
Alex. Dumas. Vie au Désert, 2 v. Maison de glace, 2 v. Charles le Téméraire, 2 v.
Alex. Dumas fils. Avent. de quatre Femmes. Vie à vingt ans. Antonine. Dame aux Camélias. Boîte d'Argent.
X. Eyma. Peaux noires. Femmes du Nouveau monde.
Paul Féval. Tueur de Tigres. Dernières Fées.
G. Flaubert. Madame Bovary, 2 v.
V. de Forville. Marq. de Pazzaul. Conscrit de l'an VIII. Deux Belles-Sœurs.
Marc-Fournier. Monde et Comédie.
Th. Gautier. Beaux-Arts en Europe, 2 v. Constantinople. L'Art moderne. Grotesques.
Mme Émile de Girardin. Marguerite. Nouvelles. Marquise de Pontanges. Contes d'une vieille Fille à ses Neveux. Poésies. Vicomte de Launay, 4 v.
L. Goslan. Châteaux de France, 2 v. Not. de Chantilly. Émot. de Polydore Marasquin. Nuits du Père-Lachaise. Famille Lambert. Hist. de Cent trente Femmes. Médecin du Pecq. Dernière Sœur grise. Dragon rouge. Comédie et Comédiens. Marquise de Belverano. Balzac et Vidocq.
Hildebrand (*Trad. Wocquier*). Scènes de la Vie hollandaise. Chambre obscure.
Hoffmann (*Trad. Champfleury*). Contes posthumes.
A. Houssaye. Femmes comme elles sont. L'Amour comme il est. Pécheresse.
Ch. Hugo. Chaise de paille. Bohème dorée, 2 v. Cochon de saint Antoine.
F. V. Hugo. Sonnets de Shakspeare. Faust anglais de Marlowe.
F. Hugonnet. Souv. d'un Chef de bureau arabe.
J. Janin. Chem. de traverse. Contes littér. Contes fantastiq. L'Âne mort. Confession. Cœur pour deux Amours.
Ch. Jobey. Amour d'un Nègre.
A. Karr. Les Femmes. Agathe et Cécile. Promen. hors de mon Jardin. Sous les Tilleuls. Poignée de Vérités. Voy. autour de mon Jardin. Soirées de Sainte-Adresse. Pénélope normande. Encore les Femmes. Trois Cents Pages. Guêpes, 6 v. Menus Propos. Sous les orangers. Les Fleurs. Raoul. Roses noires et Roses bleues.
L. Kompert *Trad. D. Stauben*). Scènes du Ghetto. Juifs de la Bohème.
A. de Lamartine. Les Confidences. Nouv. Confidences. Touss. Louverture.
V. de Laprade. Psyché.
Th. Lavallée. Hist. de Paris, 2 v.
J. Lecomte. Poignard de Cristal.
J. de la Madelène. Âmes en peine.
F. Mallefille. Capitaine La Rose. Marcel. Mém. de Don Juan. 2 v. Monsieur Corbeau.
X. Marmier. Au Bord de la Newa. Drames intimes. Grande Dame russe.
F. Maynard. De Delhi à Cawnpore. Drame dans les mers boréales.
Méry. Hist. intimes. Salons et Souterrains de Paris. André Chénier. Nuits anglaises. Nuits italiennes. Nuits espagnoles. Nuits d'Orient. Château vert. Chasse au Chastre.
P. Maurice. Scènes du Foyer. Tyrans de Village.
P. de Molènes. Mém. d'un Gentilh. du siècle dernier. Caract. et récits du temps. Chron. contemp. Hist. intimes. Hist. sentim. et milit. Avent. du temps passé.
F. Mornand. Vie arabe. Bernerette.
H. Murger. Dernier Rendez-vous. Pays Latin. Scèn. de Campagne. Buveurs d'eau. Vacances de Camille. Roman de toutes les Femmes. Scèn. de la Vie de Bohème. Propos de ville et propos de théâtre. Scèn. de la vie de jeunesse. Sabot rouge. Madame Olympe. Amoureuses.
P. de Musset. Bavolette. Puylaurens.
A. de Musset, de Balzac, G. Sand. Tiroir du Diable. Paris et Parisiens. Parisiennes à Paris.
Nadar. Quand j'étais Étudiant. Miroir aux Alouettes.
Gérard de Nerval. Bohème galante. Marquis de Fayolles. Filles du Feu. Souvenirs d'Allemagne.
Charles Nodier (*Trad.*). Vicaire de Wakefield.
P. Perret. Bourgeois de campagne. Avocats et meuniers.
Amédée Pichot. Poètes amoureux.
E. Plouvier. Dernières Amours.
Edgard Poe (*Trad. Baudelaire*). Hist. extraordinaires. Nouv. hist. extraordinaires. Aventures d'A. Gordon-Pym.
F. Ponsard. Études antiques.
A. de Pontmartin. Cont. et Nouv. Mém. d'un Notaire. Fin du Procès. Courte d'un Plant. de choux. Pourq. je reste à Campagne. Or et Clinquant.
H. Radiguet. Souvenirs de que espagnole.
H. Révoil (*Traducteur*). H Nouv. Monde. Docteur américain.
L. Reybaud. Dernier des Voyag. Coq du Clocher. Indust. en Europe. Jérôme Paturot, Position sociale. Jérôme Paturot, République. Ce qu'on peut voir dans une Rue. Comtesse de Mauléon. Vie à rebours. Vie de Corsaire. Vie de l'Employé.
A. Rolland. Martyrs du Foyer.
Ch. de La Rounat. Comédie de l'Amour.
J. de Saint-Félix. Scènes de la Vie de Gentilhomme.
J. Sandeau. Sacs et Parchemins. Nouvelles. Catherine.
G. Sand. Histoire de ma Vie, 10 v. Mauprat. Valentine. Indiana. Jeanne. Marq Diable. Petite Fadette. François le Champi. Teverino. Consuelo, 3 v. Comt. de Rudolstadt, 2 v. André. Horace. Jacques. Lélia, 2 v. Lucrezia Floriani. Péché de M. Antoine, 2 v. Lettres d'un Voyageur. Meunier d'Angibault. Piccinino, 2 v. Simon. Dernière Aldini. Secrétaire intime.
E. Scribe. Théâtre, 20 v. Nouvelles Historiet. et Prov. Piquillo Alliaga, 3 v.
Alb. Second. A quoi tient l'Amour.
Fr. Soulié. Mém. du Diable, 2 v. Deux Cadavres. Quatre Sœurs. Conf. générale, 2 v. Au Jour le Jour. Marguerite. Maître d'école. Banunier. Eulalie Pontois. Si Jean savait... si Vieill. pouvait, 2 v. Huit jours au Château. Conseiller d'État. Malheur complet. Magnétiseur. Lionne. Port de Créteil. Comt. de Monrion. Forgerons. Été à Meudon. Drames inconnus. Maison n° 3 de la r. de Provence. Av. d'un Cadet de Famille. Amours de Bonseune. Olivier Duhamel. Chât. des Pyrénées, 2 v. Rêve d'Amour. Diane et Louise. Prétendus. Cont. pour les enfants. Quatre époq. Sathaniel. Comte de Toulouse. Vicomte de Béziers. Saturnin Fichet, 2 v.
E. Souvestre. Philos. sous les toits. Confess. d'un Ouvrier. Coin du Feu. Scènes de la Vie intime. Chron. de la Mer. Clairières. Scèn. de Chouannerie. Dans la Prairie. Dern. Paysans. En Quarantaine. Scèn. et Récits des Alpes. Goutte d'Eau. Soirées de Meudon. Échelle de Femmes. Souv. d'un Vieillard. Sous les Filets. Contes et Nouv. Foyer breton, 2 v. Dern. Bretons, 2 v. Anges du Foyer. Sur la Pelouse. Riche et Pauvre. Péchés de Jeunesse. Réprouvés et Élus, 2 vol. En Famille. Pierre et Jean. Deux Misères. Pendant la Moisson. Bord du Lac. Drames parisiens. Sous les ombrages. Mât de cocagne. Mémorial de Famille. Souv. d'un Bas-Breton, 2 v. L'Homme et l'Argent. Monde tel qu'il sera. Histoires d'autrefois. Sous la tonnelle. Théâtre de la Jeunesse.
Marie Souvestre. Paul Ferroll, (traduit de l'anglais).
D. Stauben. Scènes de la Vie juive en Alsace.
De Stendhal. L'Amour. Rouge et Noir. Chartreuse de Parme. Promen. dans Rome, 2 v. Chroniq. italiennes. Mém. d'un touriste, 2 v. Vie de Rossini.
Mme H. B. Stowe (*Trad. Forcade*). Souvenirs heureux, 3 v.
E. Sué. Sept Péchés capitaux : L'Orgueil, 2 v. L'Envie, Colère, 2 v. Luxure. Paresse, 2 v. Avarice, Gourmandise. Gilbert et Gilberte, 3 v. Adèle Verneuil. Grande Dame. Clémence Hervé.
E. Texier. Amour et Finance.
L. Ulbach. Secrets du Diable.
O. de Vallée. Maniers d'argent.
A. Vacquerie. Profils et Grimaces.
M. Valrey. Marthe de Montbren. Filles sans Dot.
J. Wey. Anglais chez eux. Londres il y a cent ans.
*** Mme la duchesse d'Orléans.
*** Zouaves et Chasseurs à pied.

PARIS. — IMPRIMERIE DE ÉDOUARD BLOT, RUE SAINT-LOUIS, 46

www.ingramcontent.com/pod-product-compliance
Lightning Source LLC
Chambersburg PA
CBHW071240160426
43196CB00009B/1131